美国森林游憩资源
调查与评价指南文集

黄清麟　马志波　编著

中国林业出版社

图书在版编目(CIP)数据

美国森林游憩资源调查与评价指南文集/ 黄清麟,马志波编著 —北京：中国林业出版社，2015.8

ISBN 978-7-5038-8183-1

Ⅰ．①美… Ⅱ．①黄… ②马… Ⅲ．①森林旅游－旅游资源－资源调查－美国－文集 ②森林旅游－旅游资源评价－美国－文集 Ⅳ．①F597.12－53

中国版本图书馆 CIP 数据核字(2015)第 242174 号

出版 中国林业出版社(100009 北京西城区刘海胡同 7 号)

E-mail forestbook@163.com 电话 010－83143543

网址 http://lycb.forestry.gov.cn

发行 中国林业出版社

印刷 北京北林印刷厂

版次 2015 年 8 月第 1 版

印次 2015 年 8 月第 1 次

开本 787mm×1092mm 1/16

印张 15.5

字数 271 千字

印数 1～1000 册

定价 45.00 元

目　录

第一部分　景观美学：风景管理手册

序　言

各位林务局同仁：

我非常高兴地向各位介绍修订后的"景观美学手册（Landscape Aesthetics Handbook）"。本手册替代了原来 462 号农业手册"视觉管理系统（Visual Management System）"，尽管在过去的 25 年间，后者一直是我们使用的重要视觉资源管理工具。

国家森林的使用者与所有者都持续致力于保持森林与草地环境特征，因为这些环境为人类游憩与视觉享受提供了特殊的场所。正如在 1991 年出版的《国家森林的理念（The National Forest Idea）》一书中 Alfred Runte 所陈述的："毫无疑问，在树立美国地方感与超越经济追求的景观认同方面，国家森林功不可没。国家森林理念的奠基人……持续不断地提倡景观美学。森林不仅应是功能性的，而且应是美丽的"。这一理念是贯穿"景观美学手册"的基本原则之一。

"景观美学手册"保留了"视觉管理系统"中大量的基础调查内容，同时融合了许多我们正在掌握的生态系统管理知识。我们现在所看到的景观是人类与自然长期共同作用的结果。深刻理解其作用过程，有助于我们考虑景观中可能的变化的影响，同时可以更加有效地将人们的价值观念融入我们的决策之中。

当开始新的项目或开始森林规划修订时，请您使用在这本手册中所包括的概念与术语。我对这本新修订的手册充满信心，国家林务局不仅将一如既往地发挥视觉资源管理的国家领导作用，而且还将承担起把人类价值融入生态系统管理的重任。

Jack Ward Thomas（杰克·伍德·托马斯）

摘　要

　　高质量的风景，特别是具有自然形态景观的风景，可以提高人民生活水平和造福社会。"风景管理系统（Scenery Management System）"提供了有关风景管理的词汇表，也提供了判定国家森林风景的相对价值与重要性的系统方法。本手册适用于国家森林资源管理者、景观设计师和其他对景观美学与风景感兴趣的人士。学生与公众，即我们的"民众"，将得益于本系统直截了当的介绍方式，了解复杂的艺术与科学。生态系统提供了风景管理系统的环境背景。本系统在生态系统管理的背景下使用，用于调查与分析国家森林的风景，帮助建立资源综合目标与任务，监测风景资源，为后代确保高质量的风景。

概　要

目的与范围

　　本手册定义了风景管理系统（Scenery Management System，SMS），用来调查与分析国家森林土地的美学价值。风景资源管理系统是从 462 号农业手册的视觉管理系统（Visual Management System，VMS）改进而来，并对其进行了替代。在保持该系统精髓基本完整的同时，在现有科学研究的支持下，术语发生了变化，该系统也融入了最新的科学研究成果。在概念方面，SMS 和 VMS 主要有如下方面的差异，一是增强了民众在调查、规划过程中的作用；二是借用与整合了生态系统管理的基本概念与术语。同时，风景管理系统提供了在规划过程中美学与其他生物、自然和社会/文化资源改进的整合。

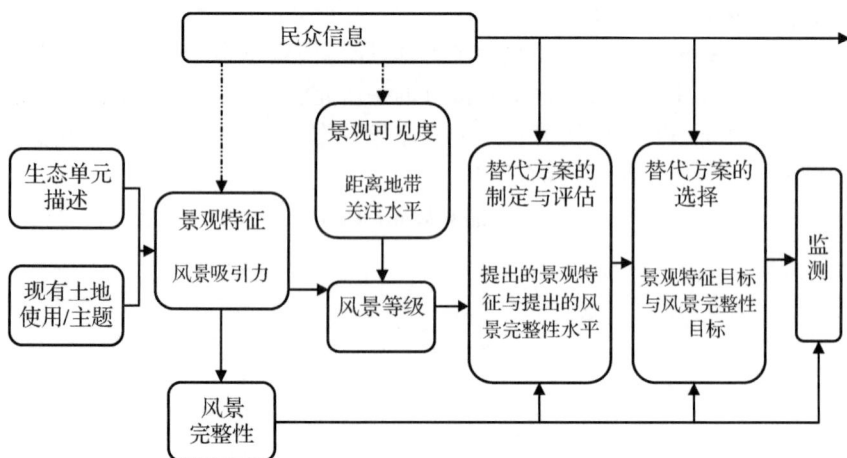

　　上面的流程图勾画了风景管理系统的过程。这个过程包括确定与民众相关的风景组成部分、绘制这些组成部分地图以及制定由收集到的数据得到的美学价值单元。该有用单元可以给规划团队提供信息，以便对作为生态系统组分的风景进行合理决策。

过程

　　生态单元描述（Ecological Unit Description，EUD），也称制图单元描述，是风景管理系统（SMS）和生态系统规划的共同起点。生物物理要素的客观描述源于生态单元描述（EUD），其与所确定的景观特征属性相结合就可以提出景观特征描述（Landscape Character Description）。生态单元描述作为风景属性的汇总，用以辨别每一景观的特性以及其独特性。景观特征创造了"地方感（Sense of Place）"，也可以描述一个区域的形象。景观特征描述提供了定义风景吸引力等级的参照框架。

　　风景吸引力（Scenic Attractiveness，ISA）等级制定的目的，是判定某一特定景观特征土地的相对的风景价值。分为三个等级：A级，与众不同；B级，典型；C级，无特色。每一等级的地形、植被、岩石、文化特性和水体特征等景观要素，通过线条、形态、颜色、质地和组成进行描述。风景吸引力（ISA）等级及其分解一般以图的形式展示。需要准备一幅描述风景吸引力（ISA）等级的地图。

　　景观特征描述是所有土地的风景完整性（Scenic Integrity）的参考。风景完整性表示景观特征完好无损的程度；反过来说，风景完整性是表示景观特征的视觉破坏程度的一个测量指标。一般而言，遭受非常小的视觉破坏的景观，具有高的风景完整性。而那些风景属性之间存在极其不协调的关系的景观，一般被认为其风景完整性受到了破坏。风景完整性一般是以"很高"、"高"、"中等"、"低"、"很低"和"不可接受的低"共六个级别表述和制图。

　　景观可见度（Landscape Visibility，LV）包含两部分：一指人类价值，即公众对不同风景的相对重要性的评价，二指基于观看距离的观看者对风景的相对敏感度。人类价值影响对景观的理解，可由民众信息分析得出。民众信息源广泛，包括（但不仅限于）：独立研究、生态系统评价的其他方面、国家、区域和地方层面的研究。

　　民众分析（Constituent Analysis，CA）作为景观吸引力理解的指南，有助于确定有特殊意义的地方，有助于明确民众对主题景观所赋予的含义。通过民众分析，可以判定对公众而言的美学的相对重要性，该重要性是以关注水平（Concern Level）表示。场所、旅行道路、特殊地方和其他区域，通过被赋予1、2、3级的关注水平反映相对的美学重要性的高、中、低程度。

可见区域(Seen Areas)与距离地带(Distance Zones)是用来对这些 1、2、3 区域的制图，判定基于观看者的视距对风景的相对敏感程度。这些分区分为前景区(距离观看者 1/2 英里①内)、中景区(1/2 到 4 英里)和背景区(4 英里到天际线的距离)。

利用收集的数据和对风景吸引力及景观可见度制图，构建一套针对所有土地的用数字表示的风景等级(Scenic Class)。分为 1 ~ 7 个等级，表示不相连的景观区域风景的相对重要性或价值。图示的风景等级在森林规划中用于比较风景与其他资源(如木材、野生动物、老龄林或矿物)的价值。

在规划过程中，需要准备一个景观价值图，该图涵盖了收集到的所有数据。景观价值可以表达为一个图标，范例如下：

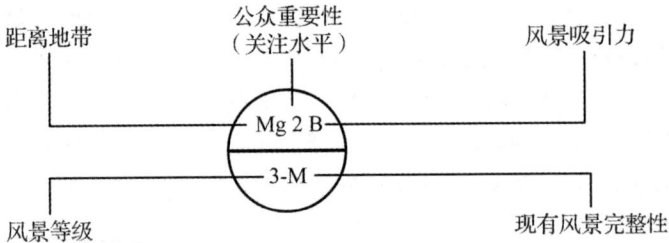

这个图标显示了针对风景属性及其相关社会价值所进行调查的情况。这个地图可向规划团队提供有关主体区域风景相对价值和这些价值完整程度方面的信息。

在规划过程中的替代方案制定部分，景观特征描述(LCD)包括的潜力与历史方面的内容，用于统筹其他资源与社会需求，制订可以实现的景观特征选择(Landscape Character Options)。景观特征描述和相关的风景完整性水平，无论是长期的或短期的，都要是针对每个选择和替代方案确定。规划得到采纳后，景观特征描述成为一个目的，而风景完整性水平则成为风景完整性目标。随后的规划实施将包括对风景管理长期与短期目的与目标的监测。

风景管理不是静态的，它如我们所生活的世界一样，是个动态的。本手册采用活页形式的目的，既是为了将来进一步的促进该系统的完善，也为了将未来知识与研究成果进一步融入其中。

---

① 注：1 英里 = 1609.34 米

目的与范围

风景管理系统(SMS)作为一种工具，可以对所有水平土地管理规划有关美学与风景的效益、价值、愿望和偏好等进行整合。

《景观美学：风景管理手册》陈述了风景管理为生态系统不可分割的组成部分。生态系统管理是所有水平评估与规划(包括森林规划)的框架。本手册认为，人们一致认同，生态系统规划方式是在不断变化的，将来也是如此。本手册编制的目的在于呈现一份动态变化的文档，以便日后因需进行改动。

目的与范围

风景管理系统为风景的有序调查、分析和管理提供整体框架。该系统应用于国家林务局管理的国家森林和国家草地的所有区域，应用于所有国家林务局的活动，包括林木采伐、道路修建、溪流整治、特殊用途开发、公用线路架设、游憩开发、防火带等。风景管理系统也可以应用于美国国家森林以外和世界其他区域的风景资源的管理。

风景管理系统建立了：

- 共同术语
- 一致的调查、分析和综合程序
- 风景管理的标准与准则
- 监测技术

为什么风景管理十分必要呢？

民众关注他们生活环境的质量，其中也包括景观的美学价值，特别是其风景与精神价值。

民众需要自然形态的景观，以满足其心理与生理"安全阀(safety walves)"的需要。其主要原因是：

- 世界城市人口的压力正日益增大；
- 科学技术飞跃发展；
- 商品与服务的需求正日益增长；
- 民众的生活正变得越来越复杂；
- 城市化压力需要开发越来越多的土地；
- 曾经丰富的自然形态景观正变得愈发稀少；

国家林务局以风景管理系统为框架，将所有风景管理数据整合到国家林务局所有水平的规划工作中去，包括：

- 国家概述
- 区域规划

- 景观大区分析
- 森林规划
- 流域、视域或景观单元的分析
- 详细的项目规划
- 项目实施
- 项目监测

研究表明，高品质的风景，尤其是与自然形态的森林相关的风景，不仅可以提高民众的生活水平而且可造福社会。因而，风景管理系统能够帮助国家林务局管理者为民众与社会谋福利。研究成果支持这样的逻辑，即景观的风景质量与自然性能够直接提高人类生理上与心理上的幸福感，同时为人类带来其他重要益处。具体而言，这些益处包括民众提高的生理健康水平，这是民众在欣赏有趣的和令人愉快的有高度风景多样性的自然形态景观时的重大意外收获。

针对有压力影响的人群、在医院中康复的人群、在游憩环境中的人群和在其他不同的环境中的人群的心理与生理研究发现证实：自然景观风景具有恢复健康和其他有益的特性。当与人工城市环境相比，比如步行商业街、通勤交通路线等，这点就显得尤其重要了。

Dimberg、Ulrich 和 Simons（1986）的研究表明：在不同空间中人每分钟的心率变化，显示对具有高兴趣的空间开放景观具有正向的响应；与在步行的购物商场、通勤交通路线相反，在自然环境中的人的血压呈正向的响应（更低的血压）。

相应地，当民众心理与身体状态感觉较好时，其工作效率和社区参与度将会提高，同时也会增强其在家庭的互动。因而，能够从整体上提升社会幸福感。

尽管优质景观很少被赋予货币价值，但它给人类带来的益处不胜枚举，在房地产评估或存在主要旅游影响的地区尤为如此。

因而，可以得出这样的结论，即风景管理可以令那些以游憩、商务旅行或者其他方式穿越荒野的人们获益。

经济学家认为，在美国的许多地区及世界其他国家，旅游业已经成为主导产业。在毗邻国家森林的众多社区中，旅游和游憩正在逐步替代以前起主导作用的木材采伐、采矿、放牧和耕作。风景优美的景观和游憩环境有助于游憩和旅游的成功开展。

风景管理系统的目标

风景管理系统的目标是造福整个社会，为其创造与保持高的风景多样性、和谐性和一致性的景观。

风景管理系统应具有以下特征：

- 合乎常理且井然有序。
- 能够服务所有水平规划与实施中对风景评价的需要，从大范围的土地规划到详细项目规划。
- 可以为风景管理提供有用的目的与目标。
- 促进风景管理者可以与其他资源学科之间的价值与需求的互动。
- 拥有系统性的方法，方便其他管理者引用。
- 起到作为交流工具的作用。

风景管理系统需要明确：

- 景观特征，包括现有的景观特征属性、潜在景观特征以及一定地理区域内不同景观相对风景吸引力。
- 景观视觉敏感度，基于被观看者所处的景观背景，观看这些景观或某一不同视觉景观特征时，民众的感知因素。
- 风景完整性，包括风景完整性水平的连续谱、现有景观的完整性、景观中结构的作用、累计的风景影响和允许的风景影响持续期的决定准则，以及不同人类活动影响风景完整性的风景例子。

手册的目标

虽然景观美学涵盖了人类所有的感觉，如视觉、味觉、听觉、嗅觉以及触觉，然而，研究表明，人类在获取有关世界的信息时，87%是通过视觉这个单一方式进行的。由于视觉与人类其他感觉相比在信息获取方面的巨大优势，本手册主要是阐述景观的风景方面。其他的美学价值，如听觉、味觉、触觉和嗅觉，虽很重要，但本手册并未详细涉及。

《景观美学：风景管理手册》的撰写，基于如下方面：

- 研究成果；
- 文献综述（1973~1992）；
- 1974 年发行并应用的《视觉管理系统》的应用经验；
- 1974 年后所制定的《视觉管理系统》的子系统的应用经验；
- 技术的发展；
- 民众对高质量景观的需求。

本手册的目的是解释风景管理是生态系统管理的有机组成部分，可用于所有水平的规划（包括森林规划）。本手册的目标如下：

- 开发与记录一套可满足现在与未来需求的风景管理系统。
- 给资源管理者开发最先进的、能为民众所认同的风景管理系统；为森林规划与项目规划的景观信息的输入提供一个整体框架；

为规划人员提供具有创造性与针对性的替代解决方案。

- 构建统一规程，确定风景质量需求并确认风景现有供给与未来需求之间的差距。
- 建立统一的术语表与规程，以便对风景的自然方面与认知的方面进行确认与分类。
- 建立景观（包括自然形态的植被、地形、岩石形态、水体形态及人类对自然的积极改造）和整体期待风景印象中有益的自然属性与文化成分的管理指南。这些有益要素被定义为景观特征，用于描述如下方面：

· 现有景观特征。

· 风景吸引力。

· 长期建立的文化景观特征。

· 现有景观的完整性。

· 景观特征目标。

· 对人为改变的景观，建立文化风景属性管理指南。在这些景观中，景观特征目标可以包括所选择的随时间变化而被接受的文化成分，这些文化成分会成为众所期待的形象，对高质量风景是有贡献的。

· 建立统一规程确认与描述向期待景观特征的转变过程，包括风景多样性和整体有益要素（描述为形态、线条、颜色与质地）。在景观向景观特征目标转变的过程中，风景完整性目标需要构建可接受的人类改变的限度。

· 第一章介绍景观特征——景观属性的总体视觉印象，赋予其特性和"地方感"的景观的物理外观形态。景观特征范围广泛，从自然景观到城市景观，从原始荒野到建成环境。

· 第二章讨论风景完整性——景观中，由人类在形态、线条、颜色和质地方面所引发的偏离总量。

· 第三章探讨民众信息——包括其期望、愿望、偏好、可接受的质量水平、行为和价值等。这些信息将有助于国家林务局管理者决定期望的与偏爱的旅行路线、使用区域、景观特征和风景完整性。

· 第四章检查景观可见度——即看见与感知景观的能力。景观可见度包含众多相互关联的因素，如：观看者的环境、观看持续时间、可辨别细节的程度、季节性的变化、观看者数量等。

· 第五章讨论规划与整合——建立更好的理解与其他资源价值（如

土壤、水体、植被、地质等)的连通性。该章也描述景观特征目标与风景完整性目标的确立。

风景管理的背景

生态系统管理(EM)为我们提供了规划的基础，也提供了风景管理必要的背景与基础。《景观美学：风景管理手册》鼓励贯穿全过程的完整的系统的方法的整合，包括从调查、分析、规划、设计与实施到监测。生态系统规划框架下的整合，将风景管理系统(SMS)与反映生态系统生物、自然和社会维度的其他相关规划模式联系起来。

- 生态系统是由相互影响的有机体(包括人类)及其环境组成的共同体，生态系统要素协同发挥维系生命的作用。

- 生态系统管理方法拓宽了对生态共同体与环境的背景与理解。

- 在一种跨学科的氛围之中，通过对自然、生物和文化/社会信息的整合，我们力求更好地理解生态原理及其相互关系(如景观格局与生态系统组成、结构、功能和我们的生态系统过程)，以期制定能够促进可持续性的管理规定。

- 生态系统管理概念框架的本质，涉及以下 5 个基本问题：
  - · 该系统是如何进化的?
  - · 什么是可持续的?
  - · 我们有什么?
  - · 我们需要什么?
  - · 我们如何来改变条件，实现从我们所有到我们所需的转变?
  - · 对生态系统范围的描述，小到一个大头钉上，大到我们的星球(或两者之间的某一水平)。在生态单元的国家等级体系框架中，生态系统总是处于更大的生态系统与更小的生态系统之中，例如，生态区域(Ecoregion)或植被区(Province)，地段(Section)或亚地段(Subsection)，土地类型联合(Landtype Association)或土地类型(Landtype)。
  - · 在一系列可持续生态系统管理参数中，可能存在几个景观特征选择项目或变量，提供更加多样化的风景特征或最好地反映特定地方的完整性。在景观价值高的地方，应该鼓励这些解决方案作为预定/期望状态。

风景管理系统应用

风景管理系统主要应用于生态系统管理的文化/社会维度方面，但也与不同等级的生物与自然维度有关键联系。

在生态系统管理背景中，社会/文化维度主要涉及如下 3 个基本问题：

- 人们如何影响景观?

- 景观又如何影响人们?
- 在时间与空间上,所存在的明显的趋势与风险是什么?

在生态系统管理的社会维度框架,从个人到大社区,其间互相影响,并与景观存在时空上的关系。

生物与自然维度关注的是,人们与景观之间是如何通过时间(过去与现在)和空间相互影响的。这与社会组成结合起来,就为开展风景管理可接受的生态可持续性提供了参考。

原则与前提

风景管理系统的原则与前提,建立于过去 20 年间视觉管理系统(The Visual Management System)的实践与科学研究发现的基础上。阐述其原则与前提的目的,是让读者更为深入地了解风景管理系统背后所隐含的逻辑关系。

基本原则

(1)生物、自然和社会因素创造并影响风景,三者之间的相互作用决定景观特征。

(2)景观特征与环境因素相互作用,可使景观特征呈现较大变化。

(3)民众有能力去感知景观特征并开发期待的景象。

(4)人类有能力通过各种活动改变景观特征与风景状态,并常常这样做。

(5)景观特征与风景状态的如此变化通常会改变、压制甚至替代原来的景观特征。

(6)景观越优美,民众对其评价越高。

(7)一般而言,自然形态的景观获得评价最高。

(8)资源管理者可以设计活动来减少对景观特征与风景完整性所带来的不利影响。

(9)民众有能力构建维持或创造期待的景观特征目标。

(10)民众有能力应用生态的、技术的和设计的知识满足风景管理目的与目标。

(11)在某些情形中,资源管理者可以保持或创造期望的风景环境,以满足生活质量提高的需要。

基本前提

(1)民众高度评价风景景观。

- 研究表明,公众对风景偏好有高度一致的认同感。研究显示,景观的视觉吸引力与自然形态越高,民众对其的评价就越高。然而,需要认识到，在不同的区域或文化中，民众的偏好会有所不同。

● 森林规划过程中，民众可以在构建景观特征目标与风景完整性目标方面表达自己的意见。

（2）风景有助于树立"地方感"，一种共同的景象认知。

● 在参观国家森林时，绝大多数以游憩为目的民众都有一幅他们期望看到的景象。这种景象或脑海中的图像，通过收集获得的关于某一特定区域的信息，并基于个人在相似区域的体验产生。产生的该景象代表了民众对该区域内关联（景观）特性的知识量、期望值、浪漫精神以及感情。显然，对某一个特定的区域，同一个人在其脑海中也会同时存在若干不同的图像认知。而一个特定区域往往需要一个明晰可辨的形象。（Floyd Newby，1968）

（3）景观特征可以被定义与管理。

● 所有景观都有可定义的景观特征属性。就大多数国家森林环境而言，景观特征属性是有益的自然要素，如地形、植被格局、水体特征等。在田园或乡村/农业环境中，有益的文化要素可以包括有历史要素，如蜿蜒的栅栏、石墙、谷仓、果园、绿篱、小木屋等。在城市环境中，景观特征属性可以包括建筑风格的构造等。将这些属性结合起来，我们就可对景观特征进行定义。而景观特征的概念包含在"区域景象"之中。

● 具有多样性与和谐性的景观的高风景价值 潜力最大。

● 现有的景观特征可以结合某地或某个景观的美学景象在任何尺度上加以描述。

（4）风景吸引力对民众而言非常重要，且可对其定义与制图。

● 风景吸引力是基于民众对地形、水体特征、植被格局等内在美的感知，测定某地景观的风景重要性。将这些属性结合起来，就可以决定某一景观的自然的风景美。

● 环境因素与自然力量共同创造风景吸引力。

● 可把风景吸引力描述为自然或自然形态景观的属性的组合物。景观设计师已经提出了分类、调查、图示风景吸引力分级的标准，共分为三级：A级——与众不同；B级——典型或一般；C级——无特色。

● 除了对地形、水体特征和植被格局等自然属性制图外，还可以适当地对基于积极的文化要素（如蜿蜒的栅栏、石头墙、粮仓、果园、树篱和小木屋等）的风景吸引力制图。

（5）自然事件可能影响风景吸引力；一般而言，人类活动不会对其产生影响。

● 自然事件可暂时或长期改变景观的风景吸引力，如飓风、龙卷风、洪水、火山爆发、地震以及野火等。

● 在多数情况下，人类活动不会改变景观的风景吸引力。纵然直接的人类活动（如林木采伐）会改变风景完整性，但风景吸引力仍然不变。间接性的人类活动，如无意识的引起植物物种演替的火灾扑救，可能影响植被特征的风景完整性和多样性。

（6）民众经常无法识别自然景观与因历史文化改变后的景观之间的不同。

● 随着时间的推移，某些区域的已经以创造新的包括有益风景属性的景观特征方式改变。这些区域被称为是期望的田园景观。例如，有洞穴房子的村落可以增加质地到景观中。由于这些地方肥沃的土壤和保水能力，屋穴与植被变化可以增加风景多样性。

● 文化景观是带有可以产生完整反映某一主要文化活动要素的景观，这些要素有的是结构的，如栅栏、建筑物或道路；有的是改不了的自然区域，如田野、树篱、防风林、运河或土丘。例子还包括农庄、军事哨所、种植园等。

● 这些期望的田园景观的例子，既有以前是种植棉花的种植园到后来又再植森林的自然形态的景观，也有将原来的混交林砍掉、开辟为空旷地的雪伦多亚河谷（Shenandoah Valley）区域，还包括可以提供独特风景的观赏机会的山顶小块清林空地或"光头地"。

（7）民众会评价景观中自然的或自然形态的文化飞地。

● 期望的文化飞地是指自然的或自然形态的景观在历史上虽遭受过改变，但保留有益的风景属性新特征的小面积区域。它们一般属于较大自然景观中较小的点或节点。

● 通常，文化飞地仍是从属于整体景观的一部分。他们包括了具有历史意义的建筑物、蜿蜒的栅栏、石头墙、果园和其他文化属性。

（8）风景完整性十分重要。

● 风景完整性是指景观中由人类活动直接引起的偏离的程度，比如道路建设、林木采伐或活动垃圾等。间接偏离，如人类扑灭自然火灾而产生的景观，是不包括在内的。

● 对风景完整性的评价，是通过测定在线条、形态、颜色以及质地方面与自然或自然形态的景观特征变化程度进行；或与现有的并已经被民众所长期接受的景观特征相比变化程度进行。其做法是从规模、强度和格局方面测定景观特征属性变化的程度。

（9）视觉吸收能力是一个重要的工具。

● 不同景观具有不同的内在吸收人为改变的能力，景观特征不受损害、风景状态不降低。

- 视觉吸收能力取决于景观特征属性、地形复杂性和环境因素，例如气候。

（10）必须要考虑民众期望。

- 民众要求对国家森林中的风景资源予以保护与管理。他们对景观特征与风景完整性持有期待、期望、偏好、态度、可接受的质量水平和价值标准。

- 如今，并非所有的景观都能够展示公众所期待的景观特征或风景完整性。

（11）在森林规划中将民众愿望综合到其偏好的景观特征和风景完整性中。

- 景观设计师和森林规划人员，需要在生态学者、森林培育学者和其他专业人士的帮助下确定定景观特征主题。这些主题必须既符合生物能力，又符合经济现实。

（12）景观可见度是非常重要的。

- 民众一直在某时某地观看到土地。景观可见度受制于诸多基本的、相互关联的考虑。这些考虑包括观看者的背景与经验、期待的景象、观看者在景观中所处的位置、观看者的数量，由观看时间引起的景观观看者仔细观看、观看距离，空气清晰度，视觉大小等。

- 观看者的位置取决于旅行路线、住处、游憩区域、水体等的位置。

- 易于接受大量民众接近观看的景观受制于对其景观特征和风景完整性更为细致的观看。观看环境、观看者体验、观看者的期望景象，都会影响景观可见度。

- 在长时间近距观看景观，或从空中俯瞰景观表面，或身处陡峭的地形，以几乎垂直的视角观看时，民众会更加细致地审视景观特征和风景完整性。当然，同样的情况也发生在有清新空气或景观组成能够吸引民众的注意力的情况下。

- 景观可见度可以通过配置观景平台得到保持或者提升，也可以因植被再生或者不同的经营活动而减少。

（13）观看者的类型是重要的。

- 不同的民众类型，参与特定的活动，他们对景观的风景美有不同的关注。

- 观看者的类型因地理区域而有不同，也可因旅行路线或使用区域（如成熟的游憩地、城市区域或偏远的农村等）而不同。景观环境、可用的游憩机会、最初的游览动机以及旅行路线的位置、标准与使用程度等的差异，造成观看者对景观的期望的差异。

- 需要确定和认识民众不同的关注与期望，以决定国家森林美学的相对重要性和美学价值。

（14）经营活动强度的变化。

- 一些国家森林经营活动，如放牧改进，至少可会对风景产生潜在的负面影响。其他的活动，像某些林木采伐方式，对风景影响重大。

- 由于我们有能力去改变、保护或者破坏景观特征，因此，明确这些经营活动的线条、形态、颜色、质地和格局的视觉要素与自然景观特征属性之间是如何相关或相悖，是非常重要的。

- 风景管理目标必须考虑其他的国有森林资源经营活动。

（15）特定经营活动需要的景观环境是重要的。

- 在一些情况下，保持自然景观的目的是满足其他资源景观环境的目标。这些目标包括景观特征与风景状态，以满足某些野生动物栖息地的需要、精神的、游憩的、集水区的、或其他资源管理目的与目标。

- 在许多案例中，其他资源管理目标与自然的或自然形态的景观特征目标和相关的风景完整性目标，存在互补关系。这些情况下，所有的资源目标将能够相互促进。

- 另一方面，特定资源管理目标的结合可能造成相互间的竞争。例如，矿业开采与一些林木采伐方式，会改变自然的或自然形态的景观特征以及相关风景完整性目标。

（16）多样性是期待的。

- 任一景观的和谐的多样性，可以在总体上增强风景美。风景多样性的增加会导致公众接受水平的增加，同时也有助于生态多样性增加。

- 然而，风景多样性需要经过特意筛选，且并不总是与生态多样性相一致。在进行增强风景多样性的活动时，我们需要权衡它们有可能对维系生态系统产生的负面影响。

- 相反，创造多样性以维系可持续的生态系统而进行的活动，如果未对风景进行有意识的管理，可能会导致不良的风景影响。

（17）和谐是期待的。

- 一般而言，景观中的和谐能够增加风景美。而公众通常意识不到所采取的维持视觉和谐的措施。公众一般只会看到不和谐的因素。景观和谐会增加公众的接受水平。

- 然而，经营活动并不总是与景观和谐相一致的。对其他资源进行的管理活动可能会破坏景观的和谐。土地管理者必须权衡这些活动对景观和谐可能会产生的消极影响。

（18）特别地方是重要的。

- 特别地方是指在景观中具有独特重要性与意义的位置。有时，特别地方是孤立的、小的区域或地点；有时，它们也可能是大面积的土地。

- 特别地方通常是带有"地方名称"，以表明当地的或区域的重要性。特别地方因为其风景属性，而会得到严格的保护。

- 具有风景价值的且较大面积的特别地方包括象弗吉尼亚州的罗杰斯山、加利福尼亚北部的响宁洛克区域、爱达荷州的瑞德菲丝湖以及俄勒冈州和华盛顿州之间的哥伦比亚河峡谷等。

- 它们也可能是面积较小的区域，例如一个岩洞、一丛独特的树丛、一个特别的营地、一个小的池塘或者沼泽，或者是一块孤立的露出地面的岩层等。特别地方可能是残存的植被群落，远离其正常的分布范围。

（19）文化的差异。

- 尽管民众欣赏美的能力与其文化密切相关，并且在个体之间与群体之间也存在差异，但是人类在美的感知上，却有超越人类本身的共性。换言之，美并不总是"观看者眼中的美"，而是存在一些美学的跨文化的生理基础。

1　景观特征

本章关于景观特征的描述综合了生态单元涵盖的目标信息与民众赋予景观文化价值。两者共同帮助来定义"地方"的意义及其风景的表述。

1.1　景观特征

景观特征是对于景观属性视觉上与文化上的整体印象，指赋予景观以特性和"地方感"的物理外观形态与文化背景。

1.1.1　目　的

景观特征赋予一个地理区域的视觉与文化形象，是能够使景观展现其个性或者独特性的自然、生物和文化属性的组合。景观特性涵盖了存在于景观全部区域的突出属性。

1.1.2　讨　论

对景观特征进行描述，要利用生态单元描述的基本信息，并辅以现有土地使用模式或主题。具体如下图所示：

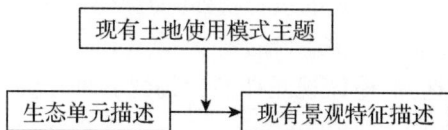

```
        ┌──────────────────┐
        │ 现有土地使用模式主题 │
        └────────┬─────────┘
                 │
                 ▼
┌──────────────┐      ┌──────────────────┐
│  生态单元描述  │─────▶│  现有景观特征描述  │
└──────────────┘      └──────────────────┘
```

　　现有景观特征的范围广泛，从极其自然的景观到深受文化影响的景观都有。现有景观特征描述，包括了景观的自然风景属性和现有土地使用模式（或景观特征主题）两个部分。明确某些负面特性，如矿井、电力线，有助于定义民众所评价的正面属性。

　　景观特征主题（Landscape Character Theme）指根据景观风景属性清单所能定义的景观景象。例如，自然进化的、自然形态的、田园生活的、农业的，甚至城市的景观，所有这些都是具有风景属性的，其属性能在通常主题背景中得以描述。这些景象或者主题将是核心组成部分，结合地形、岩石形态、水体形态和植被等自然风景属性，用来描述景观特征。

　　在非常大尺度（如植被区或者江河流域尺度）的规划中可利用现有土地使用模式或主题谱评估价人类对景观的使用情况。见以下 2 个示例：

哥伦比亚河流域评价	南部阿帕拉契亚山评价
自然进化的森林和灌丛/草地	自然进化
自然形态的林地	自然形态
自然形态的灌丛/草地	乡村——有林地
农业土地	乡村——牧/农地
已开发用土地	过渡的——混合使用
	城郊
	城市

　　对景观特征的描述一般包括：

　　● 根据从考古学家、历史学家、生态学家以及其他熟悉景观研究的人处收集到的信息，分析在时间维度上景观是如何发展的？

　　● 潜在的景观特征，如潜在的植被调查信息。

　　● 现有的景观属性，如地形、植被格局、水体特征以及文化特型等。

　　● 与视觉相比的，那些影响美学体验感的现有的景观属性有哪些？如听觉、味觉、嗅觉和触觉：

　　　　◇ 具有特别鲜明声音的本地野生动物的生境；

　　　　◇ 具有独特芳香的春季开花的天然植被；

　　　　◇ 既有过程又有微观结构的具有触觉的植物物种的混合体；

　　　　◇ 既有声音又有视觉的植物物种（如颤杨）。

　　现有景观特征描述的主要目的如下：

　　● 构建景观当前的整体视觉印象，构建有助于特性和"地方感"的景观物理外观形态。

- 提供一个现有的景观特征与期望的景观特征比较的参照。
- 为景观向景观特征目标推进的过程提供一个景观特征变化的参照。
- 构建测定风景完整性的基准。

1.1.3　属　性

下面是国家森林景观特征属性的示例：

林木、小树丛与灌丛交织，
其间有自然形态的空地

上层植被一致郁闭的树冠

上层植被树冠间的空地

水　体

针叶树为主的森林流域内随机出现的硬
木和灌木促进了地形的界定

独特的岩石构造

● 在众多广泛分散的区域，如果这些区域有相似的属性，现有景观特征可能是完全相同的。

密歇根州 Huron-Manistee
国家森林中的湿地

华盛顿州 Wenatchee
国家森林中的湿地

阿拉斯加州 Coastal 山地景观区

华盛顿州东北 Cascades 山地景观区

● 如前文所述，自然景观特征源于自然干扰、植物演替或者间接的人类活动。现有景观特征会随着时间推移逐步经历自然变化过程，除非是受到巨大的自然力或者是间接的人类活动的影响。巨大的自然力的一个例子是火山爆发。

Gifford-Pinchot 国家森林 St. Helens 峰火山喷发，1981 年 5 月

● 在自然形态景观中，现有景观特征是由于直接和间接人类活动而产生的。一般情况下，经过几十年或者上百年，受植物演替的影响，景观特征会逐步变化，除非在此演替过程中，大家共同努力去保护和维持其中的文化成分要素，这些努力包括了规划用火或耕作一类的文化活动。

科罗拉多 San Juan 山脉

Superior 国家森林

● 下面是国家森林系统土地中现有景观特征的一些示例，彼此差别甚大，但是未脱离自然景观特征或自然形态景观特征的背景。主要是从地形、岩石形态、水体形态、植被或正面的文化要素（如小木屋、蜿蜒的栅栏或者果园）的视角来观看这些景观。

Coconino 国家森林的 Pillar 山

Chugach 国家森林的 Byron 冰川

Malheur 国家森林

Sawtooth 国家森林

1.1.4　生态系统框架

景观特征描述应在生态系统框架中进行，如下所述：

生态系统

生态系统理念将自然、生物和人类三个尺度统一于的一个整体框架之中，对不同生态系统加以描述、评估和管理（Rowe，1992）。为在国家、区域和森林规划水平评估生态系统、实施生态系统管理提供科学基础，在 1994 年开发了"生态单元的国家等级体系框架"（简称框架）（National Hierarchical Framework of Ecological Units）（ECOMAP，1993）。该框架"是一个分类与制图系统，逐渐将地球分层为越来越小但生态系统潜力越来越均一的区域，服务于生态系统管理"。

生态系统均存在于不同的空间尺度之下。在概念上，可以将它们定义为一个嵌套的地理排列，其中众多较小的生态系统镶嵌于较大的生态系统之中。（Allen 与 Starr，1982；O'Neill 等，1986；ECOMAP，1993 中引用的 Alvert 等，1986）。嵌套的地理排列构成生态单元的等级体系，面积逐渐减小、细节逐渐增多。

生态单元

生态单元作为制图的景观分析单位，可用于生态系统规划与管理之中。它们让规划者在多个尺度与时间段上对资源条件进行评价。生态单元可通过影响生态系统结构与功能属性的主导生态（生物和非生物）因素的自然组合的空间分布加以描述。另外，生态单元描述同样包括相关的社会与文化因素。在生态单元描述中，生态因素主要包括：

地形

岩性层和地层特征

土壤类型

植被组合（群落）

栖息地类型

动物

气候

坡度/坡向/海拔

地表水特征

干扰机制

土地使用

文化生态学

在生态单元描述中，由自然、生物和包含在单元描述内的文化因素所创造的视觉景象，对定义某一生态单元或地理区域的景观特征是有帮助的。其包括过去、现在和未来的景观特征。

当框架建立之后，一般认为，随着系统的应用与新信息的整合，对框架所进行调整十分必要。随着框架广泛应用于各种规划与资源分析中，新的等级体系也开发出来，但都使用同样的等级体系大小和尺度概念。它们的生态因素的组合不同，用以勾画和描述生态单元的目标也不一样。

最常用的等级体系如下表中所示。森林规划团队选择其中的分级使用。这些信息旨在帮助读者来理解生态系统管理中使用的众多的术语之间的关系。

等级体系的水平	规划与分析中的生态单元	陆地生态单元	水域单元
区域 （Regional）	气候带（Domain） 亚气候带（Divison） 植被区（Province）	气候带（Domain） 亚气候带（Divison） 植被区（Province）	江河流域（River Basin）
亚区域 （Subregional）	地段（Section） 亚地段（Subsection）	地段（Section） 亚地段（Subsection）	亚流域（Subbasin）
景观 （Landscape）	自然地理区域 （Physiographic Area）	土地类型联合 （Landtype Association）	小流域（Watershed）
立地 （Site）	生态土地单元 （Ecological Land Unite） 群落（Community） 林分（Land）	土地类型（Landtype） 土地类型相 （Landtype Phase） 立地（Site）	河谷地段（Valley Section） 溪流区（Stream Reach） 水道单元（Channel Unit）

许多生态系统管理项目的分析集中在生态单元的 2~3 个尺度上，而非整等级体系。森林水平的项目一般使用景观和亚区域尺度进行分析，如果考虑从立地尺度进行分析，则需要增加更多的细节内容。景观尺度一般是由若干个 100~1000 英亩面积大的生态单元组成，亚区域尺度一般是由 10~1000 平方英里的若干个单元构成。

通常情况下，风景管理系统对同一生态单元进行视觉分析。然而，对于某些项目的风景管理系统而言，确定分析区域边界可能是很必要的，因为分析区域边界与生态单元边界是有差异的。针对相关的问题和关注点，可以对生态单元进行集聚或细分。在这些情况下，特别重要的是，要参考大于和小于分析区域边界的生态单元描述。

1.1.5　制图过程

对景观特征的描述针对某一可识别的国家森林区域或某个地区进行。

在大尺度的规划上，对景观特征的描述针对生态单元国家等级体系中的地段（Section）或者亚地段（Subsection）。就森林规划与景观分析目的而言，描述更小尺度生态单元的景观特征十分有益，如土地类型组合（Land Type Association，LTA）或生态土地单元（Ecological Land Unit，

ELU)，或为形成一个更大的地理区域(如流域、视域或者其他行政管理单元)将生态单元进行集聚来描述景观特征也是十分有益的。

　　景观特征的描述都集中在关键属性上，而这些关键属性始终贯穿于制图生态单元中。这种描述可以简明扼要地将"文字图片(word-pictures)"信息传递给读者，促使让其在脑海中创造出景观的形象。叙述针对地形格局、水体特征、植被格局、文化要素等方面景观特征的简况。该描述主要针对植被属性，因为在国家森林环境中，植被与其他属性相比，更容易被改变。

　　现有景观特征可能是某一重大自然干扰的结果，例如大规模、高强度的野火。需要准确描述景观特征出现了怎样的变化，包括大范围林火形成的植被镶嵌体和小范围内被熏黑的树木。

　　该描述可能如下文第1个案例那样言简意赅，也可能如第2个案例那样细节备至。描述的细节量取决于景观的复杂性、规划水平和管理需要。

　　在如下两个案例(案例略)之中，强调了对现有植被、地形、水体特征的描述。关于对应生态单元的信息来自于 MeNab 和 Avers 于1994年发表的《美国生态亚区域》一文。随着时间的推移，景观特征如何随着时间而发展的回答，源于对生态学家、人类学家、历史学家和其他学者的个人访谈以及其出版物。而对潜在景观特征的描述则部分源于潜在植被调查。

1.2　风景吸引力

　　风景吸引力基于人对地形、水体特征、植被格局和与文化有关的土地利用的感知，测定某一景观的风景重要性。

1.2.1　目　的

　　风景吸引力是景观内在风景美以及其激发民众所产生积极回应的主要指标。基于人类对地形、植被格局、组成成分、地表水特征、土地利用方式和文化特性等的美的共同感知，风景吸引力有助于判断景观是否具有重要风景美。

1.2.2　讨　论

　　● 现有景观特征描述，一般在地段(Section)尺度上，是风景吸引力的参考框架。

　　● 每一处景观都展示着其独特的风景质量。风景吸引力表明景观具有催生不同程度的满意度、积极生理、心理回应以及幸福感的潜力。

　　● 所有国家森林景观制图时需要考虑内在美的共同认知、民众偏好和风景吸引力等级。

● 风景吸引力，最纯粹的定义是展示自然和文化力量对景观的共同影响。民众会对所有景观进行评价，而他们一般认为有着多样性、生动性、神秘性、原状性、连贯性、和谐性、独特性、格局和均衡等特性结合的景观，才最有潜力具备高风景吸引力。

● 风景吸引力表示景观特征长期的美的变异程度。通常情况下，风景吸引力是很稳定的。

● 然而，在极少的情况下，风景吸引力可能因为自然灾害或者是由于人类对景观的极端的改变而发生变化。这些变化也可能会增加将"典型或一般"景观变成"与众不同"的景观的潜力。例如，改变风景吸引力的一个案例是，拥有一个新的游憩水库的景观提供了更高的风景质量和更多的游憩机会。

（1）多样性（variety）在景观中会创造更多的兴趣（当多样性适度呈现时）。

（2）统一性（unity）在景观中会提供秩序感，使人有安宁、健全之感。

（3）生动性（vividness）与变化性和对比性密切相关，可清晰地增加人们在视觉上的趣味及可记忆回味的价值。

（4）神秘性（mystery）会引起好奇，增加景观的趣味性。

（5）原状性（intactness）和一致性有关，并表现出完整性（wholeness），也即在景观中没有遗漏的部分。

（6）连贯性（coherence）表现出景观的可识别（intelligible）而非混乱（chaotic）的一面。

（7）和谐性（harmony）和一致性有关，展现景观属性间愉悦的排列或配置。

（8）独特性（uniqueness）引起民众对景观的兴趣，同时也表明该景观比较稀有、珍奇以及价值更高。

（9）格局（pattern）包括愉悦的重复（repetition）和线条、形态、颜色和质地的配置以及和谐性。

（10）均衡性（balance）就某些方面反映出一致性和和谐性，但更展现出一种平衡状态，让人感到健康而永恒。

对风景吸引力测定时，要对评价的景观要素进行综合考虑，这包括了地形、水体特征、植被和文化特性等。

（1）地形格局与特性：包括有特征的地形、岩石特性以及两者的互相组合。

（2）地表水特征：河流、溪流、湖泊和湿地等的相关事件及显著特征，包括瀑布、沿海地区特性。

（3）植被格局：潜在植被群落及由其组成的格局的相关事件及显著特征。

（4）土地使用样式和文化特性：历史上或现在的土地利用的视觉要素，有助于树立景象和地方感。

在许多的景观中，现有的、可变的、文化上的和其他方面的视觉因素，可能随着时间的推移在外观形态上会发生变化，但它们作为重要的风景属性，常对景观的风景质量和特征有重要贡献，甚至是起主导作用。尽管这些成分要素的视觉特征和风景价值会随时间而变化，但是除非有意识进行人为操纵，这种变化一般比较缓慢，甚至历经几轮的规划或随着人寿命的延长也难以觉察。通常只有那些既拥有高的景观质量，又在时间上或文化上影响风景属性的地方，游客才认为是"特别的地方（Special Places）"。大体上说，就是要通过对这些要素的管理和操作产生影响，来实现风景管理系统（SMS）保护、保存和增强风景资源的初衷。可以把这些要素评为不同的风景质量或吸引力水平。

风景吸引力分级：

A 级——与众不同；

B 级——典型；

C 级——无特色。

A 级——与众不同：

在风景吸引力与众不同的区域，地形、植被格局、水体特征和文化特征相结合共同为民众提供罕见的、独特的或卓越的风景质量。这些景观具有强有力的正面以下属性，包括多样性、统一性、生动性、神秘性、原状性、秩序、和谐性、独特性、格局和均衡性等。

B 级——典型：

在风景吸引力典型的区域，地形、植被格局、水体特征和文化特征相结合共同为民众提供一般性的或普通的风景质量。这些景观通常具有正面但常见的以下属性，包括多样性、统一性、生动性、神秘性、原状性、秩序、和谐性、独特性、格局和均衡性等。通常来说，这样的景观是生态单元中的基本基质。

C 级——无特色：

在风景吸引力无特色的区域，地形、植被格局、水体特征和文化特性只能为民众提供较低的风景质量。在 C 级景观中，一般很难以见到水体和岩石形态属性。这些景观具有较低的（甚至根本没有）以下属性，包括多样性、统一性、生动性、神秘性、原状性、秩序、和谐性、独特性、格局和均衡性等。

1.2.3　制图过程

风景吸引力并非只能归为上述 3 个等级之中的任一，而是在"与众不同"到"无特色"的范围内变动。在某些情况下，风景吸引力等级需再进行亚等级的细分。首先图示风景吸引力为 A 级的土地。这些具有突出风景质量的区域通常知名度高且容易识别。如果对调查的区域未能完全熟悉，就需要咨询该地长住居民或其他的资源专家，以此了解更多有关这些风景吸引力与众不同的区域的信息。

判定潜在的 A 级区域，可借助于航空勘测、地面勘测和航空照片等方式实现。

首先，为了保持连续性，在准备 A 级景观的草图时，要把国家森林系统的土地和其他所有权方面的信息纳入其中。

其次，图示风景吸引力 C 级景观。通常来说，C 级景观不如 A 级景观知名。在绝大部分情况下，他们构成了无差异景观的大部分区域，这些景观在航空照片和地形图上是可识别的。

当条件允许时，利用彩色资源航空照片立体像对图结合地面观测进行校正，在正射影像图（或美国地质调查局的 7-1/2 分，或 15 分地形图等）上绘制细节图。在最后的细节图上，要尽量避免在其他所有权的风景吸引力等级上进行勾画。然而，其他所有权的风景吸引力信息需要保留在工作图上，因为它对未来需求价值非凡，比如土地并购、土地交换评估、或者地方机构规划合作等。

在完成 A 级和 C 级景观的细节构图之后，剩下的景观基质就可以初定为 B 级景观。然后，通过使用航空照片立体像对来细查 B 级景观区域，以作为最后的检查。另外，需要对不太明确的孤岛区域进行实地检查，以确定其是否具有 A 级或 C 级景观。

加利福尼亚 Shasta 山内在风景吸引力等级 A/B/C 实景图（左）和地形图（右）

在视觉管理系统(Visual Management System)调查过程的指导下，对A、B、C三个等级景观进行了制图。由于风景吸引力的三个等级应用良好，风景管理系统(Scenery Management System)将继续使用这个风景吸引力等级。如果已经对风景吸引力分级进行了正确的制图，就无需再开展制图工作。

内在的风景吸引力(Inherent Scenic Attractiveness)必须也要考虑季节性因素的影响，例如春季颜色、秋季颜色和冬季雪景。

2 风景完整性

风景完整性表示景观特征的原状性和完整性的程度。人类活动有时候是能够增加或者保持风景完整性。常见的情况是，风景完整性是降低的，降低的程度取决于与美学吸引力所评价的景观特征的偏离程度。

2.1 定 义

大多数字典对"完整性"有3个定义，其中的2个应用于风景管理之中：①全部、完全、整体或无破裂的状态；②确实完好无损的或者完美的"状态"。完整性高的景观特征具有全体、未受损伤或完全的意义。其风景状态接近完美，无明显的不一致要素或者偏离评价其美学吸引力的现有特征。例如，在这张照片中(照片略)，景观特征是一种自然形态的、持续的有质感的地形，并不存在明显的林木采伐、电线、道路或者其他人类改变的迹象。

在左边的照片(照片略)中，景观特征包括了一处具有积极的文化要素及历史意义的小屋。其建筑材料、支撑的石头墙和台阶的结构形态、颜色、质地、格局和规模，都与这个时期的建筑风格协调一致，满足公众对这些要素的心理预期。大多数民众认为，该小屋的完整性程度较高。

在生态系统评估和规划中，风景完整性可能包括：

(1)完整性的历史或过去状态；

(2)完整性的现存或现有状态。现有的完整性是发展第3点的基准线；

(3)实现长期完整性特征目标所必需的暂时性或短期的最低水平的完整性；

(4)当实现长期目标时，需要一个长期水平的可达到的完整性水平。景观特征目标必须是可持续"期望的状况"的有机组分。

2.2 讨 论

"完整性"最为纯粹的定义即指一种完美状态。然而，在风景资源管理中，对风景完整性的程度从很高到很低均有。

本手册中的风景完整性仅限于景观特征美学吸引力的偏离度或变化量的评价。

风景完整性也可以用来定义生态系统的完好程度或者状况，但前提是，它必须作为完整的生态体系管理过程的一个部分。然而，高风景完整性的景观特征的目标，应该也是高生态系统完整性目标之一。当然，某一景观特征目标无需确保其他的景观特征目标。

在一些情形下，众所偏好的风景环境，例如伐木时散落木质残留物清理好的环境，可能与木质残留物可发挥为提供野生动物食物、遮蔽、营养物再循环等作用背道而驰。在某些情况下，提供高水平风景完整性是可以实现的，如通过建立"生态美学（ecological aesthetic）"，或随着时间的推移，通过对一个健康的生态系统如何运作及我们人类如何适应它等方面的知识和理解。

风景完整性也可以用来管理景观特征的属性，例如植被格局、形态、线条、颜色、质地、规模，以及其他的美学感觉，如听觉、触觉、嗅觉和味觉等。我们建议，要通过制定一个景观特征目标来处理这些属性。

完整性水平作为测量工具，高度依赖对现有景观特征正面属性进行全面、准确的描述。这是用来判断其偏离量的基准线。可靠的研究表明，即 Floyd Newby 的研究发现，"民众期待去观看自然或自然形态的风景"，或 Stanley White 提出，建筑必须"以（景观）外形呈现，当然我们也包括所欣赏的草地、林地和坡度的存在……景观特征应该（因建筑）而得以强化，而非遭到破坏。"同时，民众的偏好和期望可通过专业设计的民众调查表、访谈、行为观察等方式实现。详见"民众信息"这一章。

当涉及文化要素，例如历史建筑物时，全面和准确的景观特征描述十分必要。随着时间的推移，历史建筑物会受到民众的评估，即有顶的桥、蜿蜒的栅栏、年久的谷仓和农舍等，因为很久以来他们已经被民众所接收和重视。我们建议，在制定文化特性的特征描述时，最好寻求历史学家和文化生态学家的帮助。我们所考虑的价值，应该要包括传统（社区、家庭和个体）、精神（视觉追求）、历史、经验（如游憩）、宗教、文化等方面的内容。

风景完整性是从"很高"至"很低"过程的一个连续谱，可以分为5个水平。源于视觉管理系统（VMS）的现有风景状况与视觉质量水平相应的水平都得到了恰如其分的展示。

2.3　风景完整性水平

2.3.1　参考框架

用来测定风景完整性达到水平的参考框架，是对"被观看（BEING VIEWED）"的"现有的（EXISTING）"景观特征进行评价的属性。在自然或自然形态的景观特征中，该参考框架限于自然的或有自然形态的植被格局与特性、水体、岩石和地形等。随着时间的推移，如果它们作为正面的景观特征属性为人们所接受，那么这种人类改变应该包含在其中。

风景完整性水平如下所示：

很高（VERY HIGH）　　（未改变）……………　保护

"很高"风景完整性是指被评价的景观特征"是"完整无缺的，如果有损伤的话，也只是微乎其微。现有的景观特征和地方感被描述为尽可能高的水平。

高（HIGH）　　　　　（显得无改变）………………　保留

"高"风景完整性是指被评价的景观特征"显得"是完整无缺的。损伤可能是存在的，但是与景观特征相比，它在形态、线条、颜色、质地和格局等方面又与其完全重复一致，且在这样的尺度上表现不明显。

中等（MODERATE）　　（轻微改变）………………　部分保留

"中等"风景完整性是指被评价的景观特征"显得有轻微的改变"。与看到的视觉特征相比，可注意到的视觉偏差不影响所观察到的视觉特征。

低（LOW）　　　　　（中度改变）………………　改进

"低"风景完整性是指被评价的景观特征"显得遭适度的改变"。偏差开始主导被观察评价的景观特征，但它们借用评价属性，例如大小、形态、边缘效应、自然空地格局、植被类型变化或所看到的景观范围外的建筑风格等。它们不应仅表现为人们所看到景观外的评价特征，而要与该景观内部的特征协调统一。

很低（VERY LOW）　　（严重改变）………………　最大限度改进

"很低"风景完整性是指被评价的景观特征"显得严重改变"。偏差极有可能强烈地主导了被评价的景观特征。它们不能借用评价属性，例如大小、形状、边缘效应、自然空地格局、植被类型变化或所看到的景观范围外的建筑风格等。然而，偏差的造型必须与自然地形（地貌）浑然一体，使不自然的边缘、道路、楼梯平台、建筑物等要素不主导这种组合。

"无法接受的低（UNACCEPTABLE LOW）"风景完整性是指被观察评价的景观特征显得极其重度改变。偏差极其严重地主导了被评价的景观特征，它们从景观特征中几乎不能借用形态、线条、颜色、质地、格局或规模等属性。在这个完整性水平上，景观是需要重建。这个水平一般仅用于现有景观完整性的调查中，一定不能用于管理目标。

2.3.2　满足完整性水平

一般来说，通过降低所看到的偏差的视觉差异，可以达到某个特定的完整性水平。有如下多种方式实现完整性水平目标。

（1）通常情况下，最为有效的方式是重复被观察评价的景观特征共有属性，如形态、线条、颜色、质地、格局和规模等。例如，在自然或自然形态的景观中，诸如开辟的空地这种偏差有时可以通过重复景观特征中常见的自然空地的大小、形状、边缘效应、地表颜色和格局得以增强。通过重复建筑形态、线条、颜色、质地、格局和规模，有时也用来增加文化景观的建筑物或建筑附加物。如果这种重复精确无误且设计精巧，偏差就可以很好地与整体进行融合，使整体性不发生明显改变（"高"）。偏差借用一些属性要素，仍然可以被人觉察到，但是在视觉上处于从属地位（"中等"）。

（2）另一方式是借用所能看到的，被评价景观范围之外的类似但是又有差别的形态、线条、颜色、质地、格局和规模等。例如，首先借用自然空地的大小、形状、边缘效应、地表颜色、样式，然后在连续的相同质地的但现在不存在的景观中不断重复这些属性。对于文化景观中的建筑物而言，可能有效的方式是借用被评价景观范围外的有差异的、但能相容的建筑风格的主导要素。因为从被评价景观范围之外借助引进这些景观特征要素，即使它们不占主导（"低"）地位，也一般比较明显（"中等"）。

（3）第三种方式针对"很低"水平，是利用土地形态来进行塑造与混合。例如，采伐单元边界，将沿着生长在山脊或小山顶的低矮多叉树木或灌丛边缘，以避免非自然形态的边缘处于主导地位。道路和平台将沿景观褶皱处与山脊线设置，以避免突出。一般来说，采伐边界会利用所有的地形间断处以避免过度的单元尺寸。

（4）最为困难的情形是计划的偏离为被观看与评价景观特征的主导要素的直接对立面。示例包括一条水平的道路（线性）处于有关树的线条的另外的垂直景观，或……一个金属框架的工作使用塔在一个具有高历史价值的村庄的中间。第一个方法将是重新安置这样的偏离以便它们处在不明显位置或能被减弱为视觉上处于次要的位置。使用的构造物通常是几何形状的、强有力的和巨大的。此外，通过小心地安置，它们常常可以被以简单的形状设计，以与周围的环境相协调或与文化景观的建

筑类型更和谐。参见美国农业部手册 478 号"使用"部分，内封面和第
26 页、36 页和 85 页。

（5）对"很高"水平风景完整性偏差的评估是基于漫游区域的所有部
分的观看者。在其他风景完整性中的偏差评估是基于特定的观察点的
观察。

下表提供了风景完整性水平描述的快速概要。第一条下划线标注的
为"优势度"（DOMINANCE）栏，表示哪个要素具有最强的视觉权重（或
者与其他要素相比，视觉上突出）：景观特征或景观特征偏离度；第二
条下划线强调景观特征的偏离度横线是基于优势性来考虑的景观特征的
"偏离度"（DEGREE OF DEVIATION）。第三条下划线标注为横线是景观
特征的"原状度"（INTACTNESS）。纵览该表概括了景观完整性的每一个
水平。

风景完整性概要

景观景象/地方感的风景完整性评价标准	（VH）很高	（H）高	（M）中	（L）低	（VL）很低	（UL）无法接受的低
优势度（景观特征与偏离）	景观特征	景观特征	景观特征	偏离	偏离	偏离
偏离度（从景观特征）	无	不明显	明显但不占优	占优	很占优	完全占优
原状度（景观特征）	景观特征完整表达	景观特征大部分表达	轻度改变、景观特征中等表达	改变、景观特征低表达	重度改变、景观特征很低表达	完全改变

2.3.3　风景完整性：过去、现在和将来

如前文所阐述的，风景完整性概念可用于描述不同水平景观的完整
性或完全性特征或不同水平的风景条件（从"很高"到"不可接受的低"的
水平）。也可用于描述某景观过去、将来或可预见未来的景观完整性水
平。我们可以从现存的有关历史景观的书籍中总结出过去的完整性。从
照片和文字说明，可以找到对每一个生态单元的文字描述。而对于那些
在文献中没有谈到的生态或景观单元，其景观完整性特征的文字描述可
从周边单元的照片中获得。过去完整性可以指导和帮助我们在多变性的
范围中进行可行的景观特征选择。观察的景观的现在完整性可以通过以
下一或两种方法加以描述：

（1）从空中俯瞰，风景完整性最为明显。

（2）从现有的旅行道和使用区域观看，利用有代表性的地面观看者
身份。

（3）当观看者漫游国家森林时，从非常规的且更加难以预料的地面

观看者身份进行观看。

更多的细节性案例请见附录 E。现有的风景完整性调查服务于森林规划、项目实施和监测等目标，具体如下：

- 它提供重要的基准。
- 它充当作给定时间点景观的自然改变程度、位置和范围的历史记录。
- 当与过去的完整性水平结合，在森林规划过程中可用于制定风景完整性趋势。
- 它有助于决定重建的位置、费用和范围，从而达到期望的风景完整性水平。
- 一旦森林规划得到采用，现有的风景完整性调查可用于决定规划实施期间，重建的优先次序、位置和范围。
- 综合考虑视觉吸收力，以及规划期间预期的规划活动的类型和强度的话，现有风景完整性将有助于预测支持预测未来供选方案的风景完整性水平。
- 现有风景完整性及其趋势可以帮助管理者监测朝满足森林规划中预期的未来风景完整性水平的进展。

现有风景完整性调查结果将以 GIS 格式的图体现。

3 民众信息

第三章阐述的是民众信息对风景管理、游憩管理和森林规划的重要性。包括一个民众调查案例。

民众信息——期望、愿望、偏好、可接受的质量水平、行为和价值——这些对林务局的管理者非常重要。

民众信息：审查风景质量与美学体验对以下民众的重要性：

- 国家森林的游客；
- 居住在国家森林内、作为景观环境一部分的民众；
- 居住地距离国家森林较远的民众。

3.1 目 的

理解美学特别是国家森林的风景质量对于民众的重要意义，非常重要。无论这些民众是国家森林的游客、国家森林内或者附近社区或更远选区的居民，这些游客或居民或者是偶尔参观国家森林或仅仅对国家森林的美学质量有兴趣。

3.1.1 背 景

民众信息的重要性，作为理解和明确所评价的景观属性、景观特征和风景完整性的基础，不应被过分强调，特别是从"文化"景观角度审视时。在风景管理系统的所有阶段中，民众信息是一个必不可少的要素。参考第五章风景管理系统应用和概要中的风景管理系统过程流程图。

3.1.2 技术参与

社会学家、文化人类学者、社会心理学家、景观设计师、公共信息官员和其他专业人士需要实施两个方面的评价，一是以个人的态度、价值、愿望和偏好来表示重要性的方式；二是这种方式是如何反映民众同时具有的双重身份（作为国家森林的游客，和作为其他可能影响风景管理需求、设计实施风景管理实践能力的社会活动与过程的参与者）的行为。

3.2 民众组成

在多样化的方式和社会背景下，国家森林、公共土地和周边私有土地的风景质量，对民众至关重要。作为个体，人们是通过联系到以下内容来评价景观的，感觉反应、从文化角度看他们是谁、他们是如何感知他们与这个世界的关系。

景观的美学特征是社区生活的组成部分，形成民众生活和互动联系的"地方感"。甚至那些居住地离景观较远的民众（可能从来没有游览过国家森林），从自然和文化景观视角，可能对参与风景管理活动有浓厚兴趣。鉴于此，风景管理涉及如下民众：

- 个体游客民众：参观国家森林以体验其"自然形态"和/或"文化"景观质量的个人；游客来源上，可以是当地的、区域的、国家的或国际的。
- 当地民众：生活在当地或周边社区，按照民众生活及其相互联系所形成"地方感"的定义，来诠释森林重要性和其风景美学价值；这些民众包括"普通"居民以及团体成员，对这些团体成员而言森林在不同方面都是重要的。
- 更大广范围内的民众：居住地离国家森林较远的民众，可能参观或从未参观过国家森林，但他们重视作为国家森林系统组成部分来经营的风景和美学质量的知识。另外，这部分人可能包括"普通"市民，以及对国家森林、公共土地管理等持不同态度的团体成员，以及意见领导等。

虽然风景管理中民众的范围变化很大，但为实践目的，民众评价将主要集中于来国家森林的游客。

然而，对那些生活在当地乃至更广区域、国家以及国际上民众而言，其美学体验和风景管理等重要性信息不能被忽略。此外，更大范围的社会进程的信息也不能被忽视。同时，更大范围的不同社会民众的信息，需要从已有数据源获取，或在进行更大范围的社会调查工具中，将风景管理相关的问题吸收其中。

3.3　内容与形式

民众信息涉及两大重要关切：一是关于什么方面的信息——内容；二是信息是如何表达或者传递的——形式。

内容：一些对于风景管理最有用的信息涉及：①民众是如何使用这个区域的；②游客和其他民众所感知、评价、渴求、偏好和期望遇到什么样的景观特征和风景完整性。后面的这些关切方面超越了国家森林的游客本身，还包括作为区域内社会生活结构部分的当地居民或周边社区对它与它的风景的和其他美学的属性的理解。另外需要关注的是，生活在远离国家森林区域的人们是如何诠释美学体验的，这些人可能更关注国家森林体系的部分使命，即风景和其他舒适环境的提供。

形式：获取民众信息的方式。对风景管理而言，要理解不同阶层民众，以下两类基本信息十分重要。

（1）言语表述（Verbal expressions）：对国家森林中的森林和/或特别地方的风景或其他美学质量的显著性或重要性的言语表述。可包括：

－感觉（Feelings）：感官反应，例如视觉、听觉、触觉、味觉和嗅觉；

－价值（Values）：森林的美学和其他产出的重要性或价值；

－期望（Expectations）：在国家森林中，民众期望能够遇见什么；

－愿望（Desires）：在不受约束的情况下，民众想拥有什么；

－偏好（Preferences）：在一组可得的选择项目中，民众将会选择什么；

－可接收的质量水平（Acceptable levels of quality）：许可的最低的民众标准。

（2）民众的行动或行为（Actions or behaviors），直接体验森林景观的风景质量的一部分；或通过风景管理活动，直接或间接影响提供此种体验机会的社会行为模式。

由于风景管理考虑民众的多样性，有必要使用不同的策略和（或）技术收集相关信息，或者从不同民众团体处征询不同种类的信息。因而，举例来说，最直接适用的风景管理活动信息类型是来自最小可行的地理区域的信息。游客是最重要的信息来源，有言语信息也有行为信息，尽管一些信息还可以从森林风景与美学资源显著性的研究中获得，这里的显著性是相对于当地社区成员的生活或能明确社区民众居住区的"地方感"本质的要素而言的。

许多有关民众活动或行为的信息更多的与国家森林风景管理的整体格局相关，而国家森林风景管理只是更宏观的、包括其他资源的利用与管理的计划的一部分。此外，我们也可以从更大区域或全国范围的民众那里获取更多信息。尤其是，后者完全可以（只）具备少量或几乎从未有过此类的体验或知识，例如，特定的视域、景观单元等但是，因为他们和所有美国人（一样）是选民，所以他们更关注国家森林风景管理的整体重点和格局有助于还是阻碍实现由国家森林系统恰如其分地强调的供应这些产品—这是一个全面管理计划的一部分。

3.4　民众评价

民众评价（报告）是有关民众个体和团体信息的汇编，还涉及他们如何体验国家森林的美学和风景维度，不管是身临其境还是在远处凝望（获得的体验）。既然游客善于通过自身的行为来主动展现他们对国家森林的兴趣，并且他们也是风景管理进行的民众调查中最方便接触到群体，因此，他们的言语行为成为了民众评价过程中的焦点。会通过行为来主动地展示其兴趣，对于风景管理而言他们也是民众中最容易相处的人群，他们的行为和言语构成了民众评价的重中之重。

如前文所言，与风景管理有关的其他重要民众组成还包括当地和周边社区的居民，和虽然居住地远离国家森林，但是国家森林对于他们而言意义非凡的居民，国家森林要么是他们潜在的旅游（目的）地要么是国家自然遗产的一部分。这些人群对国家森林的重要性及其美学质量的语言阐释此外，作为在更大范围的社会过程中所反映的行为表达对风景管理是有启发的，会成为理想的民众评价的一部分。

民众评价需要社会科学家、景观设计师、森林规划者和土地管理者的共同努力，以确定获取来自民众或与之相关的风景管理信息。这种合作关系也能够确保事关合作各方的重要议题能够置于大家的通力协作之下。

民众评价所产生的成果，有助于描述民众所期待或所偏好的景观特征与风景完整性。理想情况下，民众评价所产生的信息也有助于勾画旅行路线与使用区域、视域和风景调查中的特殊地点。

在制定民众评价和分析计划时，一个或者多个社会学家能发挥重要作用。这样的计划应明确提出要回答的问题、数据收集方法、分析方法以及由评价得到的预期结果。

景观美学的民众评价是公众参与森林规划的一种形式。和其他任何民众参与形式一样，想要获取更广范围内的相关民众信息，最为有效的方式便是运用多种方法进行数据收集和分析。（设计的）问题因想要获得的理想信息的类型而变。数据收集和分析的方法类型和一些示例问题都应加以考虑。

如果想弄清楚民众对景观特征如何进行设想和评价以及他们所偏好的风景完整性类型，就应研究使用者行为、直接与使用者进行交流、展开调查或举办公众参与的研讨会、利用林务局工作人员的个人观察和阅读其他来源的信息（包括以往的风景分析、游憩和更大范围的森林规划活动）。

受财力、时间和人力的限制，很难进行理想而全面的民众分析。在下面的讨论中，财政预算是一个不可更改的现实。在许多国家森林中，现有的民众信息是一片空白，因为在过去林务局是难以获得此种类型的信息的。甚至，现在的一些国家森林中，仍然还面临财力、时间和人力等方面的制约。土地管理者可能会继续把个人的观察和判断当做民众信息，直到林务局进行更为全面而科学的民众评价和分析时，情况也许会有所改观。

在条件允许的情况下，尽量将风景管理的民众评价和其他资源的调查进行整合。最低限度也应该将风景管理中民众评价与游憩管理相结合。将民众评价的风景管理与游憩管理是应该合并的。在编写"民众信息"这个章节时，对风景和游憩管理进行联合评价的画面就浮现在脑际。

3.5　评价组成

理想的风景管理的民众评价应包括下表中的系列要素。正如前文所讨论的，管理限制严重影响国家森林将某些或所有要素并入全局评价工作中的能力。本章节的余下部分简要介绍评价的每个组分，包括有民众调查中可能涵盖的问题的例子（这里以国家森林游客为例）。

风景管理民众组成

评价组成	国家森林游客	当地居民	区域和/或民众
1. 民众调查	×	×	× × *
2. 游客调查	×		
3. 民众访谈	× *	×	
4. 公众参与[1]		×	
5 其他信息来源	×	×	×

1 正式的组织团体，事件或活动，例如，研讨会、座谈、专门工作组等。

＊参观后进行的电话或现场访谈。

＊＊将风景管理问题整合入更大目标和范围的调查中。

3.5.1　民众调查

调查是获取民众信息的重要工具。美国政府机构进行的任何公众意见调查都必须经过管理和预算办公室(Office of Management and Budget, OMB)的授权。众多的因素影响调查者的决策，例如所阐述的景观议题、民众的身份、不同民众团体偏好的重要性。一般情况下，社会学家、区域管理者、游憩和森林规划者和景观设计师的合作为将眼下的议题与关注和接受采访人员的身份联系起来提供了最佳机会。

在设计问卷时，应明确调查对象即民众的总体。前文所描述的框架表明，通常调查问卷是为来国家森林游览的游客、生活在当地或周边社区的民众和居住地距离国家森林有较远一段距离的民众而设计的。作为更大范围的经济、社会、文化和政治团体的成员(例如，州或者国家的民众，关注特定产品和(或)一般性的国家森林管理活动的社会团体成员)，上述人士也是值得注意的。

游客调查关注国家森林的游客(来自于当地或较远地区)。调查的目的在于获取有关游客如何体验国家森林风景与美学特性的信息。结合游客行为信息，这样的调查信息有时候可用于特定景观单元或视域尺度上。

尽管有望获得游客在单个视域体验的调查结果，但是在很多情况下，在精细的地理水平并不做这样的调查。这些情况下，应利用实际的最小地理区域。需努力将视觉边界与调查区域融合起来。当无法获得关于单一视觉的特定民众信息时，可能必须提出有关更具概括性信息应用方面的假设。

获取旅行路线和使用区域视域以外的风景质量信息同样重要。因为这些视域外的区域，可以提供游憩机会谱(ROS)中的原始和半原始范畴内反映的游憩体验机会。这些区域是特别重要的，因为林务局活动可能导致景观特征和风景完整性发生变化，也可能影响游憩环境质量以及民众体验。

国家森林周边居民的调查，包括与国家森林相邻的城镇和社区，为风景管理提供了侧面获取重要民众信息的方式。当然，许多地方当地居民很可能会偶尔或者定期地去参观游览国家森林，在旅行过程中，这些人可能会被"捉住"接受问卷调查，而调查的目的是征求获取民众对国家森林风景和美学属性直接体验的信息(可能与特定的视域、旅行通道等有关)。

但是，无论当地的居民是否去或经常去游览国家森林，他们非常重视森林及其美学质量，因为这或多或少与定义的"地方感"的特征有关—地方感中的"地方"指他们生活的地方以及与该地或社区发生相互作用的组分。他们重视这些对象，但自身并不拘泥于此，而是更加关注森林的美学质量如何促进社区生活环境的改变。评价这些对象，并不总是以其为参观对象，而是这样的美学质量是如何去促进社区生活的环境的。当地的居民可能属于不同社会团体，国家森林的美学属性对他们的重要性不尽相同，例如勘探队、观鸟社团等。而在实际参观游览国家森林的过程中，他们会与团队其他成员进行较长时间的交流。因此，森林，尤其是森林的美学特征，是人们所关注的焦点：不仅对于民众及时的美学体验非常重要（民众调查的重中之重），而且对生活在某一特定地方或环境中的民众增强社区感与社会团结感意义重大。

因此，虽然个体和个体（他或她）直接的美学体验是游客调查的主要参照框架，但是他们首要的关注点在于生活的社区和代表着社区宝贵的环境资源的森林美学特征的重要性。与社区生活相关的问题，也可能包括在社区生活中涉及森林的其他的调查中，或者是学术或研究组织实施的更大范围的调查的一部分。

这种搭载式的风景管理的民众信息的获取方式，甚至对于获取更大的区域的与国家范围的风景管理的民众信息来说是更为必要的。这些是一个区域中的或者面向全国的特定或一般人群的调查。

特定人群调查（specific population survey），举例来说，可能包括许多来自不同地区的或全国性的对国家森林管理有特殊兴趣的利益集团（例如环境自组织，产业协会，等等）的成员，对他们而言，美学和风景管理的重要性处于伯仲之间。这些社会团体对国家森林风景管理的信息掌握全面，意见大多有建设性。

一般人群调查（general population survey）在区域或国家水平上进行，设计目的是征求民众对国家森林美学质量和（或）风景管理的重要性的一般看法，从而大体反映社情民意，并为单个的国家森林、特定的景观单元和视域等对象的特定信息的收集活动的开展提供背景。

显然，一片特定的国家森林并不会进行大范围的民众调查。但是，国家森林可能成为特定调查问题类型的来源，这些问题可"插入到"由国家林务局（东部评估组）、学术机构或者民意调查组织等机构进行的更为综合的调查之中。后者即使并非此类调查的输入来源，也代表关于更大范围的（在这个范围内组织实施风景管理）社情民意的重要来源（见项目5：附加信息来源）。

3.5.2　游客调查

系统调查由社会学家、景观设计师和资源管理者共同实施，主要内容是记录游客在国家森林中游览时的活动，包括哪些国家森林的具有风景的或者其他美学特征的地段是游客的活动范围，民众特别喜欢的景观类型，民众平常是否会欣赏或穿过或进入风景区域，等等。这项工作可能会产出大量有益于对风景管理的信息。这种调查能加强管理者对民众有关景观特征和风景完整性的期望、价值、理想、偏好等背景的理解。调查得到的信息还为推断民众对任一与风景管理相关的风景或美学变量的变化作何反应提供了基础。

需要以系统方式进行调查并按统一形式记录（此时标准的应答表格十分有效），以确保获得对游客行为的真实描绘。。由有关机构的人员直接进行调查，参与式调查，和用照片评价替代特殊地点的游客调查（二者结合起来更好），这些方式都是获取游客行为信息的有用技术。关键是要保证调查的系统化、不受约束和有代表性，从而使调查者有意或无意的偏差最小化。

在描绘旅行路线和使用区域（例如廊道、地方或者特征）时进行游客行为的调查也是有用的。这样的调查揭示游客如何使用视域或特定的陆地区域，可用交通方式、花费的时间、旅行频度和模式等变量反映。在游憩研究中，常常是需要获取观察数据的，其范围甚至可以扩大（如在本章中提出的）到国家森林的美学质量和风景特征。最后，显然，对于游客如何使用景观的了解是一个重要的工具，来准确估计备选的风景管理活动所带来的潜在结果。

3.5.3 民众访谈

对个体而言，对话也许是理解森林（美学或其他方面）重要性的最直接的言语形式。在讨论主题的引导下，表述形式和方式不受尺度与范畴的人为限制，这些尺度和范畴不是由个人而是由数据收集者选择的。受访者可以自由表达对森林美学方面的体验，因为体验与个人经历相关，观念与体验业已成为受访者本身个人经历的叙述的一部分。从这个角度看，具有延伸性的对话或访谈，应是风景管理中民众评价的一个重要组成部分。

当访谈性调查作为民众评价的一部分时，上面讨论的所有民众调查内容都可以得到更深入的、在对受访者而言具有更大意义的背景下的探讨。在此，主要的工具是半结构访谈（semistructured interview），在这种方式下，对话的主体部分由书面问题方案引导，提问时要声音洪亮。同时，如上所述，这些问题将由参与进来的、擅长各自专业的评估组成员来提出。鼓励受访者用段落进行描述，而非简单的几个词或几句话，并且允许他们自由发挥甚至引入他们认为有关系的新话题。这样的访谈应当由精于诠释分析的社会学家执掌。

对大的受访者群体或样本而言，此类访谈技术的明显不足之处在于耗时较多且可操作性不强。尽管游客可能愿意参与到较长的访谈中来，但是期望大多数受访者在实地接受长时间访谈是不现实的。另外，对于更大区域的和全国范围的民众而言，访谈也不太现实。作为风景管理民众评价的一个要素，这种技术可能是在国家森林周边的当地区域居民的层面上的操作潜力最大。

对接受访谈居民的选择需要遵循几个原则。就调查而言，要考虑选取一般区域民众的样本，同时，要考虑把多种多样的社会团体成员作为样本，这些团体涵盖了大范围的森林利用谱系。一个更精心的策略是确定意见领袖，不仅包括这些团体的意见领袖，而且也包括市政和政治官员、教育工作者、宗教领导者，等等，因为这些人的观点在社区或当地是具有影响力的。针对上述策略组合设定一组受访者，是另外的一个办法。

当然，这样的访谈会包括受访者的个人信息，包括他们是否去国家森林旅游和多长时间去一次，以及他们对国家森林的美学和风景属性的看法。

一个补充要点是要以群体活动为中心，此处的群体活动中有受访者参与其中、森林尤其是其美学特征在其中几乎发挥举足轻重的作用。尤其是，对于意见领袖而言，另外一个重点关注点是，他们是如何发觉围绕在以森林美学特征方面为中心的社会活动，是否强化（或弱化）了社区成员之间的联系纽带，以及社区民众所见到的那些对这些联系构成影响的因素（包括管理实践）。由此开始发掘对森林共有的、作为一种定义地方感的要素的感知，"地方感"中的"地方"是居住并与居住者相互关联的地方；挖掘在此过程中森林风景和美学特征的重要性。

3.5.4 公众参与

在许多方面，公众参与程度是有效的森林美学和风景资源管理的核心。如果说管理者、景观设计师、资源和社会学家构成的跨学科的团队代表着风景管理专业知识的核心，那么服务的对象就是公众，关于森林对个人和社会生活的作用有不同的评价与期望的公众。

从这个角度看，特定的风景与美学的管理项目一经提出，由资深专家组成的团队不仅需要倾听公众对项目可接受性的反馈，还需要公众的全程参与。如果建立起公众与跨学科专家团队之间的互动机制，则有助于激发资源专家和公众之间的教学相长过程。这一教学相长的过程能够催生许多有益成果，通过这一过程可期待公众对成果的形成有积极的兴趣。。这样一来，以学习为基础的互动过程会推动观点与知识的融合，而在这一过程中，会培育出一种资源专家和公众在风景管理美学和其他维度的本质与重要性方面具有共同兴趣与认知的感觉。

公众参与有多种模式，通过这些模式形成这一共同理解。这些模式包括：研讨会、会面、表格反馈和专门工作组等，公众与资源从业者都可参与其中。民众参与研讨会和会面经常是自我选择的，因而不代表全体民众。但他们常常可以代表最感兴趣的和关系最密切的当地民众。在公众参与方法和技术方面有很多研究，在此就不过多谈论其细节。重要的参考书有：Blahna & Yonts-Shepard（1989），Utton 等（1976），以及 Heberlein（1976）。在下面的章节中，这些参考书也可能会被提到。

3.5.5　其他信息来源

除国家林务局外，其他组织还为风景管理外的其他原因要获取信息，这些信息不仅有助于明确民众特征，而且有助于更好地理解那些民众所参与的、对景观美学和风景管理具有重要意义的社会活动和过程。

最常见一个潜在信息源是那些能够提供真实的国家森林风景管理的民众信息的人。据我们所知，公众可以划分为三个水平，分别是国家森林游客；地方/社区居民；更大区域的乃至全国范围的民众。与国家森林风景管理民众的细分相关的信息，具有两类重要的信息源，分别如下：

（a）先前或者正在进行的与自然资源相关的研究或评估，包括（但不局限于）与游憩和/或风景管理相关的这些内容。全州总体户外游憩规划（Statewide Comprehensive Outdoor Recreation Plan，SCORP）调查展示了一个外在的景观评估信息源。此外，来自于先前的风景管理评估信息，例如关注水平等，都是可以使用的。这样看来，去收集新的用于分析的民众信息，并不总是绝对必要。

（b）社会活动或过程模式的研究或评估。尽管其不直接与风景管理相关，但是它既可以提供风景管理对不同民众团体的重要性的额外信息，又可能对森林提供美学和风景体验机会的需求与能力有重要意义。

前文所谈到的第一种信息源，与游客体验和行为评估密切相关。第二种信息源有助于理解与风景管理相关的当地/社区、更大的区域范围的乃至全国范围的民众的体验和行为。关于第二种信息源，下面所描述的研究可能成为重要的信息源。

社会地理评价（Social-geographic assessment）：有关国家、区域或地方的社会行为模式信息，对国家森林的管理具有直接影响，包括在风景和美学体验的需求与供给方面。由美国人口普查局（U. S. Census）所提供的数据说明可能特别有用（比如 1994 年的案例）。例如，关于迁移模式：民众正在移动靠近或者远离国家森林吗？又为什么呢？就社会特征而言，他们喜欢什么呢？森林以什么方式对他们产生影响呢，例如，是一个美学体验的源头？另外，在某些地方，民众分享了哪些文化特性呢？具有此种文化特型的民众是如何诠释地方美学方面的重要性的呢？既然人口普查与类似的信息种类（如，某些为规划和经济发展而进行的社区、城镇和跨城镇调查）与地理地区相联系，这样的数据可以整合到风景管理的地理信息系统之中去，和/或森林和生态系统管理的其他方面之中。这显示了前文提到的将风景管理信息获取与更全面管理实践信息相关联的要求。

社会动态（Social dynamics）：其他信息收集框架旨在探讨区域、地方或社区社会进程的动态和它们与民众的移动的关系，以及它们与景观的关系。这些社会进程通过发生在不同地理区域上的经济、政治、文化等之间的相互联系，对国家森林美学体验的需求、消费和机会产生影响（例如 Lewis，1994）。将这些影响加以分类并理解它们在区域或地方层面的相互作用，可为风景管理提供重要的背景信息。

在这个时间点上，后面的方法更接近于第二类常见的风景管理信息源，能够提供建构民众评价的示范。这些包括整体框架、调查焦点、方法、问题类型等。其中一些信息源可为风景管理提供（通常）更大区域或国家范围的民众信息。这些研究或评估的大部分是在特定的国家森林之外的其他地理区域进行的。但多数研究成果能为构建民众评价或部分评价的潜在框架提供参考。

例如，森林管理活动对于蒙大拿州西部比特鲁特（Bitterroot）谷居民的重要性的社会评估（Bitterroot 社会研究所，1994），提供了一个很好的人类学区域评价案例。数据收集的主要模式是半结构访谈。来自比特鲁特谷 7 个社区的 51 位意见领袖接受了调查。另一个典范式的研究，是由 Kempton 等 1995 年用半结构访谈法来征求民众对大范围环境价值的理解，然后从采访文字记录提取引语实施调查，研究那些个人理解布的广泛性。这个工作是全国范围的，调查工具中的多个方面明确地集中于森林和自然资源的美学体验。这个性质的研究和评估，常可为如何着手为风景管理构建有效的民众评价提供有价值的信息。另外，它们也表明，与国家森林有关的各种工作，可能对作为更大范围信息收集工作中的一部分的、与美学和风景管理有关的问题而言是有帮助的。

总之，关于风景管理的民众信息和如何去进行民众评价的信息，代表了两种普通的信息类型，它们不是来自于特定的国家森林，而是其他的信息源。当然，其对风景管理是极其重要的。它们也是把风景管理相关信息的收集，与更大范围的自然资源为中心的观点（和它们的信息收集活动，例如生态系统管理）联系起来的重要渠道。

3.6　游客民众调查的样本选项

民众调查可以各种形式在多尺度进行。它们涉及前文所描述的三个水平中的任何一个水平。下文集中于国家森林的游客，并提供了有关游客调查问卷中各种问题的简短样本。任何这样的工具都应把信息收集作为其目标，收集的信息有助于更好地理解游客对国家森林景观（包括，视觉与风景质量）的美学体验。正如我们将要讨论到的，调查不仅需要征求游客对美学质量重要性的评价，还包括他们参观国家森林的行为。

设计有用的调查问问题类型，目的是产生游客对国家森林景观特征价值、愿望和期望等方面的信息，问卷不仅包含向受访者呈现配有解说词的一组不同的景观特征景象的照片，，而且也需要就照片中所描绘的景观向他们提出各种问题。

例如：在游客面前摆出一排用以下景观特征类型描述的照片（a ~ f）：

a) 恒续覆盖的森林；

b) 镶嵌着林隙的森林；

c) 农场牧场和针叶林混合体；

d) 单一物种的针叶林；

e) 针叶树与硬木树混交林；

f)（其他本区域需要的选择）。

向游客提出各种各样的问题，有些要用特定的级别作答。示例如下：

（1）对每张照片中所描绘的国家森林景观，请根据旁边的级别标尺标出你喜欢或讨厌的程度。标尺上很高的评价（例如，7）表示你非常喜欢这个景观，然而很低的评价（例如，1）表示你很不喜欢这个景观。中间评级表示你对这个特定的景观感知不是明显。

1	2	3	4	5	6	7	[照片]
很不喜欢			中性			很喜欢	

每张照片的旁边都应放置一个标尺（作为一般性示例，未作文字说明）。

问题类型可以进行调整，以评价游客对国家森林美学和风景属性质量的可接受水平。"质量水平"可通过一组照片表征出来，具体如下：

a) 没有人类活动迹象的天然林；

b）没有明显人为改动的、自然形态的森林；

c）人为改动明显，但是对于自然或自然形态的景观特征而言改动居次要地位的、被经营的森林；

d）人为改动明显，对于自然或自然形态的景观特征而言改动居主导地位的、被经营的森林；

e）人为改动极为明显，对于自然或自然形态的景观特征而言改动占据绝对主导地位的、被经营的森林；

f）人类改变极为明显，抹去了天然或形似天然的景观特征的、被经营的森林。

针对上述陈述，典型的问卷调查设计如下：

（2）当游览某某国家森林时，对其风景质量的接受程度是____：

1	2	3	4	5	6	7	[照片]
完全不可接受			中性			很可以接受	

呈现的同样是一个评价等级的例子，也要在照片旁边放置一个级别标尺（作为一般性示例，未作文字说明）。

需要指出的是，还有一个信息量较少但仍行之有效的获得上述类型信息的方法，那就是让游客从风景美学视角对国家森林的照片进行简单的识别，判定哪些是他们可以接受的，哪些不能接受。这涉及对于下面的问题做出二叉式（"是"或"否"）的回答。

2A. 当参观国家森林时，您可以接受的风景质量属于下面的哪个水平？

另外，借助照片调查国家森林美学特征主题的（或者，其中缺乏的）民众调查的另一个重要的问题类型是，在调查过程中，要求受访者评价不同的风景属性，这些属性以分离的照片形式体现的，不是单个（即，每一次一个）照片，而是相互关系的一组照片。这类问题中最为常见的是，从一组景观特征、风景完整性水平等方面的问题中，筛选出游客的偏好。这样的偏好用受访者对一组照片从"最喜欢"到"最不喜欢"的评级次序来表达。在对问卷进行稍微改变的情况下，调查问题就可以调整为更加清晰地征询价值、愿望、期望或质量可接受水平等的问题。在这种情况下，询问游客对景观特征的偏好的典型问题叙述如下：

（3）当参观某某国家森林时，可以看到基于管理实践的多样的景观特征。下面的照片展示了各种景观特征的可能性。请您按照"最喜欢"

到"最不喜欢"进行对它们排序。

类似的问题，如，风景完整性、旅游路线、使用区域、视域、景观单元或其他地方性的（局部的）景观管理议题，都可以采取上述方式提问。

到目前为止，所倡导的调查问题类型，均借助照片展现美学或风景管理的特定方面，以便游客对其进行评价。另一类问题通过向游客展示某个想法或"看图说话（pictures in words）"的方法，邀请游客进行评价。此外，借助词语的运用，不要求提出的问题只和风景管理直接相关的景观的描述或概念（如风景完整性、使用区域、旅行廊道等）相关，游客体验赖以体验森林美学质量的、更宽泛更一般的方式，如视觉、听觉、味觉等也适用。这些可能会转而影响游客对景观特征、风景完整性等的喜好。

对这类的调查项目，会提供与国家森林美学体验相关的一个说明，然后请游客表明他们对说明认同或反对的程度。。在下面的示例提供了一个 5 个刻度的标尺，提供的应答范围包括从"十分赞同"到"强烈反对"区间。

（4）对以下陈述，请指明您同意、不同意或者不确定的程度。

a）自然是一种固有的美，当我们看到环境丑陋时，它通常是由人类所引起的。

1	2	3	4	5
强烈反对	基本不同意	不确定	基本赞同	十分赞同

b）森林是有现实节律的，这样的节律与忙碌的日常生活规律相比，更与我的本质一致。

1	2	3	4	5
强烈反对	基本不同意	不确定	基本赞同	十分赞同

以上每个问题项灵活挖掘美学体验的某些方面，不以国家森林风景的（或其他美学的）属性的直接评估形式表述，而是通过对影响不同风景管理侧重的偏好的游客的动机体现。作为问卷工具可能涵盖的调查项目来源，强调了前文所提到的民众访谈的重要性。例如，问题 4a 出自 Kempton 等人的著作（1995，第 105 页），他们指出，该语言表述来自他们研究访谈环节中一位调查者的陈述，是他们与更大范围调查者的回应的一个部分。

另外的一种调查项目在以往研究中被广泛采用，但近年来愈发受到批评。该调查项目是，询问调查者对森林不同风景属性(例如，不同类型的景观特征、风景完整性，等)价值的货币评估(monetary estimates of values)，即在此情境下，询问游客们对不同类型的景观特性可能的支付意愿。如前文所述，这种问卷方式也需要使用许多照片。

这类问题在游客调查中需要谨慎使用。这是因为，游客常会因被要求对森林的美学或其他资源方面体验机会进行货币价值衡量，表示出困惑甚至不满。如果要使用这些问题进行调查问卷，下表中的提问方式可能会稍微缓和一些。

(5)如果您打算消费 100 美元，用于管理森林以保护不同的景观类型，针对下面的不同的景观类型的管理，您会对 100 美元如何进行分配呢？

a) ＿＿＿＿＿＿

b) ＿＿＿＿＿＿

c) ＿＿＿＿＿＿　　　〔照片 a ~ e 用来展示不同类型的景观特征、风景完整性等。〕

d) ＿＿＿＿＿＿

e) ＿＿＿＿＿＿

总计：100 美元

这里要讨论的游客调查的最后一个要点是游客在森林中的行为，尤其是涉及森林美学或风景方面的体验的行为。对行为问题的回答，可以提供游客做了什么、在哪里做的、什么时候做的等方面的信息。这些信息有助于勾画旅行通道、使用区域和特别的地方等。在调查中，使用地图可以帮助游客确定他们是在何地、何时参与的某项活动。

6a. 请您在地图上勾画出您平常穿过某某国家森林的路线。

6b. 请您在地图上勾画出参观某某国家森林通常的游憩活动区域。

6c. 在一年中的哪个或者哪些季节参观某某国家森林？主要活动有哪些？请您在地图上标明您一般会去哪些地方？哪些区域您认为属于"意义非凡"的地方？

最后需要注意两点，一是在游客调查中调查项目的次序，二是对于该调查而言，不同回答和应答用到的级别标尺类型的有用性。调查项目的次序一般是：首先，为保证游客回答的准确性，需要先应该询问游客在不受限制的情况下，他们对风景质量和游憩机会的愿望是什么？为了进一步缩小游客的选择范围，可以添加其他信息，然后询问游客在确定的限制因素下其的偏好有哪些。例如，在每一个选择项的描述中，生产成本、商品产出、便利设施产出，或者其他可以在第二阶段提供的相关的信息。另外，当被调查者表达愿望和偏好时，也可以增加上述相关信息。

至于被调查者应答时用到的级别标尺，现在有许多技术来分析游客对美学和风景美学的价值、愿望、期望等的评价或评级结果。在使用标尺时，其两个刻度之间间隔的性质(例如，当以顺序、区间、比例表示的时候)决定期望使用标尺作答时达到的精度。

上述的本质问题，如能合理设计和恰当使用，不仅可用于游客调查，也可用于问卷调查、研讨会反馈表格或研讨会上的提问与公开的会议中体现。在本章讨论了几乎所有方面的游客信息时，提出以社会学家为重要成员的跨学科团队，在整个过程中和参与其中的知情民众进行交流互动，将提高产出正确的、且可被民众理解与接受的、美学与风景管理成果的可能性。

4　景观可见度与风景等级

第四章阐述景观可见度的众多内在关联方面。本章中特定题目与每个景观的敏感度与重要性相关、与每个景观的详细感知相关，与旅行路线的指南、使用区域、关注水平、距离地带和制图过程相关。本章也阐述这些要素是如何结合形成规划目标的风景等级。

4.1　景观可见度

景观可见度体现的是众多基本的、相互关联考虑的作用，包括：

(1)观看者背景；

(2)观看持续时间；

(3)可以辨别细节的程度；

(4)季节性变化；

(5)观看者数量。

4.1.1　目　的

景观可见度强调的是游客在景观中所见到的和感知到的相对重要性和敏感度。

4.1.2　讨　论

● 民众在某时某地从某处实际上看到的所有的国家林地；因而，所有的国家森林景观都是有风景价值的。

● 民众很可能从旅行路线和使用区域观看国家林地。

● 大多数对风景关注度高的观看者，如较长时间仔细观看一处景观，就可能大大地增加这一景观的风景重要性。

- 相反，少数对风景关注度低的观看者，他们会匆匆地瞄一眼，可能大大地减少这一景观的风景重要性。
- 景观可见度是指许多基本的、相互关联的因素的共同作用，主要包括下列方面：①观看者背景；②观看时间；③可以辨别的细节程度；④季节性变化；⑤观看者数量。
- 可辨识细节的程度取决于观看者的相对位置或区域。
- 景观可见度考虑示例如下：

① 观看者背景

② 观看持续时间

③ 可以辨别的细节程度

④ 季节性变化

（5）观看者数量

高风景关注度：观看者人数较多（左）观看者人数量少（右）

- 有时，尽管观看某种特定景观的民众只是少数，但他们对风景质量关注度高，且对突出的风景美的期望度高。当与其他的体验机会相联系时（例如精神追求、自省等），这些景观具有较高的风景重要性和价值。如果只是偶尔有相关的体验机会时，这些景观所具有的重要性更高。

- 其他自然资源价值（other natural resource values），例如荒野、野生动物或者老龄林，可能为自然形态景观创造观景需求，最终可能提高保持风景质量和景观环境高水平的重要性。这些其他自然资源价值与观看者的背景有关。

低风景关注度：观看者数量少

- 近距离可见的景观（下左）与较远距离、细节模糊的景观相比，观众会有更高的视觉敏感性。

- 与民众以相对较平视角观看景观相比，民众在以接近90°视角观看景观外表时会更加细致（下中）。

- 当民众在焦点处的前景或者相邻焦点处观看景观时，他们在视觉上会对特定的景观观察得更加细致（下右）。

- 当民众在中景距离观看景观时，与他们观看前景景观相比，他们常常会更加连贯地，在一个更好的背景环境中来观看（下左）。

- 许多中景国家森林景观往往有均衡的质地，与主导自然形态、线条或质地的人类活动对比明显。这会使一些中景景观与前景景观相比，产生更加敏感的视觉观赏性（下右）。

• 由于地势的原因民众的观看视野会更加宽广，清洁的大气也会使民众观赏到景观的许多细微之处，这都会提高风景价值。

• 可以对观看的景观细分为距离地带，用于调查数据的分类、分析和简化。

观看者	直接前景	前景	中景	背景
距离	0~300 英尺	300 英尺~0.5 英里	0.5~4 英里	4 英里-地平线

注：1 英尺=0.3 米。

• 对距离地带的划分，可通过与民众通常感知的景观细节联系起来加以强化，这些细节包括叶的质地、树枝的形态、地形结构等（下左）。

• 季节差异可影响景观可见度评价的敏感度。落叶林的"有叶"和"无叶"状态会改变景观可见度。同样，一些海滨区域持续的夏季迷雾会减低景观可见度。一般只确定景观可见度最敏感的情形。

• 对于植被的筛选是动态的，对于短期的详细规划有重要意义。一般情况，植被筛选不适用于长期、大尺度的规划，例如森林规划等。

4.2 景观可见度要素

从旅游路线和使用区域可见的景观部分对民众评价景观的风景质量、美学价值和景观价值是非常重要的。

景观可见度由三个要素组成：

(1)旅行路线和使用区域；

(2)关注水平；

(3)距离地带。

4.2.1　旅行路线和使用区域

现有旅行路线和使用区域的确认与分类的目的是用来决定景观可见度分析中使用哪些现有的观看者位置。景观可见度的调查步骤，包括关注水平、距离地带，在本章的后面部分将详细讨论。

● 民众利用遍布国家森林的旅行路线和使用区域。他们也利用位于国家森林边界之外的旅行路线和使用区域，从外部观看国家森林。

● 旅行路线是大众观看的线形集中区域，包括高速公路、公路、一般公路、铁路、步道、商业飞行路径、河流、运河以及其他水路等。

● 使用区域是集中接待大众观看使用的场所，包括国家森林游客中心、远景观景点、步道起始点、野营地、野餐地、游泳海滩、小艇停靠区、度假区、滑雪地以及其他游憩场所。使用区域也包括城市或城郊区域、城镇、村庄、私人土地上的公园和高尔夫球场以及其他再在国家森林内或者其附近的相邻的公共土地。

● 从对于旅行路线和使用区域可见的景观部分而言，其景观风景质量、美学价值和景观价值对于民众来说十分重要。。

● 从对于旅行路线和使用区域难以看见的景观部分而言，其美学和风景价值对于民众来说十分重要。作为特定的游憩环境和民众寻求与世隔绝体验环境的场所，这些景观就更加重要了。

● 通向重要风景特征、居住区域、度假区、游憩区、独特自然现象、荒野步道、国家公园、州立和县立公园以及其他区域等的旅行路线，它能够吸引更多对于的风景质量关注度高的游客，因而也会增强这些旅行路线的重要性。

• 通过乘坐商业和私人飞机，航空器，民众对鸟瞰国家森林系统土地的方式愈发关注。旅行路线和使用区域的前景和中景一直都得到了较好保护。但是，这些视域点外，一般森林区域（General Forest Zone）在现有的风景管理的观赏点中经常被忽略。

从地面看胡德山（Mt. Hood）
展现出细致的风景管理状态

从空中看胡德山展现出具有
不同风景效果的全貌

4.2.2 关注水平

从不同的地点，观看到的景观程度不同，其重要性也有所不同。景观的重要性可以通过关注水平来排序，以利于风景调查与分析。

关注水平是测量民众从旅行路线和使用区域所观看到的景观对于民众的重要性程度。关注水平可以分为三类：水平 1、水平 2 和水平 3。在调查阶段，区域类型及其使用水平能够充分表明民众对其周边景观的感兴趣程度。关注水平是基于过去的体验和现有的规划数据来考虑的。同时，可获得新的民众信息又可以对规划数据进行补充。

下面矩阵是决定关注水平的指南。它可以根据地方状况而进行调整。

关注水平的等级体系

	对风景的兴趣		
	高	中	低
主要旅行路线/使用区域高度使用	1	2	2
主要旅行路线/使用区域中度使用	1	2	2
主要旅行路线/使用区域低度使用	1	2	3
次要旅行路线/使用区域高度使用	1	2	2
次要旅行路线/使用区域中度使用	1	2	3
次要旅行路线/使用区域低度使用	1	2	3

主要旅行路线和使用区域：

主要与游憩和旅游利用相关的国家和/或区域重要场所。示例如下：

- 在国家森林、国家公园、国家游憩区、荒野、荒凉与风景河流、风景公路、国家林务局风景小路以及其他特殊的指定区域中，汽车驾驶员、徒步者、骑自行车者和骑马者使用的主要道路、步道和区域。
- 具有国家重要性的所有公共交通系统，包括州际公路、水路和铁路。
- 垂钓、游泳、划船及其他主动或被动水上游憩的主要区域。
- 主要游憩区域（远景观景点、野营地、野餐地、海滩、游客中心、步道营地以及其他）。
- 主要度假区和冬季体育运动区域。
- 高度敏感性社区。
- 主要的夏季私家游憩区。
- 主要的地质区域。
- 指定的风景区域。
- 主要的植物或森林示范区域。
- 主要的历史遗迹和区域。
- 野生动物观察的主要重要区域。
- 具有地方或区域重要性的特别场所。
- 原始、半原无始机动车与半原始有机动车的游憩机会、且得到民众确认为重要的区域。

次要旅行路线和使用区域：

与包括游憩和旅游在内的所有类型利用相关的地方性重要场所。

- 所有未列入主要区域的联邦、州、主要县和林业系统道路与公路。
- 未列入主要区域的社区。
- 未列入主要区域的其他主要利用区域。
- 半原始机动车禁入与半原始机动车可入游憩机会、且得到民众确认为重要的、但未列入主要区域的区域。
- 满足上述定义的次要县和林业系统的道路。
- 次要步道系统。
- 直接通向兴趣与游憩综合的次要区域的所有道路。
- 次要游憩区域（远景观景点、营地、野餐地等）。
- 垂钓、游泳、划船及其他主动或被动与水体相关（如溪流或湖泊）的次要区域。

- 次要地质区域。
- 次要植物或森林示范区域。
- 次要的夏季私家游憩区。
- 次要的历史遗址。
- 野生动物观察的次重要区域。

4.2.3 过 程

可见度分析是一个持续的过程。因从民众那里获得了新信息，或开发新的旅行路线和使用区域，或者公众利用模式和旅游模式的变化等，都需要对风景分析进行改良。

制图的第一步就是决定在景观可见度确定中需要对哪些旅行路线和使用区域进行调查。大范围或项目水平的调查，其选择会有所变化。

第二步是为这些旅行路线和使用区域的距离地带进行制图。

第三步是为这些距离地带分配关注水平。

为适应当地的需求，这些步骤的顺序可以改变。

对于大范围调查而言，要对所有国家森林进行调查，可以被典型的森林游客分为常见的区域和罕见的区域。

对于长期、大范围规划，例如森林规划，使用地形筛选法进行常见区域制图。

使用地形筛选法和植被筛选法进行森林规划。使用最敏感的情形进行景观可见度调查，比如任何"落叶"之后状况、晴空期间或高度色彩对比的季节等。

在平地上，对于前景，可从一个旅行路线或使用区域的一侧起进行廊道制图可向外延至少 1320 英尺（1/4 英里）。前景地带以外的区域将制图为中景，为周边地带延伸的地貌。在绝对平地景观中，为管理风景质量，罕见的中景通常被制图为比人们疑问的旅行路线的更低的关注水平。

对于项目水平规划，是从多个观看者位置对可见区域进行制图。一般情况下，这些观看者的位置是由现有的旅行路线和使用区域决定。但是也可能会包括规划的旅行路线和使用区域。

有两种对可见区域进行制图的方法：手工的方法和计算机化的方法。

（1）手工的可见区域制图：手绘画可见区域制图方法一般是在不具备计算机系统或可用数字化地形数据条件的情况下使用。手绘方法的缺点是复杂低效且耗费时间，同时相较与计算机化方法缺乏准确性。

以地形图（最好是正射影像四方图）为基础，基于行车、步行或划船的所选择旅行路线，可勾勒出可见区域的较为粗糙的地图。同样，也可以实地完成单独的观景点和使用基地可见区域的制图过程。另外，在底图上，可以估计和勾画出视域限制。

（2）计算机化的可见区域制图：开发出计算机化可见区域制图技术，需要计算机软件开发人员和景观设计师合作。目前已基于地形筛查法，开发出可精确对可见区域制图的软件程序。有关这方面的软件开发数量将呈现剧增态势。绝大多数综合性 GIS 软件包也包括了类似的可见度分析程序。

开展计算机可见区域制图，需要合适的数字化地形数据。计算机产生的可见区域地图的相对精确程度，由数字化地形数据的详细和精确程度决定。

4.2.4　距离地带

森林规划层面一般需要三个距离地带，项目规划一般需要四个距离地带。第四个分区称为直接前景（immediate foreground）。由于直接前景的纵深有限，因此森林规划从没有作为一个单独的分区使用，而是与前景区域的其他部分合并一起使用。四个距离地带的定义和描述请见下文：

（1）直接前景：0～300 英尺。

在直接前景距离内，民众能够清楚地区别单个的树叶、花、树枝、树皮质地、小型动物（花栗鼠、鸣禽），也能够观察到微风中在轻风中树叶和青草的摆动。

在直接前景距离内，民众也能观察到其他感官信息，例如，小型动物的声音，鸟叫声，风吹过树叶和草地的沙沙响声，以及刺鼻气味或芳香气味。质地是有单个的树叶、棒针簇群、树皮样式以及树枝样式等所组成的。在质地中，细节是非常重要的。

（2）前景：0～1/2 英里。

在前景距离内，民众能够区别树叶丛生的小型树枝、树干以及大型的树枝、单个的灌丛、野花群、体量中等的动物（松鼠、兔子）和体量中等到大型的鸟类（鹰、鹅、鸭）。在这个距离，民众也能够区别中等风速下的树木的大树枝和林冠的摆动。

在前景距离内，民众能够感受到其他感官的信息，例如体量中等大小的动物的声音、鸟的叫声、中等规模的风穿过树枝的嗖嗖声、森林的气味。质地大部分是由粗树枝、大型的树枝以及可以看见的树干部分。在质地中，单个的形状起占主导作用。

（3）中景：1/2～4 英里。

在国家森林景观中，除开平坦土地的区域或者高大、茂密的植被区域外，中景一般是主导的距离地带。在这个距离下，民众能够分别单个的树形、大型的石头、花田、林中的小型空地以及小型岩石露头。在显示轮廓的环境中，树形是最为突出醒目的。形态、质地和颜色是占主导，而样式也是很重要的。质地一般是由重复的树形所组成的。

在较陡峭的地形中，中等景观视角类似与空中视角观景。因为这个视角下，能够看到整个景观背景下的人类活动，所以陡峭地形的中景景观是在风景管理所有分区中最为重要的。

（4）背景：4 英里～地平线。

在背景距离内，民众能够区别树丛或者树林，森林中大型的空地，大型的岩石露头。纹路已经消失，颜色变得平淡，但是植被或岩石的大型样式仍然是清晰可见的，地形山脊线和地平线是占优势突出的视觉特征。结果是，景观已经变得简单化。在风景质量提供上，背景的作用主要是作为一个对比强烈的软化的背景，一个令人愉快的远距离的景观，或者是醒目漂亮的焦点。

距离地带的目的是对旅行路线和使用区域制图。

偶尔参观的观看者穿越森林时看到的绝大部分区域可以被图示为前景。没有看到的区域，从其他的观景点看具有较高的关注水平，则可以作为中景。

距离地带和关注水平相结合，通过如下矩阵决定距离地带和关注水平。

图 4-1

	fg1	mg1	bg1	fg2	mg2	bg2	fg3	mg3	bg3
bg3	fg1	mg1	bg1	fg2	mg2	bg2	fg3	mg3	bg3
mg3	fg1	mg1	bg1	fg2	mg2	mg3	fg3	mg3	
fg3	fg1	mg1	bg1	fg2	mg2	fg3	fg3		
bg2	fg1	mg1	bg1	fg2	mg2	bg2			
mg2	fg1	mg1	bg1	fg2	mg2				
fg2	fg1	mg1	bg1	fg2					
bg1	fg1	mg1	bg1						
mg1	fg1	mg1							
fg1	fg1								

使用该矩阵可以很容易地决定最受限制的关注水平。如果一个区域同时确定为中景—关注水平 2（mg2）和前景—关注水平 2（fg2），那需要将左边列中的 mg2 和最上面一行的 fg2 相互比较，从而确定 fg2 是这个该区域的一般较为合适的关注水平。在一些案例中，中景可能会比前景的视觉审查更敏感。

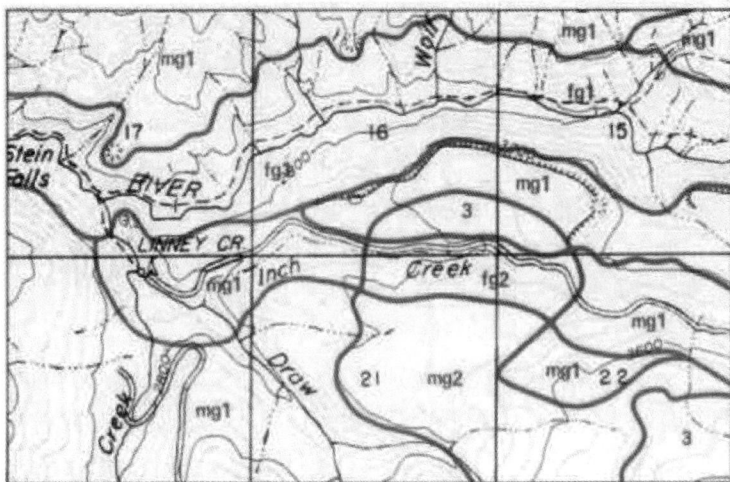

4.3 风景等级

风景等级是用来测定具有相似风景吸引力和景观可见度特征的不连续的景观区域的相对重要性或价值。

4.3.1 目 的

所有国家森林景观都具有作为风景的价值——只是景观的风景价值高低不尽相同。风景等级用于测定国家森林的风景价值。

风景等级用来测定的是具有相似风景吸引力和景观可见度特征的不连续景观区域的相对重要性或价值。在森林规划中，风景等级常常将风景价值和其他资源价值相比较，如木材、野生动物、老龄林或矿产。风景等级越高，保持最高风景价值就越重要。

4.3.2 讨 论

风景等级由风景吸引力(scenic attractiveness)和景观可见度(landscape visibility)两部分组成。正如在第一章中所讨论的，风景吸引力是基于人类对地形、水体特征、植被格局和与文化有关的土地利用的内在美的感知来测定某一景观的风景重要性。它是某一森林或荒地景观风景美的主要指标，也是风景美在人类唤起的积极回应的主要指标。风景吸引力可以划分为三个等级，分别为 A-与众不同，B-典型或一般，C-无特色。正如在本章前文所讨论的，景观可见度使用三个距离地带(前景、中景和背景)，简写为"fg"、"mg"和"bg"，和三个风景关注水平(1-高度，2-中度，3-低度)。

- 风景等级由风景吸引力三个等级、景观可见度的距离地带和关注水平共同决定并进行制图，详见表 4-1 和图 4-2。它们是服务于分析与规划目的的调查过程的一个产品。

● 正如前文所讨论的，森林规划使用风景等级，是为了把风景价值与其他资源的价值进行比较。一般而言，风景等级 1 ~ 2 表示具有高的公共价值；风景等级 3 ~ 5 表示具有中等价值；风景等级 6 和 7 表示具有低的价值。

表 4-1　风景等级

		距离地带与关注水平								
		Fg1	Mg1	Bg1	Fg2	Mg2	Bg2	Fg3	Mg3	Bg3
风景吸引力	A	1	1	1	2	2	2	2	3	3
	B	1	2	2	2	3	4	3	5	5
	C	1	2	3	2	4	5	5	6	7

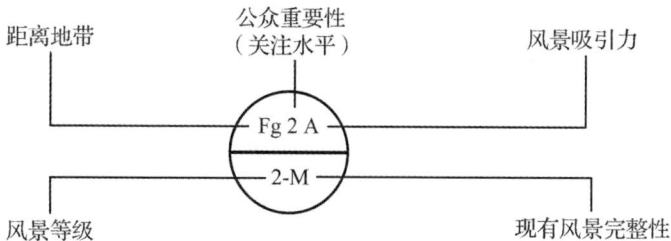

图 4-2

现有风景完整性并不用于决定风景等级。尽管现有风景完整性的确影响现有风景价值，但重度改变的景观可以通过未来管理活动和植被再生而得以恢复。基于此，建议将现有风景完整性纳入风景等级的图标中。

通过森林规划过程将风景完整性水平分配给每个风景等级。完整性水平的分配取决于每个可替代方案的主题（期望的状态）。该内容在第五章有详细讨论。

5　风景管理系统的应用

景观特征、风景完整性和民众偏好是整合到生态系统管理的分析、规划和实施阶段的关键的美学考虑因素。示范风景管理系统组成成分在这些阶段的应用，目的是帮助确定、实现和维持期望的景观特征和风景完整性。

5.1　目　的

本章将说明如何将风景管理系统整合到生态学的概念和资源规划过程。

5.2　讨　论

对景观生态学的基本理解建立美学和风景的环境背景。生态系统包含三个时刻变化、相互关联的维度：自然的、生物的和社会的。这三个维度均与生态系统美学息息相关。

连同对土地实施行政行为产生的结果一起，土地与资源规划决定了生态系统及其美学是如何被评估和管理的。然而，这些过程差异大，其形式也受公共法律所制约，例如国家环境政策法（National Environmental Policy Act，NEPA）或国家森林经营法（National Forest Management Act，NFMA）等。

5.3　森林规划过程

风景管理系统的在森林规划过程中的应用，说明如下：

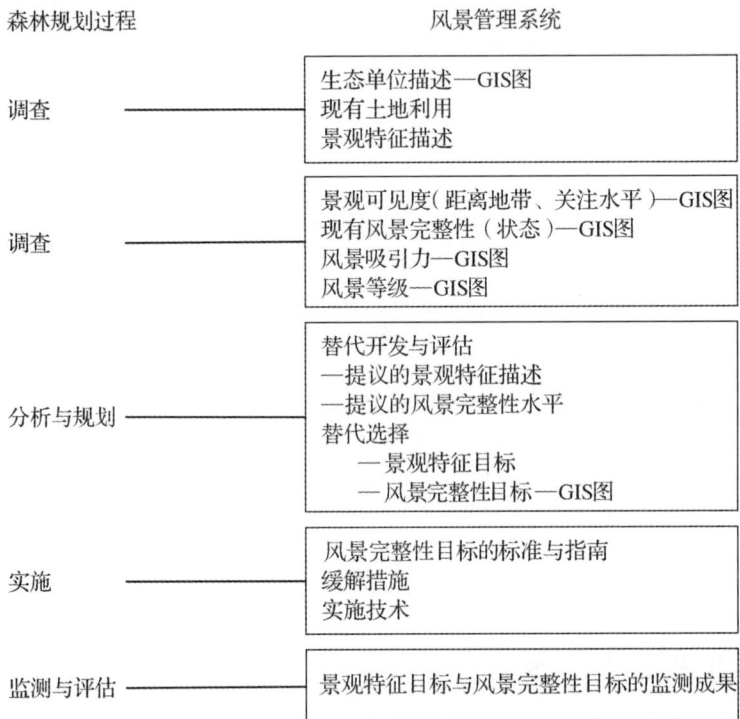

森林规划过程	风景管理系统
调查	生态单位描述—GIS图 现有土地利用 景观特征描述
调查	景观可见度（距离地带、关注水平）—GIS图 现有风景完整性（状态）—GIS图 风景吸引力—GIS图 风景等级—GIS图
分析与规划	替代开发与评估 —提议的景观特征描述 —提议的风景完整性水平 替代选择 　—景观特征目标 　—风景完整性目标—GIS图
实施	风景完整性目标的标准与指南 缓解措施 实施技术
监测与评估	景观特征目标与风景完整性目标的监测成果

生态系统：美学的环境背景

生态系统是生命和环境相互作用的场所。它们随着时间推移直接或间接地相互影响并不断进化，并涉及人类。生态系统可以在宽的尺度范围描述，这些尺度可以潜在地将全球性议题与某地特定的环境实际相联系，还可以在必要的时候从多生态系统尺度来进行考虑。

通过全盘考虑生态系统自然的、生物的与社会的维度，生态系统管理可以拓展人们对环境的理解。针对分析目的的不同，社会维度可以进一步细分为文化、社区、经济、政治等。在许多部分、模式和过程中，自然的、生物的与社会的维度相互作用，作为整合系统发挥作用。在每一维度中，可使用环境指标对关键生态系统因子开展测定、追踪及管理，这些环境指标有助于实现景观的理想状态。

社会维度包括很多方面，其中一个重要方面是公共土地的游憩。作为游憩环境，生态系统很大程度上影响游憩体验的质量和效果。游憩环境的一个关键属性是美学质量。直接与自然形态的环境和有吸引力的文化特性接触，给人以多元、有序和完整感，其在刺激感官与陶冶情操方面意义非凡。

以下规划讨论将包括生态系统调查与分析、替代的开发与评估、替代的选择以及结果监测等。景观特征目标和风景完整性目标通常应置于可持续性生态系统约束之内，但是并不是所有的可持续条件都会达到期望的美学水平。因此，全方位地检查可持续条件、应用景观设计艺术减缓消极影响、按土地自然模式进行塑造和协调经营活动，都将是十分重要的。随着民众对生态系统如何运行和如何产生作用的知识的增加和认识的加深，人们对特定条件下景观条件（例如倒下的木质残体）的接受程度将会增加。

5.4　生态系统调查与分析

需要对生态系统自然的、生物的与社会的组成成分进行调查与分析。这些信息有助于理解生态系统的现状及其内在的潜力。

当分析生态系统时，组织有关其组成成分、模式和过程信息的共同结构或过程非常有用。因为还没有确认的、全国统一的生态系统分析的结构，所以建议使用或改编现有的区域或地方的结构。在此，不妨介绍一种基础的生态系统分析方法，并讨论风景组成成分的整合。风景组成成分的应用可能因分析范围、复杂性和敏感性程度的差异而有变化。

跨学科的合作学习

明确相关议题并与公众讨论。通过与跨学科小组的对话，形成议题的问题或情景选项。讨论生态系统的组成部分、关系与过程。关于自然范围的关键生态系统要素的基本信息也需要讨论。

一个完整的风景调查，如本手册在前面章节所描述的，需要与跨学科小组就下面有关信息进行讨论：

民众输入

● 基于民众期望与偏好所表达的与风景相关的态度、信仰、意义、关系和景观价值。

景观特征

● 现有景观特征，民众将相关的现有景观特征（包括积极的文化特性）作为"地方感"的重要元素。

- 景观特征的进化、趋势和可能性。

风景吸引力

- A——与众不同，B——一般，C——无特色。

现有风景完整性

- 很高、高、中、低、很低。

地方附属

- 位置、意义、源于民众输入的特定区域的重要性。

关注水平

- 1——高、2——中、3——低，代表特定观看位置（如社区、游憩区域、道路和步道）的风景重要性。

距离地带

- 直接前景、前景、中景和背景，通过位置来配置分配关注水平。

风景等级

- 代表相对的景观价值，并结合距离地带、关注水平和风景吸引力评价。风景等级与现有风景完整性信息相互补充，并以风景等级图标形式记录在图中。

针对生态系统组成部分、结构、过程和功能的分析，可以使人们理解生态系统的工作状态，这对于测试其保持、实现和维持理想条件的能力十分必要。生态系统分析一般包括如下内容：

- 确定生态系统要素之间的关系和相互作用，包括在生态系统中与位置相关的影响。
- 描述生态系统要素变化的趋势和范围。
- 决定关键生态系统要素及其组合的可持续性。

对于生态系统分析十分重要的景观美学因素如下：

- 景观特征的进化、动态、潜在选择与变化，包括生物物理的和社会的两个方面（景观意义、价值、偏好、阈值和效益）。
- 景观价值（关注水平、风景吸引力、距离地带、风景等级，以及现有风景完整性）。
- 风景完整性和风景吸引力的提升潜力。

5.5　替代方案的制订与评价

规划阶段构建替代方案有利于关键议题的解决。制定替代方案方法的目的是实现期望的状态，一般需要经过如下方式：

- 在生态系统分析阶段确认的关键生态系统组成成分与过程的关系，将在特定的情境或替代方案中，进一步用来测试它们的兼容性。
- 实现某些期望状态的这些生态系统组成成分与过程的结合将扩

展用于全面描述完整的、功能性的生态系统，这些生态系统能实现与持续更加期望的状态(针对某一特定主题或情景的状态)。这样的"初步的替代方案"或机会包括对经营区域的描述。期望的景观特征和风景完整性，包含于经营区域的理想状态、标准及指南之中。关于景观价值的风景等级和民众信息是用来确定期望风景状态的范围、质量和位置的。一般而言，很高(Very High)或高(High)的风景完整性水平是针对荒野和其他国会指定的区域。其他经营区域的风景完整性水平与该区域的期望状态相一致。

● 在保持持续的生态系统的同时，要对替代方案进行调整，以实现期望价值和效益。调整之后的就成为实现期望状态的正式的"替代的"方案。

5.5.1 期望的景观特征

对于一个替代方案而言，选择期望的景观特征要考虑生态系统的动态和趋势。由于生态系统和可能的替代主题的广泛多样性，景观特征的改变也就存在多种可能性。这些可能性的导向，应是对景观特征进行更为完整、更具吸引力和更具可持续的表达。

现有景观特征的变化，一般是在历史范围之内，正因如此，生态系统的可持续性得以示范。下面的案例描述了期待景观特征和长期风景完整性目标的可能性。

● "自然进化(naturally evolving)"景观特征表示在受到极小的人类干扰下，生物物理特性与过程的自然进化过程。

● "自然形态(natural appearing)"景观特征表示以自然进化为主导的过程，但是有一定的人类干扰(例如，文化特性与过程)。

● "文化(cultural)"景观特征表示用来展示特定人类文化的主导态度与信仰的已构建结构与景观特性。

● "田园(pastoral)"景观特征表示主导的人造牧场、"草地"以及相关结构，反映有价值的、具有历史意义的土地利用与生活方式。

● "农业(agricultural)"景观特征表示居于主导地位的人类农业土地利用，生产的是粮食作物和家庭产品。

● "历史(historic)"景观特征表示有价值的、有意义历史的特性，其代表的是景观中人类活动的事件和时期。

● "城市(urban)"景观特征表示人类活动的集中性体现，主要是以商业、文化、教育、居住、运输结构和支撑性的基础设施等形式体现。

对于绝大多数的国家森林系统土地而言，决策者通常会选择一些自然或自然形态景观特征的形式，因为大多数这些土地得以保护的条件是作为国家森林特征和使命的功能。文化主题在保护重要的与混合所有的景观的人类联系方面最为有用。一般来说，这些区域在被周边土地背景的包围下，这些周边土地展现了自然或自然形态占主导的景观特征。这些景观吸引力可能高度相互依赖，尤其当他们之间的对比强烈时。

5.5.2 景观特征中的变化

在每一个一般性的景观特征中，特定景观特征的变化存在无限的可能性，例如植被物种混交或它们的格局的变化同样可以创造出与现有的景观特征完全不同的景观特征。通过设计、特定植物演替阶段、大型树木特征、年龄等级的多样性或自然形态的林中空地等方式的来创造或保持，来呈现景观特征的变化。

景观特征的变化必定为有意识的设计，也必然是生态系统某一期望的未来状态的有机组成部分。应当考虑从现有景观特征到期望景观特征转变的经济与技术可行性。跨学科的团队必须确定是否有足够的资金与技术来实现或维护期望的景观特征。

自然形态景观特征的变化包括以下三个组合(第1排图片)。理想状态下一条公路廊道就包含有几处不同的现有景观特征变化。

①左图（第2排图片）：强调保持大树有特色的树皮质地特征，同时为在时间上保持这种特征，将选用不同树龄的树木对其进行替换。②中图：强调通过对适当蓄积水平的树木进行替代，实现稀疏的树木特征，维持树木的快速生长。在这幅照片中，幼树和树干需要细化，以满足景观任务需要。③右图：强调空地的植被物种多样性的日益增加，尤其突出自然草地景观。

• 当资源管理者将植物群落从一个演替阶段移到另一个演替阶段时，景观特征变化可能也包括物种混交的变化，如下面2幅照片所示。在《国家森林景观管理》第二卷第五章—《木材》章节，景观设计师、森林培育学家和其他专业人士阐述了如何将现有的美国黑松和落叶松群落转变为亚高山冷杉、英格曼云杉、道格拉斯冷杉、落叶松和美国黑松顶级群落。右图与左图相比，景观特征变化更具有高的风景质量。

• 在下面的第一幅风景照片中，整个公路廊道的树木可以通过疏伐使林分朝类似公园的大树环境转变。然而，疏伐后的新林分缺乏期望的水平的多样性，也缺乏替代性树木，如在第五章《木材》中所描述的美国黄松的的概念。本小节最早出现的3幅图中，左边和中间的展示了《木材》那一章中的两种变化。下面的第二幅照片说明的是另外的一种变化。大树密度已经减少至每英亩12至15棵，这样可以使得树龄较小的树木更好地更新与生长。另外的一种变化是将大树密度减少至每英亩4至5棵，使得幼树在黑色树皮的杆材之间生长。这些相同的理念可以逐渐应用于左边的杆材林。

5.6 替代方案评价

替代方案评价包括了对关键生态系统要素可预测变化的描述。结合关键议题与期望状态制定的预测与产出，将传达给决策者与民众。

一个替代方案的评价通常是包含如下信息：

- 直接、间接和累积影响效应。
- 影响的量级、持续时间和重要性。
- 减少不必要影响的减缓措施。
- 不可逆转的或者无法挽回的资源承诺。

风景影响聚焦由下列指标所决定的变化：

景观特征变化：

- 决定现有景观特征将持续存在还是将改变。
- 决定景观特征变化是否超出了其历史范围界限及其对景观可持续性所带来的影响有哪些。
- 决定改善现有景观特征和风景吸引力的机会是否实现，以及实现程度。

风景完整性影响：

- 决定现有风景完整性等级为"极高"或"高"的区域其完整性是否会遭受巨大甚至不可逆转的改变。
- 决定"高"风景等级区域是否被改变。
- 决定风景完整性恢复机会是否实现，以及实现程度。
- 决定相对于风景累计影响阈值的变化。

风景效益：

- 风景遗产保护。
- 生活质量。
- 社区及个体的自我形象确认。
- 游憩和旅游环境。

5.7 替代方案选择

规划阶段聚焦在替代方案的制定与形成，替代方案的"选择"标准为满足生态系统管理的期望状态。

在森林规划和相伴的环境影响陈述中，都描述了国家森林的"期望状态"。许多具体的项目规划都使用类似的规划与文件记录过程。对于这两个规划类型，其期望状态的陈述是先于规划阶段的结果。景观特征信息、风景等级和民众偏好都有助于决定风景质量的期望状态。对于风景管理而言，期望状态包括两个内容：景观特征目标和风景完整性目标。

对于每个森林规划经营区域，都进行景观特征目标和风景完整性目标的描述。对风景完整性目标定义为，通过最低可接受水平与直接意图实现可能的最高风景完整性。

5.8 景观特征目标的实现

5.8.1 保持现有景观特征

当现有景观特征与景观特征目标一致时，跨学科团队应制定一些管理策略，以保持现有特征的期望属性。每一处景观都会随时间而变化。甚至那些通过自然进化过程的景观其特征也会发生变化。同样，风景属性的特定位置也会随时间而发生改变。

随着时间的变化，通过适当管理景观属性，景观特征总目标就能够得以维持。例如，从公路上某一个特定的位置所看到一片的彩色白杨树林的风景景观，可能会随着时间的变化而消失，因为松树逐步长大，并遮挡了视线。当植被生长，而现有的观景点消失时，在同一景观单元内，景观特征目标可能会指示需要在沿同一道路的别处创造相似的风景观看机会。

5.8.2 从现有景观特征向期望的景观特征转变

当现有景观特征与期望的景观特征存在巨大差异时，设计转变策略十分必要。设计时应该包括实现该目标的合理的时间期限，而过多的变化增量则可排除在外。风景管理任务明确了景观特征在形态、线条、颜色和质地上的偏离量，它们可以出现在任何既定时间点，因此就可以确定转变策略。

5.9 监 测

监测与评价致力于为以下活动提供信息：

- 发现风景完整性与景观特征状态变化的幅度与持续时间。
- 构思和验证有关产生变化的原因的假设。
- 有助于更好地理解这些原因与预测影响。

5.9.1 监测的类型

有三种监测类型：实施、效力和合法性监测。

实施监测：决定是否遵循标准与指南。有一些机构称之为叫做"服从"监测……或者换一种说法是，"我们是否言行合一了呢？

效力监测：决定是否经营方案的应用已经实现或是在正确方向实现期望的未来状态(DFC)……换句话说，经营实践或活动是否按照计划。标准与指南是否如计划的一样发挥作用或它们没有起作用。

合法性监测：决定是否具有将改变经营方案基于的假设有效性的新的信息存在。其会影响假设的正确性，而规划是以假设为前提的。这样的考虑可能包括资源条件的变化、民众价值与期待的改变或法律要求的变化。

5.9.2   监测景观特征

景观特征实施与效力监测的目标是，决定景观特征的目标已经实现或随着时间的推移正在朝期望的特征进展。例如，目标可能是保持有林中空地的类似于公园里的大径、黄色厚皮的美国黄松林分，其中20%为幼苗幼树树、40%为黑皮阶段树木、20%为小的锯材树木。

目标：确定是否景观特征正在朝景观特征目标方向发展。

方法：通过实地考察正在向景观特征目标发展的植被（或景观特征的其他成分）百分比来确定。

测定单位：英亩百分比。

景观特征合法性通过连续的民众分析过程决定、确认民众所偏好的景观特征。

5.9.3   监测风景完整性

实施监测通常是在活动完成一年后，通过对风景完整性水平进行现场检查来实现的，以便了解活动是否与森林规划相一致。

目标：确认在森林规划中，经营区域所采用的项目风景完整性水平是否已经取得。

方法：通过实地检查高、中、低三个完整性水平的项目分层样本来确定。抽样强度将随风景完整性水目标的提高而增强。

测定单位：在每一个视域或地理区域中，确定总的项目内容，包括监测的数量和百分比。在监测对象中，有多少数量和百分比达到了区域风景完整性标准。

效力可以通过总结每一视域或地理区域的现有风景完整性来检查。

目标：在每一个视域内，所有资源活动的累计效应是否达到完整性水平。

方法：在每一个视域内，确认已经达到的每个完整性水平的百分比，并且确认该百分比是否与森林规划相一致。

测定单位：每一个视域内，与森林规划标准一致的总的英亩数。

通过连续的民众分析过程处理合法性，确定风景质量水平，例如民众可接受的最低风景质量水平。

附录 A　术语和内容变化

《视觉管理系统》更新后，对术语做了大量改动。下面列出风景管理系统和《视觉管理系统》的术语变化。

风景管理系统	视觉管理系统
关注水平	关注水平
民众信息	敏感度水平
距离地带	距离地带
风景吸引力	多样性等级
景观特征	特征景观
部分	景观特征类型
非常低的风景完整性	最大限度的改进
低的风景完整性	改进
中等风景完整性	部分保留
非常高的风景完整性	保护
高的风景完整性	保留
风景完整性目标	视觉质量目标
旅行路线和使用区域	旅行路线和使用区域
低至不可接受	不可接受的改进

风景管理系统的有些部分是从 1974 年出版的《视觉管理系统》的子系统发展而来。出自子系统的这些部分与新旧术语一并在这里列出。

风景管理系统	最初的子系统中的术语
廊道视域	廊道视域
期望的景观特征	期望的特征
现有风景完整性	现有视觉状态
视觉吸收力	视觉吸收力
视觉量级	视觉量级

风景管理系统的有些术语和内容是新的，绝不是《视觉管理系统》或者任何早期子系统的某一部分，新的术语和内容如下：

流域或特性视域

现有景观特征

生态土地单元

景观特征目标

景观特征主题

风景等级

风景的完整性水平

风景的观看机会

附录 B　法律法规

大量联邦法律规定所有联邦土地管理机构在制定土地管理规划、资源规划，以及项目设计、实施与监测过程中考虑风景和美学资源。这些联邦法律包括：

1964 年《荒野法》

1968 年《荒野与风景河流法》

1968 年《国家步道系统法》

1969 年《国家环境政策法》

1970 年《环境质量法》

1974 年《森林与牧场可再生资源规划法》

1976 年《国家森林经营法》

1977 年《露天采矿控制与修复法》

1978 年《公共牧场改良法》

此外，林务局已经把风景与游憩作为 1960 年的《多重利用—永续收获法》的一部分。以下是涉及美学的、风景的与视觉的资源的联邦法规的概要介绍。

《荒野法》

1964 年的《荒野法》建立了联邦政府所有土地的国家荒野保护系统。"为了美国人民的使用与享受，（这些土地）应当得到管理……为了提供这些区域的保护，它们荒野特征的保留……"（着重强调）

"荒野与人类及其特有的行为所主导的景观截然不同，被认为是这样一个区域，区域地表及其生命共同体不受人类约束，人类自身只是不会停留下来的过客。"（着重强调）

"荒野……是联邦所有土地中的一定区域，保留着它的原始特征和影响，没有永久性的利用或者人类定居，保护与管理荒野从而保持其自然状态，通常情况下表现为主要受自然力的影响，人类活动的印记基本上不明显……"（着重强调）

《荒野与风景河流法》

1968 年《荒野与风景河流法》宣布："……国家选择的特定河流及其紧邻环境，拥有极不寻常的风景、游憩、地质、鱼类和野生动物、历史、文化或者其他类似的价值，将以自由流动的状态得到保护。"系统内的河流可以作为荒野河流、风景河流或者游憩河流之一进行分类、标示和管理。风景河流是"……那些河流或者河段上无堤坝截流，河岸或者集水区大部分仍然原始、滨水区域大部分未开发，但有些地方有道路可达。"(着重强调)

《国家步道系统法》

1968 年《国家步道系统法》规定"为满足人口增长引起的不断增长的户外游憩需求，为促进大众可进入的、可在其中旅行的以及可享受与欣赏的国家户外露天区域和历史资源的保护，应当建设步道：①首先，是在国家城市区域的附近，②其次，在风景区内和沿着国家历史旅行路线，这些地方的位置通常更偏远。(着重强调)

《国家环境政策法》(NEPA)

NEPA 即 1969 年的《美国环境政策法》。NEPA 涵盖考虑所有资源、价值和记录联邦土地管理决策的程序。该法案为风景与美学资源管理提供了总的指南。

NEPA 称"联邦政府持续的责任是使用一切可行的办法去……确保所有美国人民有安全的、健康的、有生产力的以及具有美学与文化特性的令人愉悦的环境。"(着重强调)

可行的与实用的是不同的词语。可行的讨论的是可能去实行或者实施的方法学。实用的关注于可操作的、可行的或者可付诸实践的方法。可行的手段可能目前没有应用，尽管技术上存在应用的可能性。

相反，实用的论述的是确实正在使用，或者通常情况下参与实践或实际应用的方法。因此，NEPA 授权机构为"具有美学与文化特性的令人愉悦的环境"的风景管理研发方法学，能够付诸实践，即使目前尚未使用。

NEPA 还需要"一个系统的与跨学科的途径，以保证自然与社会科学及环境设计艺术在对人类环境具有影响的规划与决策中的综合应用。"(着重强调)

NEPA 要求联邦土地管理机构"确定与制定方法与程序……这将确保在决策中除了经济与技术上的考虑，还要对目前尚未量化的环境舒适性与价值给予适当的考虑。"(着重强调)

《环境质量法》

1970 年的《环境质量法》宣布"有一项规定提高环境质量的国家环境政策。以前颁布的关于预防、减轻和控制环境污染、水和土地资源、交通、经济与区域发展的法规是该政策的根据。"(着重强调)

《资源规划法》(RPA)

RPA 即 1974 年的《森林与牧场可再生资源规划法》。RPA 规定"林务局,凭借其法律权限管理国家森林系统、研究和合作项目,作为农业部的一个机构有责任也有条件成为领导者,确保国家保持自然资源保护态势,满足我们人民的永久需求……"(着重强调)

对于林木采伐与风景管理,RPA 规定如下:"针对同龄用材林地更新的采伐设计,作为采伐方法在国家森林系统的土地上使用,只有那里……已完成跨学科的检查,潜在的……美学……影响也得到了评估;(在那里)适应于自然地形的可行程度,进行块状、小块状或者带状采伐;(在那里)实施这样的采伐在一定程度上与对……游憩与美学资源……的保护相一致。"(着重强调)

RPA 规定"项目效益应包括但不局限于诸如美学、公共进入、野生动物栖息地、游憩与荒野的利用等环境质量因素,以及诸如成本节约超过前期利益和可再生资源的回报率等经济因素"(着重强调)

《国家森林经营法》(NFMA)

NFMA 即 1976 年的国家森林经营法。在上面涉及木材更新采伐的法规 RPA 中相同的专用语,在 NFMA 中也能发现。作为补充的下述内容摘自 1982 年 9 月 30 日颁布的最新联邦条列编码(Code of Federal Regulations,CFR)。36CFR Part 219 涉及 NFMA 的实施。

36CFR Part 219.5 指导林务局采用"跨学科途径……通过成员间的互动,团队应当整合自然的、生物的、经济的和社会的科学,以及规划过程中的环境设计艺术。"(着重强调)

至于"评估替代方案的影响。每个替代方案的自然的、生物的、经济的和社会的影响……应予评估……(1)规划期间的预期产出,包括适当的市场产品与服务,也包括非市场项目,例如游憩与荒野的利用,野生动物与鱼类,保护和改良土壤、水和空气,以及美学和文化资源价值的维持;"(着重强调)

"在构思与评估各替代方案期间……资源经营方案组合应当满足面向多重利用的管理目标,多重利用包括户外游憩、木材、集水区、牧场、野生动物与鱼类、荒野。"

"森林规划应当识别:
(1)使土地适合游憩机会的自然与生物特征;
(2)游憩用户群偏好和提供优质的游憩机会的背景需要;
(3)国家森林系统土地的游憩机会。"(着重强调)

Part 219.21(f)规定:"在森林规划(sic)过程中,应将视觉资源作为评价的替代方案的一个完整部分进行调查与评估，关注景观的视觉吸引力和公众的视觉期望。区域明确的林区，经营方案应包括视觉质量目标。"(着重强调)

"所有经营方案应……"

(7)在计划实施前评估潜在的自然、生物、美学、文化、工程和经济影响，以及与一般区域多重利用规划的一致性。(着重强调)

就植物的控制而言，Part 219.27 规定：

"(b)植物控制。

经营方案涉及针对任何目标的树木覆盖的植物控制应

(1)最好地适应针对具有潜在环境、生物、文化资源、美学、工程和经济影响的区域所建立的多重利用目标，如同地区指南和森林规划那样，在规定中予以考虑；

(2)像本节(c)(3)段规定那样，保证能得到足够的土地补进储备，改善野生动物栖息地的永久性林间空地、全景、游憩用途和类似的实践除外；……

(6)为水量和水质、野生动物和鱼类栖息地、期望树种的更新、饲料生产、游憩用途、美学价值和其他资源生产提供期望的影响；……"
(着重强调)

"(6)实施针对同龄用材林的林木采伐的采伐设计，应与土壤、集水区、鱼类和野生动物、游憩和美学资源以及林木资源更新的保护相一致。"(着重强调)

至于同龄用材林的管理："当开辟林间空地时……(1)空地应位于得到希望的多重利用目标的位置。应采用块状或带状采伐，形成与自然地带混在一起的地形，达到可行的程度，获得美学的、野生动物栖息地或者其他规划中设定的目标……最少不再认为一旦形成新的林间空地就会形成新的森林……区域性的指南应在集水区、野生动物栖息地、保护所需的风景或其他资源，或者其他因素的需求基础上，针对森林规划中的这一'最少'观点为决定性变化提供指导。(着重强调)

在评估受地理区域与森林类型限制确定的林木采伐的不同大小与形状时，应考虑以下因素：地形；单元与其他由自然或人工形成的空地之间的关系，以及与相邻单元之间的关系；与相邻森林和区域的协调性和一致性；对水质、视觉吸引力的影响……"(着重强调)

《露天采矿控制与修复法》

1977 年的《露天采矿控制与修复法》，确立了一项全国范围内的计划，防止社会于环境遭受露天采矿作业的不利影响……(着重强调)

该法案规定"露天区域的设计可能不适合某一类型露天采矿作业,如果这种作业会……导致严重的损害……. 对重要的美学价值与自然系统……"(着重强调)

《公共牧场改良法》

1978 年的公共牧场改良法宣布:"令人不满的公共牧场状况……降低了这些土地满足游憩和美学目标的价值。"(着重强调)

附录 C 视觉吸收力

视觉吸收力指景观接受人类改变而不失景观特征或者风景状态的相对能力。

1 背 景

20 世纪 60 年代后期,景观设计师已经认识到要把视觉吸收力作为不同地形的土地上风景调查的相关部分。视觉吸收力又作"视觉脆弱性"或者"景观脆弱性"。

作为"感知因素",景观可见度是动态的。它随观看者的位置而戏剧性的改变。尽管很多人可能认为景观可见度是视觉吸收力的一部分,因为它与风景管理感知方面相联系,但是它不是视觉吸收力。在本手册中,视觉吸收力只与风景管理中景观的"自然因素"有关。关于景观可见度感知因素的讨论,也称视觉的量级,见附录 E。

视觉吸收力与景观的自然特征有关,从长期来看这些景观的自然特征通常是内在的和完全静态的。

2 目 的

视觉吸收力是一个分类系统,用于指征景观接受人类改变而不失景观特征或风景状态的能力。视觉吸收力是潜在难度、由此产生的潜在成本以及产生或者维持可接受的风景质量等级的相对指标。它可用于预测源于某一景观内已知管理活动的可实现的风景状态水平。

因此,在森林规划和为满足景观特征目的与风景状态目标而进行的改进的管理活动方面,视觉吸收力是一个有用工具。它可用来为景观上的人为改变或建筑物指定最有效的位置,从而以低成本、最少降低风景质量方式容易地完成项目。

3 讨 论

● 依地形、岩石形态或植被而定的视觉遮挡等级影响视觉吸收力。

● 景观格局的多样化或者多样性——尤其是依地形、岩石形态、水体形态或者植被覆盖的数量与程度而定的——影响视觉吸收力。

● 严重分割的地形与岩石形态部分地遮挡与割裂景观变化的视觉连

续性，而平缓的地形不会发生这种情况。

● 高植被，例如树木，遮蔽与割裂景观变化的视觉连续性。矮植被，例如草与低矮灌木不会发生这种情况。

● 格局繁多和多样密集的植被覆盖，尤其是与水体形态混合在一起，割裂察觉到的景观变化的连续性。同类型的植被和缺少水不会发生这种情况。

● 对景观变化的遮蔽作用，缓坡上的密集植被比陡坡上的相同植被更大。

● 植被更新有可能影响视觉吸收力。具有良好土壤生产力和适宜气候的景观可以快速恢复植被覆盖。这种"绿化"趋于遮蔽和更快地将人为改变混入景观基质。土壤与气候差的景观需要更长时间的恢复。

● 与正常植被覆盖形成反差的土壤颜色影响视觉吸收力。深色土壤趋于减小景观变化的视觉反差。在植被密布的区域内，黄褐色、白色、黄色和红色等浅色土壤有在视觉上突出景观变化的趋势。

● 一个景观的地质稳定性、土壤稳定性和潜在的侵蚀影响其视觉吸收力。易发生山崩、土体滑移和侵蚀的景观，加重景观变化的视觉影响。稳定的景观不会发生这种情况。

4 建议的调查因子

4.1 坡 度

在陡峭的山区，坡度是最重要的视觉吸收力因子。坡度包括与地形遮蔽、植被遮蔽、地质稳定性、土壤层厚度和土壤稳定性等相关的因子。因此，风景管理通常认为它是关于视觉吸收力的最佳单一自然因子。因为坡度不可能改变，所以它是最稳定的视觉吸收力调查因子。对于平坦的景观而言坡度通常是不恰当的视觉吸收力因子。

许多其他资源专家认为坡度是重要的，常常作为森林规划的基本调查因子。随着面向地形图的、能用计算机处理数字化数据的 GIS（即地理信息系统）的可用性的增强，获取和定制森林规划的坡度等级图变得更加容易。

4.2 植被覆盖

在轻微起伏的景观上，植被覆盖是最重要的视觉吸收力因子。它也是丘陵或山地景观的关键因子。植被覆盖主要取决于一个地区的气候、地形、水体形态和土壤。植被覆盖是这些决定更新潜力的环境过程的最终产品。

植被覆盖能自然产生视觉吸收力的特定水平，但是它是最不稳定的因子。自然灾害与人类活动能轻易地改变植被覆盖，由此改变视觉吸收力的一个因子。

在森林规划中植被覆盖经常是基本调查因子。遥感技术的快速进步有望提高收集多个植被覆盖属性的更加详细与一致的数据的能力。

植被遮蔽能力主要由个体植物(包括乔木、灌木和草本层)的叶片、枝条和树干的高度与自然结构起作用。正常情况下,植被类型、密度和龄级的调查将得到植被遮蔽能力需要的信息。

植被格局与多样性是土壤、小气候和过去经营活动综合作用的结果。通常,调查植被类型、密度和龄级会提供所需的格局与多样性信息,但是,也许需要更多的源于视觉的植被调查方法作为补充。

4.3　土壤与地质情况

在确定视觉吸收力时,土壤和地质情况是非常重要的因子。但是,因为土壤肥力与植被是匹配的,所以在植被调查时可能已经将它对视觉吸收力的影响考虑在内。其他土壤因子,例如土体稳定性、侵蚀危险和土壤色差等也应得到分析。

地质构成——例如露出地面的岩石层、坍方、悬崖——这些可以产生天然的空地,在设计人为的改造时,通过借助它们来影响视觉吸收力

土壤对很多其他资源都是重要的,土壤信息通常是森林规划中的基础调查因子。遥感技术的快速发展可以提高收集多个影响视觉吸收力的土壤属性的更加细致与一致的数据的能力。正常情况下,绘制土壤类型图会得到评估稳定性、侵蚀危险和土壤色差影响所需要的信息。

5　绘图过程

5.1　确定恰当的地图比例尺

如果视觉吸收力调查能与风景调查的其他组成部分的调查采用相同的比例尺制图,其调查能得到最有效的利用。

5.2　确定恰当的视觉吸收力因子

由于景观都是变化的,因此用于调查视觉吸收力的因子同样也是变化的。尽管在陡峭的山区景观坡度通常是最重要的单一因子,但是为平坦地带制定坡度信息价值不大。比较某一地区内的平坦地带与另一地区的陡峭地带时除外。

类似的,如果整个一个规划区内的植被覆盖或土壤完全相同,针对视觉吸收力分析与绘制这些因子图没有意义。

因此,绘图过程的第一步是分析哪些自然因子影响景观的视觉吸收力。

5.3　确定数据来源

接下来,景观设计师确定能辅助视觉吸收力调查的现有其他资源或

者其他目的的调查的可利用性。特定情况下，有必要理解其他学科的已
有视觉吸收力的调查。其他调查的作者能帮助理解，或者有能力研发有
效的过程实现这种理解。多种学科，包括景观设计师，能共享已有数据
或者加入到获取数据的工作中去。

5.4　视觉吸收力因子排序

景观设计师必须确定是否对视觉吸收力因子"排序"或者"权衡重要
程度"。这取决于已选择、分析和制图了哪些因子。

一般原则是将所有因子平等地排列，除非有证据证明一个或更多因
子明显地更加重要。一些早先山区的研究已经确定坡度是最重要的因
子，其排列等级比重要性最低的因子地点可复原性高3倍。应按照各个
区域，最好为每个景观省，为视觉吸收力因子和等级重要值准备(林务
局手册增刊)。

5.5　视觉吸收力分级

通常情况下，视觉吸收力分成高(High)、中(Moderate)、低(Low)
三个等级就足够了。随着可用计算机操作的地理信息系统的应用的增
加，可能会适当增加等级数量。

5.6　使　用

在森林规划和项目规划中，景观设计师可用视觉吸收力确定可达到
的风景状态水平。他们可能使用"主动的"和"被动的"两种模式的其中

一个。

主动的模式中，景观设计师向其他资源管理专家提供视觉吸收力信息。从而将视觉吸收力信息用作确定正确管理活动类型的指南，相应的内容如下：

- 每个森林规划替代方案的主题与变动。
- 其他(非风景)资源的相对价值。
- 风景和与之密切相关的诸如游憩资源的相对价值。

被动的模式中，景观设计师使用视觉吸收力信息确定：

- 其他管理活动的预测可得的风景状态水平，没有得益于景观质量的设计输入。
- 其他管理活动中潜在的调整，将提高可得风景状态水平和整合具有风景价值的活动。
- 其他资源管理活动与方案的改进，以更好地满足景观特征目的和风景状态目标。

实际上经常同时使用两种模式。首先，其他资源学科使用视觉吸收力信息帮助确定每个替代管理活动方案的类型与强度(主动的)。

接下来分析建议的管理活动与强度，确定可达到的风景状态水平(被动的)。

附录 D　观景台设计

为了发挥作用，必须看得到直接前景中的设施，通常要比可接受的指定用于保留和部分保留风景状态目标的区域制造更大的反差。但是，它们确实是接受服务的公众所期待的景象的一部分。

1　目　的

通常，要求专门考虑重要的国家森林旅行路线和游憩区域直接前景中的构造物，以满足风景状态目标。

2　讨　论

- 当旅行者穿行在景观中时，虽然置身于一定程度上改变过的环境中，他们仍然应当能得到正在欣赏的是在直接前景外自然形态景观的印象。接受这种一定程度上改变过的、观看者他们自己的观景台（例如一条路）直接前景的环境，将它们作为必需的组分允许他们体验更大的景观。如此，将期待的自然景象作为前景、中景和背景存在，而不作为直接前景存在。

- 风景管理谋求所有欣赏到的构造物设计都卓越。它们不仅应当与更远距离的背景充分混合，以满足风景状态目标的严格定义，而且当在直接前景欣赏时，它们要成为积极的景观添加物。

- 那些构造物服务于目的而不是风景观赏和游憩，一般应位于离这样的路线和使用区域足够远的地方，能满足风景状态目标的定义。显然，一种选择是从风景、从路线和区域完全遮蔽它们。另一种是对它们进行设计，有效地模拟被景观特征目标所认同的积极的文化元素。更进一步的方案是在某个构造物中将它们吸收和遮蔽起来，服务于风景与游憩目的。

- 构造物必须满足 ROS 环境的需要，有必要确认一个区域的游憩机会等级，明确用途与构造物是否与环境一致。如果不一致，应对构造物进行设计并使其位于恰当的 ROS 环境或者作为不一致的项目予以拒绝。

- 包括观景台在内，服务公众风景和游憩资源利用需求的构造物有道路、停车区、小径、步道、房屋、甲板、观察点、滑雪缆车，等等。为了发挥作用，这些设施正常情况下在直接前景是可见的，通常比与指定区域中可接受的保留和部分保留的风景状态目标制造出更大的反差。

- 其实它们是要服务的公众所期待的景象的一部分。但是，容许反差的限度只能达到为构造物功能服务的程度。它们应反映出设计的卓越性。这种构造物应当成为建成环境的积极元素，不等损害风景体验。在保留功能的同时构造物应与景观融为一体。它们应当成为土地管理工作的敏感性指标。

- 对于与具有正常速度或预期用途的旅行路线相称的一段距离，路线结构要清晰可辨。为了有效和安全，道路及其安全标志和符号不需要在中景距离上可以辨别。因此，道路的更远部分及其附属构造物应满足风景状态目标并在此基础上进行判断。在直接前景中不用满足风景状态目标的附属构造物可能包括那些与道路和其他构造物相关的事物，例如解说符号或者亭子、游客中心、观察点、度假区或者冬季体育中心，或者相似的游憩和旅游设施。

●然而，旅游路线沿途和游憩场所内的公用设施，例如储物柜、通讯设施或者传真设备，没有直接被公众使用，不需要把它们突出出来，应当把它们作为服务而不是风景和游憩目的进行判断。它们应满足风景状态目标，即使在前景中观察到它们。

附录 E　现有风景完整性调查

在国家森林系统的土地中，现有风景完整性指示景观的现在的状况。它表征景观特征属性——形态、线条、颜色和质地——现有的变化程度。

1　目　的

现有风景完整性代表景观的当前状态。它决定于降低区域风景质量的视觉变化的基础。调查风景完整性服务于从森林规划到项目实施和监测的多重目标，具体如下：

●为精准决策提供重要基准。

●为给定时间点上景观自然变化的程度、位置和范围的历史纪录服务。

●用于显示森林规划期间的发展趋势。

●帮助确定需要重建的地点、成本和范围，目的是实现替代森林方案期望达到的风景完整性水平。这些重建需要在环境文件中予以描述。

●一旦采用了森林规划，就使用现有风景完整性调查确定实施森林规划期间要求重建的优先次序、位置和范围。

●与视觉吸收力、森林规划期间预期计划活动的类型与强度结合，现有风景完整性将帮助景观设计师预测未来替代森林规划方案的风景完整性水平。

●现有风景完整性及其趋势帮助监测过程中的管理者接近达到森林规划中预测的未来的风景完整性水平。

2　讨　论

●在国家森林系统的土地中，现有风景完整性指示景观的现在的状况。它表征景观特征属性——形态、线条、颜色和质地——现有的变化程度。严重的改变降低现有的国家森林景观景观的风景完整性，而轻微的改变不会造成这种后果。

3　描　述

也许能用三种观看位置，分别或者合并，描述现有风景完整性。

（1）从空中观看，这种视角展现的最彻底（左上图）。

（2）从现有旅行路线和使用区域角度观看，使用典型的现场观看者位置（上中图）。

（3）从非常规和更难预测的现场观看者位置观看，当观看者徒步穿越国家森林时（上右图）

位置（1）和（3）是自然的调查，是详细而明确的。

位置（2）经验性更强，与空间顺序有关，因为它是沿整个旅行路线或者使用区域系列收集到的经验的概括。

4　过　程

无论使用哪种观看位置，以下背景知识、资源和数据都应该得到：

- 熟悉土地本底、资源活动和自地面观看者位置对它们的影响
- 近期覆盖的全部土地本底的低空航片。
- 最近的正射摄影四边形、彩色航空摄影或者与彩色航空立体像对的研究。
- 植被 GIS 调查数据和其他可得到的数据。

检查航片，更好地洞察它们如何与个人在现场条件下的知识发生联系。

在覆盖的透明正射像片上识别和勾绘现有景观完整性，如果得不到就用航片。以下步骤 a 到 g 展示了关于整个景观现有风景完整性的调查，称之为现有景观完整性。

a）绘出所有经过分类的荒野、研究的自然区域以及以前调查过但未改变的没有路的区域。把它们定为非常高，除非这些区域的一些部分在景观状态方面显得不是非常高。

b）如果从航空视角观察，有明显的行车路径穿过它们，或者有其他低度影响的风景偏移，就把以前调查过的无路区域的某些部分移入高的风景完整性。

c）识别出所有风景完整性低至不可接受地区。通称情况下这些地区

是显而易见的，众所周知，通过航片或其他资源能轻易得到证实。

d)勾绘所有上面第 a 和 b 步没有确认的 100 英亩或以上非常高的区域。

e)识别和绘制所有高风景完整性区域。

f)按对分层最有帮助的序列识别出所有低和非常低的区域。

g)将所有剩余区域定为中等风景完整性。

现场检查并把航片视图系统性的转化显示为现场视图。这样从特定观看位置或者在整个视域内提炼现有景观完整性的勾绘图。

与一位或多位景观设计师解译分类的现场检查的可靠性，有来自附近国家森林的人员更好，能提高分类的一致性。

5　有关建议

在国家森林界内调查整个景观本底，当包括界内非联邦所有的成分能简化与加速预备的制图过程时，也把它们包括在调查之列。由此提高制图的连续性。但是，当完成地图的最终版本时，只记录国家森林系统内土地现有景观完整性。

人为引起的变化常常位于现场中的小簇、斑块或者线形的地块。如下所示，它们分散于大的、未改变景观基质的区域中。反之，常有容纳人为变化的大基质点缀着小斑点、斑块或者未变动的景观廊道。这种情况下，应调查整个景观并把它作为一个独立的集合水平。这识别出了一般被民众察觉而留下的印象，也简化了绘图与记录流程。

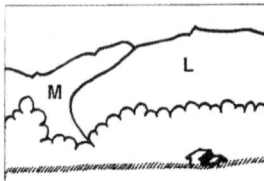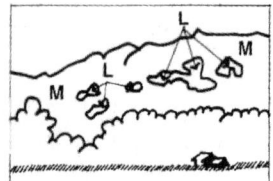

| 绘制现有景观状态 | 这样绘制 | 不这样绘制 |

附录 F　游憩机会谱

旅游机会谱已经成熟，成为非常有用的林务局规划与管理工具。

1　目　的

游憩规划者、景观设计师和其他林务局资源管理者对向他们的民众提供高质量游憩环境、体验和效益等感兴趣。将风景管理系统(SMS)和游憩机会谱(Recreation Opportunity Spectrum，ROS)相联系起来的工作在一定程度上已经实现。此外，为两个系统提供单一的民众调查与分析对协调管理实践是有益的。

2　讨　论

● ROS 系统开发于 20 世纪 70 年代末。执行"视觉管理系（VMS）"统近乎 10 年后，1980 年林务局发行了 ROS 系统实施指南。自从 1980 年以来，游憩机会谱已经成熟，成为非常有用的林务局规划与管理工具。它已经被几个州采纳使用，俄勒冈和华盛顿是最早的两个州，与州的综合户外游憩规划（State Comprehensive Outdoor Recreation Plan，SCORP）相关联。

在游憩环境管理中美学价值是一项重要的考虑。在国家森林环境中尤其重要，在那里大多数人期望欣赏到自然形态的景观，即具有有限的"非自然"景观特性的干扰。将 SMS 和 ROS 系统作为互补加以利用是重要的，原因如下：

● 风景管理系统（SMS）测定现有景观特征的偏离程度（风景完整性），风景的相对重要性（关注水平），以及特定土地区域的风景吸引力；所有因子对于游憩环境管理都是重要的。

● 收集 ROS 系统需要的关于"人为迹象"的调查信息也将作为现有景观特征偏离度的一个测度，用来确定风景管理系统需要的风景完整性。

● 民众分析信息用于确定风景关注水平，也可用于确定人们对特定游憩环境和环境特征的关注度。

● 其他景观特征变化和风景完整性水平对游憩环境特征的有不同的影响。

● 其他游憩环境变化同样对景观特征和风景完整性有不同的影响。

3　绘制现有 ROS 分类图

为了建立和绘制现有 ROS 类型，要调查 3 种"环境"：自然的、社会的和管理的。表 F-1 列出了 3 种 ROS 环境的不同属性。

表 F-1

自然环境	社会环境	管理环境
区域规模	相遇的数量	制度
偏远程度	相遇的类型	控制
人类迹象		设施

基于以上这些属性组合，所有国家森林系统的土地可划归以下 6 个不同 ROS 类型的其中 1 个。（详细调查过程参见《ROS 用户指南》）

原始（P）

半原始无机动车（SPNM）

半原始有机动车（SPM）

有道路的自然形态区域（RN）

乡村（R）

城市（U）

4　游憩价值

在吸引力叠加层，尽管《ROS 用户指南》提及需要确定一个单独 ROS 类型中不同景观和游憩机会的价值，但是目前尚无系统的方法完成该项工作。例如，在大多数 ROS 调查中，所有划分为半原始无机动车的土地价值是相等的。一些半原始无机动车土地因为现有风景完整性或者风景吸引力而比其他同类土地价值更高。风景管理系统为所有这些 ROS 背景提供了重要性指标。由于每项背景中活动、体验和效益的种类与类型不同，户外游憩的吸引力也会发生变化。调查需要系统的过程，并且评价所有这些属于各个背景的游憩属性，这些属性具有来自"风景管理系统"的特征与状态数据。

5　风景完整性目标

明显存在一些比其他更兼容的风景完整性目标和游憩机会谱类型的组合。例如，很难想象，在原始这一 ROS 类型中有低风景完整性目标，因为指定为原始游憩机会的区域不会有道路或者 3 英里内的开发现场（或者相当的遮蔽）。《游憩机会谱入门和实地指南》中论述了该问题。

在《入门》一书的第 10 页，有一张自然度表格联系 ROS 类型与风景状态目标（源自 VMS），对其作了修改以表 F-2 的形式在这里重现，这些改动反映了由 VMS 到 SMS 的术语的变化。

表 F-2

ROS 类型	风景完整性目标				
	非常高	高	中	低	非常低
原始（P）	标准	不一致	不能接受	不能接受	不能接受
半原始无机动车（SPNM）	完全兼容	标准	不一致	不能接受	不能接受
半原始有机动车（SPM）	完全兼容	完全兼容	标准（1）	不一致	不能接受
有路的自然形态区域（RN）	完全兼容	标准	标准	标准（2）	不一致（3）
乡村（R）	完全兼容	完全兼容	符合	标准（2）	不一致（3）
城市（U）	完全兼容	完全兼容	完全兼容	完全兼容	不适用

（1）标准（Norm）源自敏感的道路与步道。

（2）标准（Norm）仅适用于中景—关注水平 2（Mg-2），那里使用了改进的道路这一子类型。

（3）在使用了改进的道路这一子类型的有路的自然形态区域和乡村类型中是不能接受。在改进的道路这一子类型中可能是标准（Norm）。

6 明显的冲突

过去，"视觉管理系统"的敏感性水平与 ROS 的原始或半原始类型之间有明显的冲突。在使用"视觉管理系统"调查未开发区域就有一处明显的冲突，那里基本没有现有游憩利用，从敏感的旅行路线也基本看不到。调查得出的"敏感性水平 3"类型，与 ROS 调查的原始或者半原始无机动车或者半原始有机动车类型有明显冲突。使用"视觉管理系统"的标准，在具有敏感性水平 3 的多样性水平 B 的景观，初始视觉质量目标是依靠周围土地类型的"改进"或者"最大化的改进"。可是，由于诸如几乎没有社会相遇、缺乏严格的管理和控制以及遥远的感觉，没什么现有游憩利用的相同区域可能会被定为 ROS 原始、半原始无机动车或者半原始有机动车的调查类型。

《视觉管理系统》的前提一直受到关注，随着读者数量的增加，管理活动的视觉影响变得更加重要；但是，ROS 系统在谱的原始一端强调幽静、社会相遇稀少，在谱的城市一端突出社会相遇频发和更多的管理活动痕迹。价值或重要性依赖的不只是观看者或者使用者的数量，关键是"风景管理系统"和 ROS 两者首次作为调查工具的应用。不是之前，而是在制定替代方案期间设立土地管理目标。为替代的森林规划设定目标会出现冲突的地方必须实行最严格的标准。中景部分保留和半原始无机动车机会需要的视域管理中的未开发土地区域可能是一个范例。一般来说，半原始无机动车标准更为严格。

7 建 议

"风景管理系统"和 ROS 服务于有关系但有差别的目的，影响景观环境的管理。有些情况下，与"风景管理系统"相比，ROS 为景观环境提供的保护更强大。这与其他资源管理提供的保护类似，例如文化资源管理、野生动物管理、老龄林分管理。在这些例子中，可能有其他资源的管理规定提供了高于"风景管理系统"达到的风景完整性标准。应不同需求发展不同的资源价值与系统（风景管理系统、ROS 系统、文化资源管理、野生动物管理以及老龄林分管理），但是如果正确使用，它们都是相得益彰的系统。在全部例子中，有针对其他资源的管理决策使景观环境得到保护与改善。

附录 G 背景和历史

1 风景管理的背景和历史

美国国家森林的风景管理（或"景观管理"）目标虽然没有明确的陈述，但早在 1891 年当第一个森林保护区建立时时已经含有这个目标。

关于景观管理的第一份政治性证据可能早在 1902 年就已经出现,当时纽约艺术家兼怀俄明州大农场主 A. A. Anderson 被任命为黄石国家公园周围的森林保护区的特别主管。

1903 年《林务员年度报告》首次提到"美"。林业部门(美国林务局的前身)建议卡罗来纳州的私有林主制定不损害"森林之美"的林木采伐计划。

已知首次记录的景观管理应用出现于 1908 年 5 月的一片国家森林。加利福尼亚州兰伯氏松区域的林木标记规程规定,沿公共公路、湖岸、河道 100 英尺宽的带状范围内进行透光卫生伐与拯救伐。这些规定用于保护公路通道、湖岸和河道的"风景价值"。

随着 1916 年国家公园服务局的设立,美国林务局意识到雇用景观管理与游憩场地设计的专职人员的重要性。1916 年,林务局雇用了风景园林教授 Frank Waugh 作为顾问与合作者,研究林务局所辖范围内森林的游憩和风景价值。1919 年,Waugh 为雇用第一位全职景观设计师 Arthur Carhart 铺平了道路。

Carhart 以落基山脉为基地,在科罗拉多州的猎人湖(Trapper's Lake)开创了景观管理的新概念。很快,他与 Aldo Leopold 分享了该荒野保护思想。Carhart 制定了第一个涉及范围广泛的林务局游憩计划,这个计划也认识到风景价值。

从 1922 年年底 Carhart 辞职起,直到 1933 年新政时代,景观管理工作局限于 Waugh 的夏季临时咨询活动。1930 年代,大量公共事业计划促使林务局雇用了大量具有景观管理才能的场地设计者。包括哈佛毕业的 D'Arcy Bonnet,他在 Bob Marshall 在华盛顿的办公室工作,后来成为加利福尼亚州区域景观设计师。

第二次世界大战严重削弱了这些专职人员地位与作用。风景管理的应用几经沉浮,直到 1957 年户外行动(Operation Outdoors)的出现。景观设计师所剩无几,大约 2 000 万英亩国家林地才配备 1 人。

战争的结束不仅为遭到长期忽视的游憩与旅游设施带来了大量修复和建设需求,也加大了国家对木材的需求。在 1960 年代,为了满足国家建设需求的增长,国家森林在木材供应方面明显将要起到主要作用。高质量风景和木材生产两种公共需求之间无法避免的矛盾变得明朗起来。

1962 年在英国期间,新任命的林业局局长 Ed Cliff 会见了 Sylvia Crowe 夫人。她的著作描述了如何通过大尺度的景观设计减轻木材经营对风景的不利影响。

由于在英国参加了这次重要会面，1964 年林务局雇用了 R. Burton Litton 教授作为景观管理的兼职研究员。1965 年，林务局的管理者能够预见到在国家森林中皆伐的必要性。皆伐是最经济有效的森林培育措施，对风景质量的破坏也最大。一些林务局所辖区域内的景观管理者开始为林木采伐绘制近距离观看和远距离观看的距离地带，以区分风景的敏感度。在首个面向景观管理系统方法的应用尝试中，林务局确定了旅行影响地带（Travel Influence Zones，TIZ）和水体影响地带（Water Influence Zones，WIZ）。

同样是在 1965 年，林务局在华盛顿的局长办公室雇用了一位景观管理专家。局长 Cliff 和游憩主管 Dick Costley 选择 Edward H. Stone Ⅱ作为首席景观设计师。他们把他从落基山脉地区带到了华盛顿，帮助他们处理皆伐困境。

1968 年，Ed Stone 为农业部长 Orville L. Freeman 放映幻灯片介绍了被称为"环境建筑学（Environmental Architecture）"的林务局新计划。也是在 1968 年，农业部出版了研究员 Litton 的小册子《森林景观描述与调查》。

同年，木材工业提交了一份国家木材供应法案，要求林务局林木采伐量每年增加 70 亿板英尺——是当时林木采伐量的 1.5 倍。尽管在关心环境的团体强烈反对下该法案未能在国会通过，Richard Nixon 总统后来签署了一项林务局报告，导致了相当于通过了法案的相同结果。

风景管理与皆伐之间的矛盾更加突出。1969 年，在 Stone 和 Costley 以及局长 Cliff 的大力支持下，在密苏里州的圣路易斯安排了一个环境建筑学（Environmental Architecture）的专题研讨会。专题研讨会把区域景观设计师和他们的助手们与林务局其他学科的关键领导者带到了一起。Jerry Coutant，Wayne Iverson，Howard Orr 以及在研讨会中协助 Ed Stone 的研究员 R. Burton Litton 教授。这个专题研讨会称得上是林务局的官方景观管理计划的诞生地。

林务局的领导们认为需要一套景观管理的系统过程。专题研讨会为制定《国家森林景观管理》系列手册奠定了基础。风景迅速在林务局关于资源规划和商品/福利设施输出的目标等级体系中占据了位置。1971 年，林务局在《林务局手册》中景观管理一节正式认可了风景质量。它记录了支持当前与未来需求的景观管理系统。《林务局手册》称"视觉景观"是基本资源，应"将其作为基本部分，并得到与陆地的其他基础资源同等的关注。"

1971 年，北部地区的 Jerry Coutant 和 Rai Behnert，以及南部地区的

Howard Orr 分别开始制定景观管理系统。Orr 的助手 Warren Bacon 转移到太平洋西北部地区，1970～1972 年，他加强了其他三人的工作，并且与 R. Burton Litton 的工作结合形成了一个系统的方法。

太平洋西南部地区于 1972 年末开始使用 Bacons 的系统。Ed Stone 很快把它作为林务局广泛采用的方法。Stone 的决定使"国家森林景观管理"第 2 卷第 1 章《视觉管理系统》最终得以出版。1974 年 4 月林务局出版了该系统，几乎是在圣路易斯召开的专题研讨会的 5 年之后。

作为野外环境下调查、规划和管理风景资源的基础方法，林务局的视觉管理系统因此获得了国际声誉。其他联邦、州和县级的机构已经采用了视觉管理系统。

在 20 世纪 80 年代早期，横跨整个国家的林务局的景观设计师已经撰写了第 2 卷的 7 个额外的章节。他们还制定了几个子系统，包括视觉吸收力、现有视觉状态、视觉质量指数和视觉影响预测。随着新技术和信息的出现，制定这些子系统明显创造了修订《视觉管理系统》的需求。作为响应，首席景观设计师 Bob Ross 安排了特别工作小组会议，分别是 1984 年的威斯康星的密尔沃基和 1985 年的华盛顿，就修订的可行性和修订内容提出了建议。

1986 年《关于美国户外的总统委员会报告》(the Report of the President's Commission on America's Outdoors)报道：作为游憩区域的一个属性，在成年人眼中自然之美排名最高。这一发现增强了林务局景观管理专家修订《视觉管理系统》的决心。

1991 年，首席景观设计师 Bob Ross 指导 Warren Bacon 和 Steve Galliano 为《视觉管理系统》的修订准备一个需求建议合同。1991 年 10 月，合同给了 Lee Roger Anderson 领导的环境咨询、规划和设计(ECPD)公司。ECPD 团队包括 Lee Anderson，Wayne Iverson，Perry Brown 以及其他人(见致谢)。本手册就是合同的产物。

在构思该手册期间，林务局的景观设计师们开始为"视觉管理系统"构思可取的新名称以及"视觉资源管理"计划。通过研读历史上 Leopold、Flader、Callieott 的著作和 Runte 关于景观美学、风景、风景美、生态系统管理和景观生态学等方面的现代著作，林务局决定放弃《视觉管理系统》这一标题，重新命名为《景观美学：风景管理手册》。该手册取代了 463 号农业手册，即 1974 年 4 月出版的《国家森林景观管理》第 2 卷第 1 章视觉管理系统。

2　风景管理的未来

伴随风景管理的这个历史财富，未来可能的计划去向何方？土地管理者们和公众明显增加对景观美学、风景管理、游憩环境、景观生态学和生态系统管理的关注。

Anderson 为俄勒冈州的 Winema 国家森林雇员撰写的《140 号公路视域实施指南》的题为"面向未来的美景"的附言中，他在回顾过去 30 年基础上展望了未来 30 年。他引用了联邦法律关于自然资源保护的遗产——《多重利用—持续生产法》（1959）、《荒野法》（1964）、《荒野与风景河流法》（1968）、《国家环境政策法》（1970）和其他法律。描述了关于环境关注与保护的趋势，他说"把未来 30 年的这条线画到哪里？从 1989 到 2019？没有人能确切地说出来，但是可以确信的是，美国民众的环境价值不可能降低到 1959 年的水平。"

林务局风景管理史概括如下：

1900～1915：沿主主要公路和湖岸林木采伐时有限的风景管理。

1915～1935：在有国家意义的特定地方保护风景的零星努力。

1935～1960：主要局限于游憩场地设计的风景管理。

1960～1970：风景质量与景观改变活动之间发生冲突。

1970～1980：制定环境法和景观管理系统。

1980～1990：制定具有风景质量目标的森林规划。

90 年代：整合风景管理、游憩环境、闲暇的益处、景观生态学和生态系统管理，指引国家森林系统的土地达到期望的未来状态和外观形态。

附录 H　风景完整性水平实例

本章包括 6 个风景完整性水平的照片和文字描述。正如第二章那样，风景完整性是一个从非常高到非常低划分为 6 个水平连续谱系。单独一张景观照片并不能给出管理活动产生的风景影响的完整图像。因此，每一个从照片中得到的对风景完整性的论述仅仅是指从该视图中获得的感知。

致读者的注释：下面描述实例时采用的术语来自最初的视觉管理系统。以下交叉表会帮助从原来的术语向新术语的转换。

风景管理系统（SMS）	视觉管理系统（VMS）
非常高	保护
高	保留
中等	部分保留
低	改进
非常低	最大化的改进

1 保护

荒野：这条位于 Daniel Boone 国家森林人流频繁的步道（左上图）产生了足以引起注意的反差，但是，当从前景距离以外观看时，在这个自然形态景观中并不明显。这是一个保护风景状态水平的优秀实例。

荒野：用天然材料和简朴设计的这座桥位于俄勒冈的三姐妹荒原（右上图），是为了保护而低影响游憩开发的恰当例子。当新的栏杆风化成天然的灰色时，该构造物将会更好与这片风景融为一体。

荒野：该露营区域（左上图）符合保护级风景状态水平。对这个场地的评价依据是小路空地和仅有的标记。没有控制背包和帐篷的颜色，尽管在一年当中的这个时节它们与秋色融为一体。在直接前景中露营区域能一目了然是必要的，但是在中景与背景中，所有人类占用的迹象必须淡出自然景观特征视野之外。

特殊兴趣区域：布莱斯溪（右上图），北卡罗来纳州 Croatan 国家森林"黑水地区"沿海的一条溪流，是一处特殊兴趣区域内面向保护级风景状态水平的管理的杰出例子。

2 保留

无源中继电站：下图是一个巨型矩形建筑物选址和着色伪装的突出实例。涂抹的颜色和样式模仿了自然景观特征。该地点利用了视觉吸收力，并避免了该建筑物天际轮廓的所有潜在破坏。该无源中继站在卡森

隘口公路上，是一条加利福尼亚州的景观大道，穿越埃尔多拉多国家森林。该建筑保留了景观的自然特征和状态。除非直接注意它，否则它是不明显的。尽管这是远距离拍摄的图片，但是该风景符合保留这一水平。

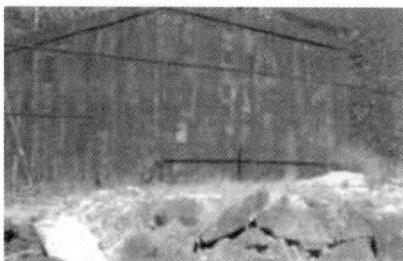

　　电子设备站点：上图所示一组 4 幅照片拍摄于亚利桑那科罗纳多国家森林，用以详细说明通过涂料颜色和图案技术减少大型建筑的视觉影响。设计细线条的塔，使其在由远—中景到背景的距离上观察时不显眼。有些建筑物确实必须建在山脊上，进而显现其轮廓，这个地点在前景中没有达到保留级，但是，从远—中景和背景这些主要的视角观察时，几乎仍然是注意不到它的。

泛舟露营地：照片中是符合保留级的渥太华国家森林中的泛舟露营地。这样场地的风景状态水平的评估依据只有明显的路径与标志。没有规定要控制小船或独木舟的颜色。在前景观看时让标志一目了然是必要的，但是在中景与背景距离上，小路的起点与标志应淡出现有景观特征的视野之外。在树干简单垂直的线条的颜色确定情况下，标志应选择能更好地融入背景的颜色，但要清晰可见。

控制雪崩的喷注屋顶（Jet Roofs）：由于能发挥功能，用于控制公路雪崩的喷注屋顶必然经常突出地平线显示出令人可见的建筑轮廓。在埃尔多拉多国家森林的卡森隘口，在中景靠近风景焦点位置能看到它们。建筑的"滤网"重复了山脊线。从这个距离，喷注屋顶处于保留级的低端。颜色选择从灰棕色到灰色而不是铁锈色能减少反差，而且把喷注屋顶提升到稳固的保留级。

溪流改善：照片中的小溪在青山国家森林，横着的原木帮助产生改善集水区和渔业条件的作用。树干被小心地放置，看起来像是自然地倒在那里的。尽管它的存在可能会形成微小的瀑布，像是偏离了自然的景观特征，但是森林溪流中的一段原木是一种自然现象。该景象符合保留级。

鱼类生存环境构造物：照片中的溪流在休伦—马尼斯蒂国家森林，在水中放置的石块大小和形状非常的自然，不容易确定是否是人为放置的。石块为水生生物提供了隐蔽场所和不同的水流速度，同时维持或者提高这条溪流的自然风景之美。不均匀的分布，不均匀的深度，以及不同大小的石头为景观添加了结构要素，创造了保留级的杰出实例。

鱼类生存环境构造物：在休伦—马尼斯蒂国家森林的放置鱼类生存环境构造物可能会实现渔业管理目标，但是构造物勉强符合高景观完整性水平。如果存在一些更大的石头表现出类似天然的景观特征，将它们作为小岩石堆成的"岛和半岛"的"停泊点"，将提高自然度。

野生动物池塘塘：照片中的池塘在马克吐温国家森林之中，看起来像是天然形成的。细细观看才知道它是人造的。该地点有浓密的植被覆盖。预计视觉影响能持续几个月，因为那里水资源丰富且土壤肥沃。尽管这个野生动物池塘可能不具有类似自然的景观的共同特征，有些不能满足其他资源目标，但是对大多数人而言，这种背离不明显也不是那么令人不快。

野生动物池塘：照片中修复的陶土矿在怀俄明州的厄普顿附近的雷霆盆地国家草原，现在是鲈鱼垂钓塘。地形塑造和植被再造与景观漂亮地融合在一起。这个西部平原池塘的独特水域不可能再重复出现，但是它有可能提高景观吸引力。正常情况下，公众认为它虽然违背了自然景观特征，但那是积极的。该野生动物池塘符合保留级。

牧场管理：马克吐温国家森林中的牧草地是按表现自然的方式管理。草地、野花、灌木和树木的格局构成的风景与自然景观难以区分。它符合保留级。

防火带/林木采伐：这张前景视图表现了克拉马斯国家森林中的一条防火林带。恢复形成的草本植被以低矮树桩的高度融入环境，没有残留物，难以看出是否是经人为改动的道边。保留修枝高度较低的单独的树木，提高自然外观形态。该工程达到保留级。

防火带：这条防火带位于韦纳奇国家森林中的一块森林场地。它符合保留级的低端。如果伐桩再低一些（切面平整），较好地被草和地面遮挡，或者人为覆盖腐叶和松针，就可能提升到稳固的保留级。地面的多样化，最重要的物体是空地上的大小各异的遗留树木，能改善工程的自然外观形态。

林木采伐：这是直升机采伐，它发生于克拉马斯国家森林位置最突出的山脊上，与上层林木移除/间伐/群状择伐相结合。山脊中部参差不齐的树木可能是人类活动的仅有证据，但除了森林经营者与林业工人外可能没有人会注意到。这一森林景观混交的物种与格局不会引起人们对这种微妙差异的注意。它符合保留级。

用材林经营：这是查理曼国家森林中一片用材林林分路旁的景色，大多数沿路驾驶的人们认为它是天然景观。但是，较仔细的观看就会发现在新开辟的林分较远的后面剩下了一些灌丛堆和木材垛。如果移走灌木或把它们散开，并拖走木材垛，这一立地将符合保留级的顶端。这一处林间空地在其他密林里可能不同于自然形态的景观特征，但是它可能属于与选择的景观特征目标有联系的积极变化。

　　造林：这片区域在韦恩—胡齐尔国家森林，已经在直接前景种植了黄杨，后面种植了白松。它有着弃耕地的外观形态，将来有一天会再次成林。种植的林木在这片风景中并不明显。它勉强符合保留级，可以认为居于保留和部分保留两个水平之间。但是，有可能看做是与自然形态景观特征的正向偏离。

　　索道集材：这是从美国219号公路拍摄的莫农格希拉国家森林区林木形成均匀质地山脊的风景图片，用来展示发生的、用没有信号装置的线形垂直模式索道集材的活动。这是保留级的杰出实例，因为一般情况下，在连续的、质地均匀的森林中达到保留级是困难的。

　　用材林经营：这幅来自白山国家森林的照片看过去是一片用材林，对大多数人而言它提供的是自然形态的风景。由于经营中的森林有树木被移出，森林经营者和林业工人能辨别出是否是自然风光。直接前景中密集的植被起遮蔽林内可能存在的伐桩的作用。它轻松地满足保留级。

　　林木采伐：照片中是红杉国家森林内中景位置上的林木采伐景象，裸露的岩石形成了一些重复出现的浅色图案。林木采伐地点位于山脊顶部，具有羽化效果突出的峭壁，所以疏林看起来像是天然的。这是杰出的保留级实例，因为它借重了自然景观特征的形态、颜色和质地，显得是自然出现的景象。

林木采伐：左图是蒙大拿州洛洛山国家森林中的林木采伐景象，只有一些轻微褪色的地方有明显的迹象。大多数人把林木采伐理解为土壤颜色发生敏感变化的区域。从上图可以看出，该场地从左侧丰富的植被格局和一些天然裸露的土壤格局获益。风景与游憩管理者重点关注的是从下面的步道来看符合保留级。符合保留级，因为从步道角度看到的采伐迹象并不明显。

母树采伐：这个采伐母树的场景（右图）发生在马克吐温国家森林。在左侧山脊顶部上，稍微有减少树冠密度的迹象。照片是在离开公路的地方拍摄的，从而使树冠密度减少可以辨识。在一些侧光环境中，树冠质地断开的地方可能更加突出。从这一角度来看，采伐符合保留级较低的一端。

道路：照片上的北河路静静地蜿蜒在切罗基国家森林土地之上。尽管当做前景看待，自然形态的边缘效应，减少影响的采伐和路堤斜坡，以及秋色，在它们的作用下，缓和了这条路的视觉影响。这条路与景观融为一体，符合保留级。

步道：这条密歇根州休伦—马尼斯蒂国家森林中的步道轻轻地落在土地上，造成极小的视觉影响。虽然没有功能上的原因在较曲折的自然环境中把步道设计成直线，但是这样做在中景看不到步道从而进一步改善风景状态。这条步道符合保留级。

　　这条克拉马斯国家森林中的步道制造出勉强能注意到的反差。超出直接前景距离，这一自然景观特征就不明显了。这条遍地石头的步道与路上零星分布的低矮灌木地被物一起，再现了自然岩石边坡的外观形态。然而，锯开的原木降低了自然外观形态。步道本身代表了达到保留级的杰出实例。

　　冬季运动场地：这两张（上图和下左图）是学士山滑雪场初夏时节的风景图，滑雪场位于俄勒冈州的德舒特国家森林，是具有良好视觉吸收力的景观内主要滑雪设施规划、设计和建设方面杰出的典型。夏季提供了最大的视觉反差，但是滑雪区轻易地符合保留级。上图是来自 Century Drive 的常态景色，是一处国家森林景区道路，下左是从同一观察点用远距离镜头拍摄的风景图。从路上可以看到许多滑道、滑雪缆车、维护道以及日租房，但是几乎没人注意，除非指出来。下右电脑制作的图片通过展示低视觉量级地区，使规划团队决定在哪里建设新的 Pine Marten 日租房。现有滑雪区设施位于红色、橙色区域，黄色地带表示最高视觉量级。

冬季运动场地：以三姐妹荒原为背景，从树线之上的滑道望去，在学士山滑雪区的松貂旅馆和可拆开的四座滑雪缆车顶部终点站是非常明显的。滑雪设施位于树线上的荒地，多岩石的台地地形。由于精心的景观建筑设计和材料选择，旅馆的形态、线条、颜色和质地都借用了自然景观。对滑雪者而言旅馆和滑雪缆车终点站非常明显，是他们期望的影像，但是该建筑融合的非常好，并且从 Century Drive 国家景区公路（见对面页的照片）观察时几乎注意不到。这是景观中的游憩建筑的杰出实例，符合保留级。

未烧透：该直接前景风景在北卡罗来纳州的克洛坦国家森林内，显示了一片近期未烧透的长叶松林地。该区域经过充分的恢复后符合保留级。在植被恢复之前，就一个生长季而言，它可能符合部分保留级。

3 部分保留

电　线

照片（左）反映出所做的减少横臂反差的尝试，因为这条白河国家森林的输电线路是作为前景看待的。但是，电杆有较淡的背景，使构造物格外显眼。仁立的针叶树自然地控制着应当最小化的水平线的形状。从这个距离看，这条电线勉强达到部分保留这一风景状态水平，尽管从中景视角看时它可能会达到更高的水平。从中景视角看，在输电线路的这一特殊部分使用灰绿色的电杆有可能将该工程提升到部分保留级高的一段。

这条输电线路(右)的另一部分达到了部分保留级高的一端，因为对照暗色背景使用了暗色调的电杆。如果淘汰短的横臂在技术上可行，电线在视觉上留下的痕迹将被进一步的削弱。暗色的森林植被映衬着单调、低反射率的颜色，极好地帮助它达到部分保留级。

开辟空地

微波中继站

在这幅中景景观中开辟出的空地(左图)是明显的，但是在视觉上不占有统治地位。在尺寸和形状上它们像是自然形成的空地。这片风景符合部分保留级。

红杉国家森林中的这座微波中继站(右图)位于海拔 9 900 英尺的谢尔曼峰。幸运的是，自然景观特征有岩石与植被的主导格局。在景观中的岩石组分中，这座建筑的位于轮廓突出的山脊线上，模拟了那些岩石的颜色。所有建筑与那些自然景观是相称的，总体上重复了岩石形态的水平状态。这个站是明显的——不足以成为焦点——它符合部分保留级。使用了一些伪装技术，例如那些在保留级系列中展示出来的无缘中继技术，能进一步将建筑物融入左侧。在升起的碟状物上涂抹浅灰—蓝色涂料是另一个令人满意的方案。

冠层移除

溪流改善

这张照片反映了冠层移除，地点在蒙大拿州贝特鲁特国家森林中一条主要公路沿线。公路和单元后面的装车点不明显：但是，砍伐活动和残留物是明显的但是在视觉上不占主导地位。该采伐活动符合部分保留级。

在佛蒙特州绿山国家森林中建起了这个低矮的水坝，目的是改善溪流中水生生物的环境和提高水质。在这个距离看相当明显。一旦决定用原木建造就借用了一点自然形态的景观特征。几段原木摆成之字形减轻了直线的影响，但本身又创造了另一种不自然的形状。这个水坝处于风景状态水平的低部分保留级和高改进级之间。如果对称性再弱些，并且重叠起来而不是对接，就会更像是溪流中的自然风倒木，从而更好地融入环境。如果这个水坝用石头建造可能会符合保留级。

溪流改善

野生动物栖息地改善

　　图中场景位于渥太华国家森林的 Paint River 岸边，原木覆盖构造物提供了覆盖域水流多样性。它们借用了溪流中倒木自然存在的特点。尽管这一风景看起来是像是自然的，但是离右侧最近的均一的构造物与人类干预有强烈的关联。这片风景符合部分保留级。引入尺寸上有更大的变化倒木，保留倒木上的树枝，并且在空间上制造顺流而下间距不那么均匀的"桁条"，有可能会达到保留级。

　　克拉马斯国家森林的一项野生动物灌木粉粹工程有助于产生向更可用的植被状况的转变。山坡上存在颜色反差的指示，在中坡位置，工程范围上沿有些颜色的对比相当强烈。这项工程符合部分保留级较低的一端。通过灌丛的羽化减少处理区上沿较强烈的对比，有可能把评级提升至可靠的部分保留级。因为这些尖锐的上沿，工程促使人们注意的是人工而不是天然形成的焦点。

防火带和道路

洛斯帕德里斯国家森林中建起了一条防火带（左图）。该防火带借用了现有景观特征愈发荒凉的趋势，山脊顶部有薄薄的土壤。允许在防火带中保留灌丛岛和半岛是减少视觉反差的关键。道路轻易地处在景观上，从这个视角上望去断断续续。可能在上端这片风景是部分保留级的杰出实例。附近的山脊再羽化一些有可能进一步提高风景质量。

右边是洛斯帕德里斯国家森林内另一条防火带的照片，用以展示直接前景和中景的细节。在防火带中再次保留了小树个体与树群以及灌丛，目的是创造一个更像自然的状态，稍微降低或者不降低该防火带的效用。从这个视角看，几乎识别不出在照片中间穿过防火带的道路。这条防火带看起来"属于"并且符合部分保留级。

开辟空地

开辟空地与结构

白山国家森林中开辟出来的一块被看做是中景的空地，在空地远的边界产生了阴影图案。但是阴影的线条效仿了上面起伏的山脊线。更新树木的浅色调吸引了大量注意，但是在质地上存在反差。现在该工程达到部分保留级的较低一端。如果有机会通过在远端实施选择性疏伐使阴影图案变得柔和，就可能发生羽化效果把它提升到可靠的部分保留级。

右图是白山国家森林中的另一个实例，同样在远端产生了深色的阴影图案。只有3个植被变化的中部留出了再生单元较淡颜色的视图和细腻的质地。在海边后面的结构通过其线状的形状和公园围墙得到辅助。屋顶的反射产生了颜色和质地的反差。这片风景勉强符合部分保留级。如果把在较低处开辟出的空地分成2到3个单元打破直线形状，且建筑物的顶是深色，就会更好地符合部分保留级。

林木采伐

路边空地

这个两阶段林木采伐场景（左图）发生在北卡罗来纳州的毗斯迦国家森林，经过精心设计与施工，借用了自然形态的景观中能找到的所有元素。不规则的形状，深度羽化的边缘，仔细选择大小不同的树叶，所有这些创造出了自然的外观形态。因为对森林游客而言，林木采伐是引人注目的人类活动，它满足部分保留级的定义。但是，在 1 ~ 2 个生长季内，该区域将"绿起来"并且可能满足保留级。

在阿利盖尼国家森林开辟出的一块路边空地（右图），可能沿着隧道效应道路提供了一些视觉和空间残留物。空地上已经恢复了草和其他低矮植物，但是有些剪掉的枝条是近期工程的象征。留下没有大树枝的树干可能是为了提供趣味与特色，但是它从多层边缘突出地显现出来。该工程勉强符合部分保留级。

开辟空地

这两张相同的风景视图在阿利盖尼国家森林，显示了季节对风景状态评级的影响。首要的风景元素是在夏季和冬季开辟出的空地后缘产生的暗色调的阴影。可以预期，夏季"长着叶片"期间问题更大，在此期间透过森林的光线较少。所开辟的空地前缘借用了自然形态的景观特征的线条，与两个季节完美地融合在一起。后部有阴影的边缘借用了上部的山脊线，但是产生了颇为严重的反差。冬季的风景是部分保留级的好例子，但夏季的风景几乎达不到这个水平。最好的方法是通过疏伐和羽化后缘减少这些开辟出来的空地的反差。不经意间，这些风景还提供了季节变化对植被遮蔽前景中部建筑的影响的生动比较。那里在夏季符合保留级冬季勉强符合改进级。

渐 伐

　　该红杉国家森林中的前景展现的景象是由渐伐产生的。这种活动的唯一迹象是一些伐桩和后部大的林木密度。几乎区分不出来靠近后面的公路。无疑，在高大的具有红皮特征的树木之中保留了一些小的冷杉改善了这个地方的风景吸引力。谨慎实施该工程中的采伐和林地清理工作使其符合部分保留级高的一端。

渐　伐

　　这是克拉马斯国家森林中一项工程的中景视图（左图），展示的是一片渐伐后的区域。它借用了山脊顶部自然形成的空地。其设计借用了右侧天然浅绿色的空地，但是模仿湿润立地的绿色会始终是困难的。左侧的痕迹不明显，渐伐集材道的顶部或者其他线状干扰不足以导致支配这片风景的活动，但是没有周围自然形成的空地，就会变成优势。它勉强符合部分保留级。两侧边缘更模糊一些、保留成簇的树木会产生风景状态的更高水平。

　　这次克拉马斯国家森林中的渐伐用直升机实施（右图），从而不会有道路带来的潜在影响。在形状和格局上几乎没有借用自然景观特征。但是，边缘完美地过渡到周围森林中使其成为部分保留级的良好实例。

林木采伐　　　　　　　　　　　　**移走部分林木的采伐**

　　这是另一幅红杉国家森林前景视图（左图），看来那里的林木采伐活动已将所有较大的树木移走。在中坡和风景底部的一个线状图案看起来是用来指示道路的存在。采伐制造的废弃物和新的伐桩表现相当明显。这个工程落在部分保留级较低的一端。清除采伐制造的废弃物，用一个生长季恢复地表植被，可以令其提升到部分保留级较高的一端。

在这个威拉米特国家森林中公园的前景视图上（右图），采伐了部分林木用以获取木材。实际上除了一些暴露出来的山脊顶部地形之外，不可能辨别出景观的改变。这一片风景满足部分保留级高的一端。山脊顶部的轻度采伐将景观状态水平提高到保留级。

移走部分林木的采伐　　　　　　　　　　未烧透

来自同一片森林这幅前景视图展示了"成簇和随机分隔"的林木移走工程（左图）。该活动的主要迹象在于较大树木分叉位置高。对大多数人而言，这片森林与邻近的森林只有细微的差别。正相反，森林经营者会直接将其看做是采伐移走一大部分林木的区域。已经彻底清理，这片风景的多数地方有质量突出的自然地面外观形态。右上侧出现了伐后废弃物的轻微痕迹。评级稳稳地落在部分保留级。

照片中的直接前景（右图）来自德舒特国家森林，展示出一片轻微火烧的森林区域，通过火烧提高其可见度并减少可燃物保有量。相继死亡的树叶和松针产生的颜色反差明白地表明这里发生的一定情况。过一段时间，烧焦的树叶和松针就会脱落，从而显著减轻颜色的反差。在拍摄这张照片时，符合部分保留级的低端。

道　路

这是弗里蒙特国家森林中一条道路的中景视图（左图）。在这片风景中评价的是这条路而不是火烧的痕迹，尽管它们看起来都勉强符合部分保留级。去除了一些植物遮挡，这条优先于火的路已经是稳固的部分保留级。路的土壤颜色反差是增强其可视性的关键因素。山丘较低部分过去明显遭到了火烧或者改变了植被，因为它缺乏自然覆被的特征。右图是夏季阿利盖尼国家森林中近或中距离视角下的风景，它被一条道路一分为二。与冬季相比，夏季可能是颜色和质地反差更鲜明的季节。在天空的映衬下，树木线轮廓上轻微的刻痕，与这片风景右侧三分之一处的阴影图案一起制造出这条路上唯一可见的迹象。

道路

步道与道路

左图是近景/中景视角中的 Ochoco 国家森林的克鲁克德河谷的风景，一条公路横穿而过。公路的排列及其结构与清理宽度的关系模仿了河流及其周围的草地。公路的颜色反差是温和的。公路是明显的，但是在这片强大的景观中没有形成焦点，被草地包围的河流有其自身强烈的焦点，独特轮廓的岩石形态在左侧，线条交汇在更远处山脊的前方。左侧切开的河岸呈现深色的土壤颜色大大提高了风景状态。这是部分保留级的一个优秀案例。右图显示一条步道横穿蒙大拿州这个国家森林的一个山坡。这条步道没什么机会从这个有利位置借用自然景观特征，但是它与山脊顶部有相似的起伏，并且它的优势被其断断续续的可见度打破了。山底的道路也是忽隐忽现。再次说明，强大的景观把焦点引向其他点，例如中右侧隆起的山脊，远处的山脉延伸，以及开阔的山脊上塔状的树木。这里的步道与和道路符合部分保留级。

这幅克拉马斯国家森林的俄罗斯荒野中景视图展示了位于陡峭的上坡的帕西菲克·克雷斯特步道。步道横穿针叶林、岩石区和灌木林。最大的视觉问题是土壤颜色反差，它在质地均匀的深绿色灌木林中制造了一条不自然的线。在照片右半边，除了短短的两到三段之外，这条步道是察觉不到的。在穿过岩石区域的左半边，几乎识别不出来。这条步道呈线状，它过于平滑以致一点也不能借用自然景观特征，除了可能的山脉轮廓背景。达到保留级要求更长的步道，迂回而上岩石区域，

步 道

进入针叶林，接着伴随更多的岩石区域。减轻灌木林反差的其他最好方法是借用岩石区域的形状和质地，按一定模式清除灌木。这在荒野中是不允许的。从这个视角看，这条步道符合部分保留级。

步道桥　　　　　　　　　　建筑物　　　　　　　　　　建筑物

　　步道桥（左图）连接白山国家森林内的湖的两端。强大的景观转移了对浅色桥梁建筑的一些注意。这座建筑连通了两个半岛向湖中伸展的水平线。它符合部分保留级。

　　在图中卡利古拉国家森林的科吉尔湖，一条步道的起点建筑（中图）在直接前景中很是显眼。这个"步道起点阶梯"在阿拉斯加是普遍的，但是在林务局却不是随处可见，它给了人们从岸边攀上陡峭的石堤的入口。可见的反差主要是垂线和一致的台阶。随着木头变成灰色，时间会消磨色调的反差。在这个距离，步道的起点建筑符合部分保留级。从中景距离看，它像是无法发觉的，这符合保留级。

　　另一张直接前景视图反映的风景在阿拉斯加威廉王子湾，显露出一座刚好在海岸上的木屋（右图）。A字形木屋反映了针叶树的形状，它的暗色调借用了阴影。只有现场黄色的标志和身着亮色衣服的人们能引起注意。这座木屋建筑符合部分保留级。它可能比较自然地被后面的树木包裹起来，继而将这座建筑由部分保留级提升到保留级。

冬季运动场地

　　这张埃尔多拉多国家森林中的中景视图（左图）展示了一个主要滑雪区域的开发。右侧草地—树线边缘的小屋在私有土地上，而滑雪区位于右侧山脉背景之上。从这个视角看，开发活动的最主要痕迹是照片中部为配置滑雪缆车而实施的植被清理，以及右侧沿山坡穿过森林而下的滑道。滑道设计借用了现有景观特征中自然形成的空地。因滑雪缆车而实施的清理活动制造的路线太窄无法仿真现有景观特征。这是部分保留级的一个实例。为滑雪缆车而实施额外的树木清除开辟出了更像自然的空地可进一步提升景观的风景状态，但是可能制造令人不快的环境，例如对于乘坐滑雪缆车的人们来说过大的风。

　　右图是几年后在夏季用长焦镜头拍摄的同一滑雪区域。这个度假区的布局与树的格局连接起来，但是屋顶产生了令人不太满意的反射。新的滑道和山坡加固材料的颜色没有完全融入自然景观特征。滑雪缆车的反射令人分心。没有使用长焦镜头，这个地方仍然符合部分保留级——尽管是在低的一端。减少建筑物的反射率并羽化新滑道鲜明均匀的边缘（如照片中部所示）能起很大的帮助作用。

滑雪区域的建筑物

　　这是一张埃尔多拉多国家森林中滑雪巡逻队员的临时营房的直接前景视图。营房就地建在石头上，与山顶上自然的浅色到暗灰色的火山岩结构结合在一起。它成功地借用了现有景观特征的颜色、质地和规模。人们倾向于建造方或者长方体的房间，从而外形遭到的损失超过了必要性。这座营房符合部分保留级，尽管小，但是暗色岩石背景下左侧浅—灰色方形角的对比是鲜明的。左侧更自然的造型和更不均匀的屋顶线，在这座建筑的那个角上与一些深色岩石一起使用，可能有助于将它融入这个唯一的地点。此外，可能为它开发一种更自然一些的窗户，不显露传统的窗用五金器件。如果设计与建造的创造性更强一些，这座房屋有可能成为保留级的优秀实例。

4　改　进

电子设备站点

　　安装在洛斯帕德里斯国家森林中的一座电子设备站点映衬着天空。它的优势明显，形成前景视图的一个焦点。这些建筑的大小适当，重复了裸露岩石的尺寸，并且按照与现有景观特征相同的单一色调涂装。低矮建筑物的植物遮挡是一直令人满意的。该处风景符合改进级。

　　直接前景中的风景在莫农加希拉国家森林中，展示出天然气勘探产生的结果。地上线状的伤痕已经得到重塑并播上了种子。一些凸起的石头打破了反差。没有清理植物碎屑，散射光也不充足，令这个前景风景状态水平发生迁移，超过了改进这一风景状态水平。

天然气勘探

微波装置

溪流改善

　　左图是中景视角中的布拉斯加国家草地的大平原，该图说明将筑物融入缺乏变化的、自然形态的景观特征有难度。铁格子塔有助于削弱可见度，但是塔顶必需的大型硬件设备创造了一个明确的焦点。即使用浅蓝灰色无光涂料也不足以减少反差。像大海般辽阔的平原中孤独的小丘上生长着树木，将塔安装在这里大大地增强了它的聚焦效果。这个装置符合改进级。

这个令人愉悦的环境——溪流改善构造物的直接前景视图（右图）——位于莫农加希拉国家森林。倒木形成的水坝匀称而完整地暴露在眼前足以削弱这一风景，使其勉强进入改进级的上端。前面一些大的边界使越过木头坝的瀑布散开将提升这处风景到部分保留级。外加石头的使用可能会将它提升到保留级。

防火带与道路

开辟空地

这条洛斯帕德里斯国家森林中山脊顶部的防火线（左图）借用的形状与这里浓密的灌丛景观的自然格局相类似。只有草地和灌木鲜明的边缘给这片风景带来了不自然的元素。中景中的这条公路在右侧也是占有优势的，主要是因为它引出了地平线。这条防火带与道路都符合改进级。

在这张毗斯迦国家森林中的中景视图（右图）上看到连续的森林本底，引入任何小空地不引人注意是困难的。空地的形状接着一个细长的山脊侧面并借用了这个形状的对角线。刚经过火烧还没有任何更新植物，在颜色与质地上产生了强烈反差。阴影线在远的边缘是突出的。穿过空地中央的路是明显的但不是焦点。在拍照时，这个工程符合改进级的低端。预计在一个生长季结束时它会上升到改进级的上端。羽化锋利的边缘能进一步减少它们的视觉反差。

主 伐

开辟空地

这幅阿利盖尼国家森林中的前景视图(左图)展示了伴随树木最后采伐阶段的一块采伐迹地。边缘反差是强烈的，尽管可以看到采伐废弃物，但是这不是图中风景的优势成分。这片风景符合改进级的低端。有必要通过削弱边缘处的反差将该景观提升到改进级的中或上端。

这是毗斯迦国家森林中另一开辟出的空地的前景视图(右图)，展示了空地远、近边缘之间反差的高度变异。近处的边缘融合的非常好并显示出经过了羽化。远处的边缘具有典型性，因其锋利的边缘、颜色和质地的反差而更加显眼。这片林间空地重复了它所在的山脊的线条，但是距离如此之近致使它引入了浓重的线状成分。这块空地形成了控制这片风景的焦点。它符合改进级。

采伐道旁的树木

开辟空地和渐伐

这张宾夕法尼亚州阿利盖尼国家森林中的直接前景视图(左图)展示了采伐形成的一块路边空地。保留一些幼树作遮挡有助于将反差变柔和。看不到尖锐的边缘，除了在左边的采伐废弃物。在这个视角，该工程符合改进级的上端。

这张北方区的风景图(右图)展示了采伐产生的几块空地的效应。空地的形状与现有景观特征的形状类似。中右位置最低处的空地是个例外，它有一条过于整齐的上缘。每个空地的样式彼此很好的协调，它们还支配这个景观。有一个所说到例外，这是一个关于多次林木采伐的改进级杰出实例。

开辟空地

保留绿树

这张维吉尼亚州杰斐逊国家森林中的中景视图（左图）展示了在极度敏感的风景区良好设计和精心施工开辟出的空地的效果。借用自然山脊线塑造了这些空地的形状。羽化远的边缘能弱化阴影成为直线的效果。这是一个划归改进级上端的杰出实例。

胡德山国家森林的中景视图（右图）包括这种"保留绿树"的采伐，这种作业在照片左侧。景观特征有一些微妙的植被格局，包括右侧自然形成的空地。所引入的空地的形状稍微借助了那些格局。大小和颜色的反差强烈，足以使空地处于优势地位，引人注意。这片风景符合改进级的上端。如果在这片采伐区域保留更多树冠丰满的树木，它可能会满足部分保留级。

开辟空地

保留母树的采伐

这张威拉米特国家森林精细的直接前景视图（左图）暴露了近期发生的成片烧除更新采伐单元的活动。火烧的颜色反差强烈。空地符合前景改进级。火烧的绿化作用发生时，它可能会更加突出，直到长到足够的高度起到有效的遮蔽作用为止。

这幅克拉马斯国家森林风景图（右图）提供了观看一个保留母树采伐单元内部情况的精细的前景。这块采伐地点的土壤颜色反差大。在这个空地上保留母树和分散的幼树对于软化视觉冲击大有帮助。如同前景改进级所规定的，采伐废弃物居于这种作业的保留木之下的次要位置。

开辟小块空地

开辟空地

开辟出来的小块空地位于弗里蒙特国家森林中一个小山脊的中坡（左图）。该前景视图表明采伐废弃物理所当然地次于该项作业产生的保留木。在完成采伐的地方土壤颜色的反差相当强。这块开辟出来的空地符合改进级。从前景位置观看，这块在弗里蒙特国家森林中开辟出来的空地（右图）靠近天空，显示出了一些土壤颜色的反差。它位于小圆形山顶附近，为所在位置制造了一个注意力的聚焦处。在这块空地上侧的道路和采伐残余物处于该活动的保留木的次要位置。保留了电缆线路但它不占优势。空地和电缆线路走廊之间保留了小树岛屿。它符合改进级。

林木疏伐

开辟空地

在马卢尔国家森林（左图），前景中的疏伐工程已经改变了景观。留下了大量采伐剩余物，这些物体的反射保持了优势。一旦消除采伐的痕迹，这个工程就会轻松地达到改进级。在清理活动结束后，保留一些大小各异的原生树丛岛屿，可能会将它提升到部分保留级。

遭受虫害后，被一系列开辟空地活动改变了的一处山腰，它在吉福德·平肖国家森林中（右图）。这是一个难解的景观：它地形陡，具有高大针叶树形成的均匀质地；美丽的牧场争夺着吸引力；顶部右侧有一些自然裸岩，有和开辟出的空地上的土壤相似的颜色与质地特征；开辟出来的空地借助了自然空地，但是较大的那块可能超出了尺寸。采伐包括直升机集材，这样能减少这一敏感景观中直线形的道路空地的影响。

这是改进级的一个实例。

开辟空地

在马卢尔国家森林，一个中景视图中开辟出来的空地模仿了它后面自然景观特征的自然格局（左图）。它的线条形状与顶部右侧的部分空地类似，但是它的形态尺寸是占优势的。土壤的颜色与风景中显露出的草地差别甚微。它很轻松地达到改进级。如果在开辟出的空地上留下一些树的岛屿，类似于中景视角下格局，它可能会轻松地符合部分保留级。

在阿拉斯加，一处中景位置开辟出来的空地被海岸沿线分布的植被遮挡了一部分（右图）。它的形状和颜色与山顶左侧自然形成的空地相似。开辟出的空地的远端阴影的图案与浅绿色的内部产生了相当大的反差，但是线状图案随着自然山脊线而起伏。空地符合改进级的上端。

开辟空地

阿拉斯加另一处开辟出来的空地（左图）被塑造成的形状可以看成是这个景观中"自然形成的"。它具有的反差的程度成了一个焦点，但是借用了上面一些较小的自然形成的空地。对边缘的处理操作的非常好，暗色植被侵入情况的出现对此有所帮助。这是一个改进级的好样板。

在阿拉斯加开辟出的一块空地（右图）主要展示恰当的比例和对空地上部地貌形状的模仿。这个地点已经得到了充分更新使颜色反差降到最小，尽管存在质地的反差。远端阴影图案产生了最占优势的反差，但是在实施渐伐的右侧渐渐的隐去。现在这个工程符合改进级的上端。

道　路

罗斯福国家森林中的莫菲特路（左图）优美地蜿蜒在山谷之间。它依地形而建。它的颜色反差确立了它的优势地位。这个季节土壤颜色反差最小。上曲线位置的陡岸融合的非常好，就像山坡上面的切口和填方斜坡那样。具有自然景观特征、令人印象深刻的图案对减少道路的优势具有很大作用。山谷公路是改进级的杰出实例。铁路跨过右侧中景斜坡部分属保留级的上端。

毗斯迦国家森林中的一条景区公路（右图）横贯具有平滑质地的植被覆盖的地形。浅色的道路与现有景观特征形成鲜明的对比。切开的山坡的阴影图案引起对道路的额外注意，如此的道路尺寸符合改进级。暗色的路面能将这条路提升到部分保留级的低端。

道　路

道路与游憩开发

一条贯通科罗纳多国家森林的道路（左图）沿着而不是打破地形等高线。浅色的路面与草地覆被有明显的冲突。土壤颜色反差温和细微。从这个视角看，这条路符合改进级。暗色的路面可能会让这片风景达到部分保留级的低端。

这一科罗纳多国家森林中的前景视图（右图）俯瞰一处游憩场所。典型的沙漠植物不足以将大路、小道和建筑遮蔽。浅色的环路和步道占有优势。建筑的颜色反差不大，但是能通过较好的色彩选择而相当好地融合。从这个视角看，整个开发符合改进级。

道　路　　　　　　　　　　　　　步　道

莫菲特路在科罗拉多州的"魔鬼滑梯"（Devil Slide）路段（左图）只有有限的低矮植被，这与风景敏感的地形相抵触。道路的直线没有借用多少自然景观特征。幸运的是，土壤颜色反差不大，否则由道路引起的切割、堆积和下跌将势不可当。这条路符合改进级。这片风景有较大的土壤颜色反差，可能会下滑到不可接受的改变这一风景状态水平。

右图中这条毗斯迦国家森林中的步道穿过了质地均匀的地貌。路面颜色与周围植被形成了鲜明的对照。它符合改进级。深色的路面可能会将其提升到部分保留级高的那端。

冬季运动场地

处在自然景观特征的轻松图案部分。科罗拉多州比弗克里克滑雪场（左图）坐落在谷底上方森林覆盖的山坡上。左侧和右上部荒芜的山脊只提供了极小的机会，借助自然为滑雪缆车和滑雪道设计空地。滑雪设施需要直线使它们难以融入到自然景观特征中。随着植被的恢复，新的建设活动的颜色反差将逐步减弱，但是它们仍将占据优势地位。该滑雪区域符合改进级。只有大量羽化植被中的空地才能将这片风景提升到部分保留级。在同一滑雪区，冬季加重了雪和深色针叶的颜色反差（右图），充实了这一结论：只有大量羽化滑雪缆车和滑道附近的森林区域才能有效改善风景状态。在冬季，山地滑雪开发区勉强达到改进级。

冬季运动场地

旅馆入口

科珀山滑雪区的夏季视图（左图）揭示了类似问题，尽管滑道宽度的变化有助于减少它们的优势。另一有效的缓解方法是将滑道与山脊顶部自然形成的空地连在一起。有迹象表明在设计该滑雪区时借用了自然景观格局的形状。该工程是改进级的杰出案例。

科罗拉多州基斯通旅馆的入口（右图）展示了如何借用来自现有自然景观特征的形状设计建筑物。屋顶突出在树顶上方，重复了后方的山峰。不幸的是，在这秋季风光中，为屋顶选择的颜色与黄色的山杨形成了反差。当背景中的山杨呈浅绿色时，该入口可能勉强符合部分保留级。随着涂料颜色的正确选择，该景观风景能轻易地修复，使它从改进级提高到部分保留级。

5 勉强接受

输电线路

电子设备站点

一条主输电线路与阿拉斯加州通加斯国家森林的海岸线平行（左图）。空地显得过宽。尽管空地重复了独特的海岸线，但是它在这一森林覆盖的山坡的自然景观特征方面保持了优势。塔的大反差进一步突出了空地。将其评为勉强接受。这种情况下，有可能使空地的限制最小化，并且将塔涂成单调的橄榄绿色，从而将景观提高到改进级。

北卡罗来纳州毗斯迦山上的天线尺寸和颜色的反差如此大，使其在前景和中景距离上都是明显的焦点（右图）。《联邦航空管理安全条例》

规定不得削弱这种高建筑物的颜色反差。当作为背景看待时，颜色变得有些柔和，与周围的地貌和森林格局相比，天线的尺寸也不是压倒一切的。这座塔作为该区域内必需的通讯设施是可接受的，但是它勉强符合勉强接受的改变这一风景状态水平。通过使用细线条的中间的塔杆，以及多芯受拉电缆结构或者更矮的、不需要改变红白相间涂装的塔，有可能成为视觉影响较小的建筑。

采矿作业　　　　　　　　　　　　　水 坝

该采矿作业的前景视图（左图）在卡罗莱纳州，表现了由于颜色和质地对比而形成等级非常高的视觉影响。从背景来看，作为一个强烈的焦点它是显而易见的。由于它是对照物，大小或者形状倒不是太大的问题。这一景观风景是勉强接受的。

金祖阿大坝（右图）在阿利盖尼国家森林，作为中景看待，形成超过自然形态景观特征的非常大的明显优势。在背景中也有望达到这个效果。尽管在远处的山脊上存在线状图案并且沿着河流方向排列，但是鲜明的颜色反差和大坝的直线边缘仍然极其突出。大坝的直线样式无法与自然形成的直线样式互相搭配，但形成了一条新的对角线。从这个视角看，大坝评级为勉强接受。给大坝涂装斑驳的草绿色能大大降低它的优势。

开辟空地

在北方区的这一景色（左图）表达了岛屿后方开辟出来的空地的风景。照片构图加强了视觉影响。在背景中，多阶段开辟出来的空地规模是占优势的。这一风景是勉强接受的。道路和岸边左侧开辟出的长方形空地是不可接受的，因为它没有借用任何现有景观特征。

在中景视角（右图）观察到的一系列在卡拉马斯国家森林中开辟出来的空地。上部的空地形状看起来借用了现有景观特征，但是包括不自然的水平样式。空地的大小和颜色使它们强有力地控制了这片风景。从背景距离看它们仍然有如此的表现。由于左侧空地中有分散的树木和树丛，这块空地评为勉强接受级的上端。在道路划出的线痕旁边进一步发现了开辟出的箭头形空地，没有借用自然景观特征而不可接受。

更新采伐　　　　　　　　　　　　　　开辟空地

这些开辟出来的空地和渐伐在中景视角下的北方风景当中，只稍稍借用了自然景观特征（左图）。空地的大小和彼此之间的距离制造出了重要优势。它们几乎算不上勉强接受。

克拉马斯国家森林中开辟出的 3 块系列空地位于高高的山脊上，被视为中景（右图）。这些开辟出来的空地的形状借用了一些自然景观特征，但是，它们在山坡上排成一线，与右侧线状的公路图案结合在一起，产生了不自然的外观形态。它们是勉强接受的。

开辟空地

北方区中这些开辟出来的空地大小和形状明显在风景中占据优势（左图）。尽管开辟出的空地形状是不规则的，但是它们长而直的边缘和狭窄的保留树木带使它们作为背景距离视角下的优势特征而引人注意。这些开辟出来的空地被评为勉强接受级的较低端。克拉马斯国家森林中开辟出来的系列空地（右图）借用了一些自然景观特征，但是它们的大小和形状相近，使它们支配自然景观特征。它们在背景视角下也是占优势的。这一系列开辟出的空地评为勉强接受级的上端。

开辟空地

　　尽管从前景位置观察（左图），这一开辟出的巨大空地，位于东部地区均一质地的景观中，使它被评为勉强接受的。孤零零地留下这对桦树不足以将风景状态提高到高于这个等级的水平。很明显，有机会保留更多的桦树以发挥它们正面的风景效应。在阿拉斯加通古斯国家森林南米特科夫岛上开辟的空地（右图）大量地借用了现有地貌形状，这个变化程度尚未使它居于勉强接受级的上端。即使在背景距离，离颜色和质地的反差也占优势。

开辟的空地与道路　　　　　　　　　**冬季运动场地**

　　通古斯国家森林中这些开辟出的大块空（左图）地试图借用自然景观特征。但是，在上坡位置单调的植被覆盖制造了强烈的反差。由于这些反差，开辟出来的空地和道路将持续在背景距离视角上占优势。它在勉强接受的低端。

　　当从这个前景视角观察时（右图），对这个景观而言科珀山滑雪区创造了强烈的有统治级的变化。一些滑道锋利的边缘和一致的宽度增强了这种优势地位。只有实施大量将边缘羽化的工程才能将其从勉强接受

级提高到改进级。在这片风景中，远处左、右两侧的滑道符合部分保
留级。

附录 I   案例研究

1   综   述

案例研究叙述了风景管理系统（Scenery Management System，SMS）
的过程，通过基萨奇（Kisatchie）国家森林的林地与资源经营规划（Forest
Land and Resource Management Plan，FLRMP）修订版的实施来说明。风
景管理系统（SMS）被设计成森林规划修订过程的一部分将得以实施，并
且基本上被分成了两个阶段，即调查阶段和实施阶段。调查阶段需要一
系列的有序步骤，制作显示初始风景等级分配的地图。实施阶段将风景
管理系统（SMS）合并到从替代方案的制定到监测与评估的森林规划过程
中。这里介绍林地与资源经营规划（FLRMP）替代方案制定的整个过程。
基萨奇（Kisatchie）国家森林大量依靠 GIS 能力和的现有数据库的使用。
GIS 分析与制图极大地节约了时间，产出非常高质量的成果，允许非常
大的自由度进行修改，最重要的是能确保风景管理与其他资源管理完全
的结合在一起。

基萨奇（Kisatchie）国家森林包含 8 个主要部分将风景管理系统
（SMS）整合到林地与资源经营规划（FLRMP）过程中：

调查：

（1）确定景观特征；

（2）分析现有景观完整性；

（3）确定内在的风景吸引力；

（4）确定景观可见度；

（5）确定初始风景等级分配。

实施：

（1）合并风景等级分配；

（2）将景观完整性目标分配到经营区域；

（3）制作风景完整性目标地图。

2   调查阶段

2.1   确定景观特征（结果—记叙描述）

为森林确定景观特征描述。每个景观描述聚焦遍及整个区域中一致
发现的关键属性。景观描述概述了地形格局、水体特征、植被格局和文

化元素。

像 1994 年 7 月《美国生态亚区域：地段描述》里描述的那样，景观特征描述在生态学框架内展开，并以《美国生态区域与亚区域》分布图为基础（Bailey 等，1994）。Bailey 的出版物（Bailey 等，1994）绘制了美国的气候带（Domain）、亚气候带（Division）、植被区（Province）和地段（Section）4 个水平的地图。

按照 Bailey 及其合作者（1994）的区划，基萨奇（Kisatchie）国家森林位于 3 个植被区（province）和 3 个亚地段（subsections）内：东南混交林区，中部沿海平原，西部地段；外部沿海平原混交林区，沿海平原与低洼地林区，西部湾地段；密西西比河下游林区，密西西比冲积盆地地段。目前，一些区域正在进行亚地段的勾绘，这将有助于森林规划的分析。每一片森林都要肩负绘制等级体系中下一个较低的等级的任务，即土地类型联合（Landtype Associations）与土地类型（Landtypes）。土地类型联合被认为是大面积森林规划与分析的恰当水平。土地类型联合由森林鉴定（ID）团队制定，该团队包括一个或更多以下成员：土壤学家、生态学家、林务官、水文学家、植物学家和景观设计师。

2. 2　分析现有风景完整性（结果—现有完整性地图）

现有风景完整性（ESI）被定义为考虑过去人类改变的景观的当前状态。实际上绘制最终的风景等级分配图用不着现有风景完整性（ESI），但是它在森林规划和为决策提供重要基准等方面能发挥多种作用。参考风景管理系统（SMS）手册第 2 章可知有数种确定现有风景完整性（ESI）的方法，但是，基萨奇（Kisatchie）国家森林另辟蹊径。利用 GIS，依靠现有森林规划中的标准与指南开发出了绘制现有风景完整性（ESI）的准则。

基于当前规划中的标准与指南，该过程调查当前符合非常高、高、中等、低、非常低和低至不可接受的风景完整性水平的所有区域。图 1 显示了使用当前林地与资源经营规划（FLRMP）中的标准与指南绘制的现有风景完整性（ESI）图。该图表明这片森林的大多数符合高风景完整性标准，尽管目前给大多数森林安排了低风景完整性目标。

一旦制定出更偏爱的森林规划替代方案，就能在新的标准与指南基础上生成新的现有风景完整性（ESI）地图。这张地图将被用于确定为实现既定景观完整性目标需要进行重建的地点与范围。

2. 3　确定内在的风景吸引力（结果—内在风景吸引能力地图）

内在的风景吸引力（ISA）以人类对地貌、岩石形态、植被格局、水体特征和文化的土地利用等的内在美的感知为基础，测定某一景观的风

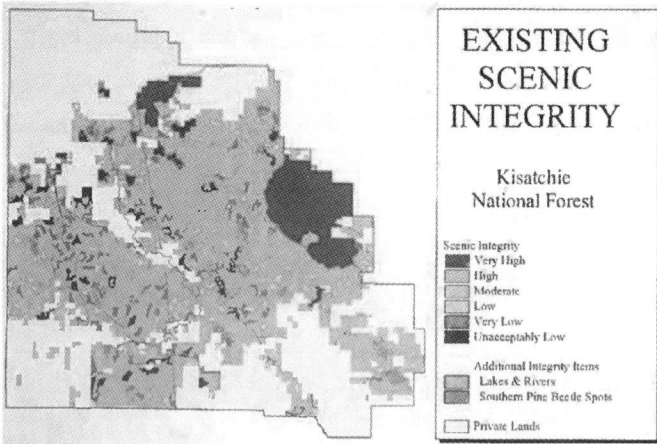

图 1　现有风景完整性等级

景重要性。森林景观特征描述作为参考框架用于确定内在的风景吸引力（ISA）。毫无疑问，具有不相同特征的景观应当得到不同的评价，因为每一景观都有能力产生内在美的不同水平。景观特征中发现的这些特性，如地貌、岩石构造、水体形态、植被格局和特别区域等可以用来进行充分的比较或组合。通过这个比较，可以确定一个地区所有水平的内在的风景吸引力。

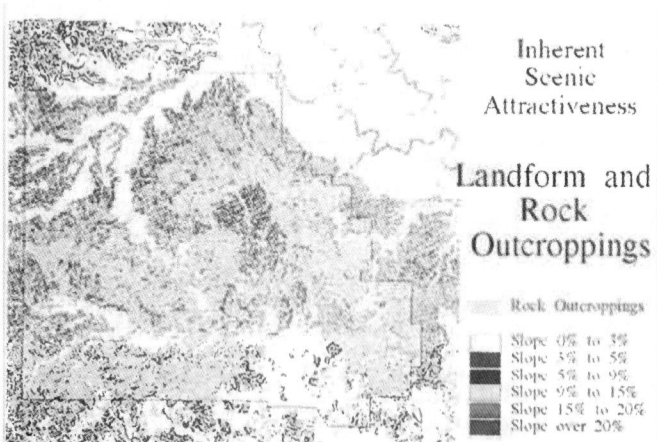

图 2　地形和岩石形态地图

内在的风景吸引力（ISA）分成 3 个等级：A 级——与众不同；B 级——典型或者一般；C 级——无特色。但是在个别森林需求与条件下，可以将这些等级打破，分成一个或者更多等级。这些内在的风景吸引力(ISA)等级与距离地带和关注水平一起使用，生成风景等级分配图，即风景管理系统(SMS)调查阶段的最终结果。

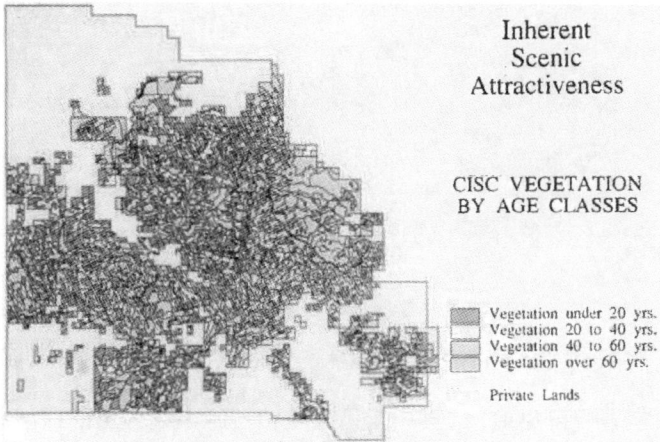

图3 植被格局地图

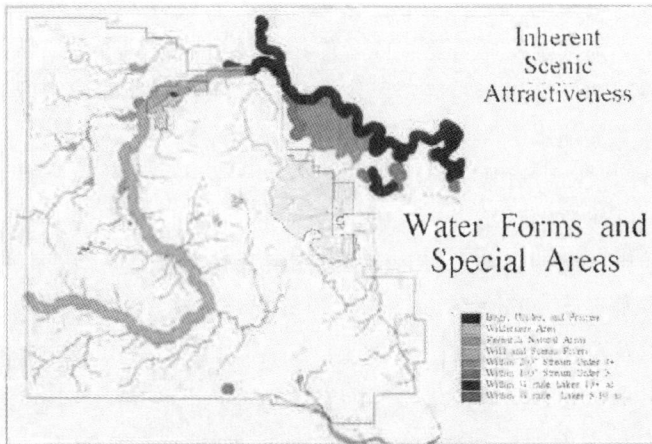

图4 水体特别区域

每30米正方形的土地单元归为一个点，为每个特征汇总和分配A、B或C等级。然而，在实地核查期间确定B级内在风景吸引力等级内有显著变化。关于内在的风景吸引力(ISA)，我们认为那些位于较高一端B级的区域，应当比那些勉强评为B级的区域得到更多的认可。因此，基萨奇(Kisatchie)国家森林将B级分为3个亚等级，即B+、B和B-。B级的细分便于更细和更灵活的划分风景等级。通过新的点分配生成了内在的风景吸引力(ISA)地图(图5)。

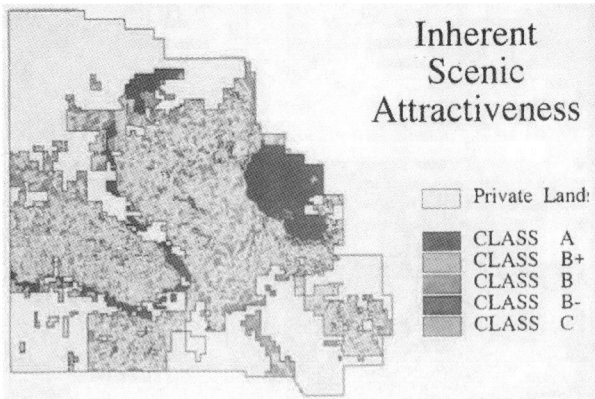

图5 基萨奇(Kisatchie)国家森林内在的风景吸引力(ISA)地图

2.4 确定景观可见度(结果—能见区域和按距离划分出的区域地图)

景观可见度是能见区域的集合,它与观赏景观的观看者的背景与类型有关。景观可见度的相互联系因素包括观看者的背景、观看持续的时间、细节的可辨别程度、季节变化和观看者的数量。为了确定景观可见度,首先必须确定从旅行路线或者使用区域可以看到哪些区域,被称为可见区域制图。第二步是确定民众评价这些旅行路线和使用区域的重要性,被称为关注水平的分配。

2.4.1 可见区域制图

可见区域制图,第一步是确定要调查哪些与景观可见度有关的旅行路线和使用区域。基萨奇(Kisatchie)国家森林选择调查所有 C 级或更高交通服务水平(Traffic Service Level, TSL)的道路、可通行独木舟和小船的小河以及可供游憩的湖。

基本上有两种绘制可见区域的方法,要么通过手工方法,要么使用 GIS。GIS 能有效应用和效有效分析距离地带和视域。

因为基萨奇(Kisatchie)国家森林相对平坦,距离地带用来确定可见区域。使用 GIS,为所有交通服务水平(TSL)系列中 C 级或更高等级的道路、可通行独木舟与小船的小河以及可供游憩的湖绘制了前景、中景和背景地图。确定 2 000 英尺(大约 3/8 英里)是前景,确定 2 001 到 21 120 英尺(从 3/8 英里到 4 英里)是中景,所有大于 4 英里的被认为是背景。通过 GIS 进行距离地带分析后,确定基萨奇(Kisatchie)国家森林没有任何背景(地带)。预计原因是基萨奇(Kisatchie)有高密度的道路。

2.4.2 关注水平分配

下一步是确定这些旅行路线在人们心目中的重要性。关注水平是大众重要性水平的一个测度，它分为3个等级：水平1、水平2和水平3。根据林地与资源经营规划（FLRMP）在审视（公示）过程、公开讨论会议和分区访问期间收到的评论，基萨奇（Kisatchie）国家森林为所有旅行路线和使用区域分配了关注水平。民众分析被整合到审视（公示）过程。

一旦将关注度数字化输进GIS系统，它们与距离地带缓冲区、前景和中景合并，生成景观可见度地图（图6）。

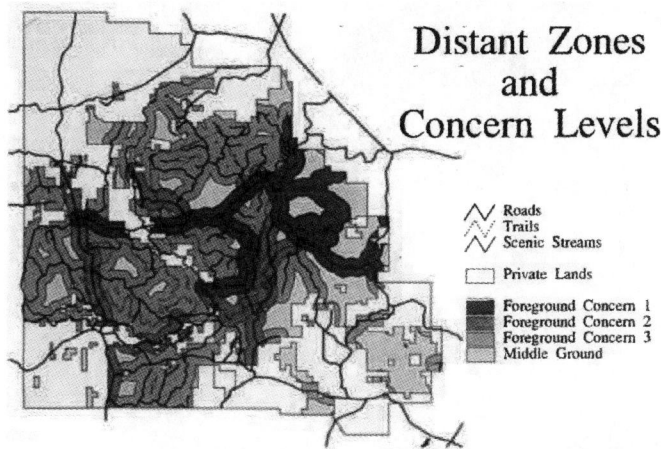

图6　基萨奇（Kisatchie）国家森林景观可见度地图

2.5　确定初始风景等级分配（结果—初始风景等级地图）

初始风景等级分配是调查阶段的最终结果。通过合并内在风景吸引力等级、距离地带和景观可见度的关注水平，确定风景等级。风景等级定义了所有土地风景的相对价值，有助于确定在制定林地与资源经营规划（FLRMP）规划替代方案制定过程中如何分配风景资源。如SMS手册所述，基萨奇（Kisatchie）国家森林为了更好地适应森林状态而改进了风景等级矩阵（表1）。

表1　基萨奇（Kisatchie）国家森林风景等级分配矩阵

		景观可见度					
		FG1	FG1	FG2	FG2	FG3	FG3
内在风景吸收力（ISA）	A	1	3	2	4	3	4
	B +	1	4	2	4	3	5
	B	1	4	2	5	4	5
	B −	2	4	3	6	5	6
	C	2	5	4	7	6	7

使用 GIS，在上述矩阵基础上融合内在风景吸引力（ISA）和景观可见度地图，生成初始风景等级分配地图（图7）。

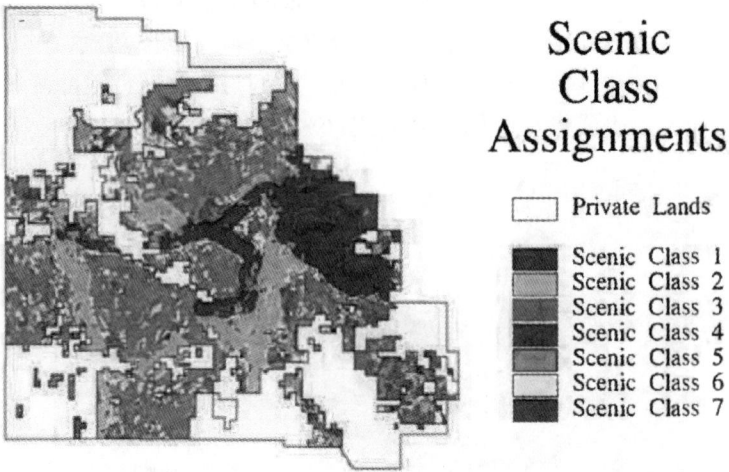

图7　基萨奇（Kisatchie）国家森林风景等级分配地图

3　应用阶段

根据公示过程中确定的问题与关注，基萨奇（Kisatchie）国家森林制定了期望的未来状态（Desired Future Conditions，DFCs）。下一步是建立一套森林经营替代方案，用各种方法回应问题与关注。基萨奇（Kisatchie）国家森林的这项工作通过分配整个国家森林区域全部期望的未来状态（DCFs）范围来进行的，每个替代主题的比例与位置因不同期望的未来状态（DCFs）的不同而变化。期望的未来状态（DCFs）相似的组变成经营区域（Management Areas，MAs）。每个林地与资源经营规划（FLRMP）替代方案建立自相同的经营区域（Mas）范围。经营区域的大小与位置因替代方案的不同而不同。

3.1　合并风景等级分配（结果—最终风景等级地图）

图8中浅黑色线条代表林分边界。很多林分有两个或更多分配的风景等级。造成这个结果的原因主要在于复杂的生物物理 GIS 内在风景吸引力分析。这是不可接受的，因为它将导致很多林分具有多重风景完整性目标，极大复杂化实施与执行。研发了一种过程方法，将那些分配了多个风景等级的林分转化成一个林分只有一个风景等级，那些被距离地带和期望的未来状态边界切割的除外。过程方法是赋予经营区域更大的权重值，进而是强调风景与其他非商品价值的林地与资源经营规划（FLRMP）替代方案。换句话说，一个经营区域在经营上重视风景的程度越

高，整个林分转化成更高（较低的数字）风景等级的可能性越大。为每个林地与资源经营规划（FLRMP）替代方案绘制最终的风景等级分配地图。图 8 显示了合并之前的风景等级地图的一个范例，图 9 是经过合并后的同一区域。这一步考虑了实施阶段的组成部分，因为最终风景等级地图取决于经营区域，所以它将因林地与资源经营规划（FLRMP）替代方案的不同而改变。

図8　初始风景等级地图的细节

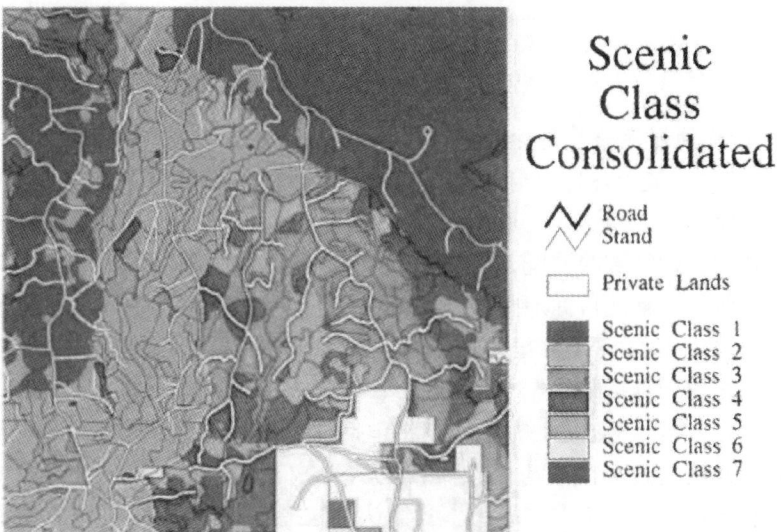

図9　合并后的风景等级地图的细节

3.2　将景观完整性目标分配到经营区域(结果一矩阵)

森林鉴定(ID)团队确定如何将风景等级分配给每块经营区域,生成如表2所示的风景完整性目标分配。经营区域在期望的未来状态(DFC)边界基础上划界,因林地与资源经营规划(FLRMP)替代方案改变而改变。我们认为这是分配风景完整性目标的最符合逻辑的方法,因为关注风景的管理与分配的期望的未来状态(DFCs)或者经营区域联系紧密。其他方法,例如简单地按林地与资源经营规划(FLRMP)替代方案变化分配风景等级的方案,不能准确反映风景的价值或者关注度。

表2　风景完整性目标分配矩阵

风景等级	经营区域(MA)								
	1	2	3	4	5	6	7	8	9
1	H	H	H	H	H	L	H	VH	H
2	M	H	H	H	M	L	H	VH	H
3	L	H	L	M	M	L	H	VH	H
4	L	M	L	M	L	L	H	VH	H
5	L	M	L	L	L	L	H	VH	H
6	L	L	L	L	L	L	H	VH	H
7	VL	L	L	L	L	L	H	VH	H

MA1 = 商品	MA 2 = 娱乐	MA 3 = 恢复
MA4 = 硬木	MA 5 = 野生动物	MA 6 = 军事用途
MA7 = 盐湖,沃伦和盐河铁路	MA 8 = 荒野	MA 9 = 游憩场所

VH = 非常高 SIO	H = 高 SIO	M = 中等 SIO	L = 低 SIO	VL = 非常低 SI

3.3　制作风景完整性目标地图

(结果一关于各林地与资源经营规划(FLRMP)替代方案的风景完整性目标地图)

基于经营区域的分配,为各林地与资源经营规划(FLRMP)替代方案制作风景完整性目标地图。图10~12代表该地区6个林地与资源经营规划(FLRMP)替代方案中的3各风景完整性目标分配地图的范例。这些地图用于分析林地与资源经营规划(FLRMP)替代方案,最终选出一个优先方案。SIO替代方案地图将包括林地与资源经营规划(FLRMP)草案,并接受大众检查与评论。我们认为这是民众分析的一个关键要素,能实现对以前步骤的修正。我们认为这些不是这个处理阶段的最终结果。

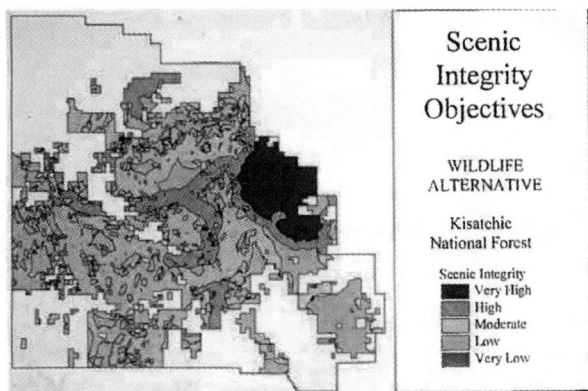

图 10　风景完整性目标地图—野生动物替代方案

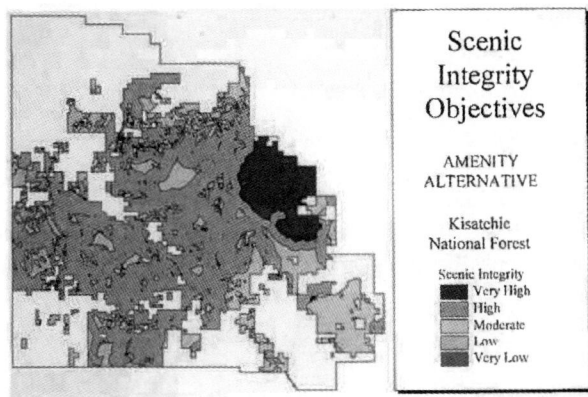

图 11　风景完整性目标地图—娱乐替代方案

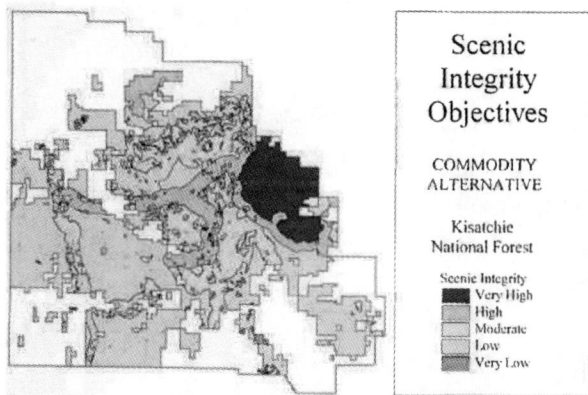

图 12　风景完整性目标地图—商品替代方案

术语表

可接受的质量水平(Acceptable Levels of Quality)
在民众观看来可允许的最低标准。

美学(Aesthetics/Esthetics)
研究、科学或哲学通常都有对美的论述和对美的判断。在风景管理中，它描述的是给视觉与感觉(知觉)带来愉悦的景观。

属性(Attribute)
一个固有的景观特征、特点或质量。

背景(Background)
景观的远距离部分。位于观看者4英里到无限远的景观区域。

平衡(Balance)
由于自然力或人为干预，在景观中产生的视觉稳定和建立的均衡。

基础地图(Base Map)
通过图表记录给定景观现有自然与管理特征的文档。

特征(Characteristic)
组成特点的质量，描述景观的特性；与众不同的特点、特性或质量；唯一性；属性。

一致性(Coherence)
在原则与关系上是统一的质量或状态，或者在逻辑与审美上是联系在一起的。

颜色(Color)
反射特定波长的光的特性，使肉眼能辨别出难以区分物体。一种色彩(红、绿、蓝、黄等等)与一个值(黑、白或灰)形成对比。

构图(Composition)
在艺术作品或者景观中的这类构造物中，组成部分的装配与组织。

对比(Contrast)
相邻部分的差异或区别。景观中形态、线条、颜色或质地上显著差异产生的效果。

选民/民众(Constituents)
授权他人代表他们、或者授权一个公民团体选举代表代表他们的民众。林务局职员为他们的选民管理公共土地，无论他们是不是国家森林的游客。

文化元素（Cultural Element）

人为改变的景观的属性；风景的积极文化元素，大多都有历史背景或者怀旧内涵。例如蜿蜒的栅栏、石头墙、谷仓、果园、树篱和小木屋。

文化景观（Cultural Landscape）

人为改变的景观，尤其是那些随风景植被格局或风景结构缓慢演化的景观。附加这些元素，为景观的自然特征创造了视觉上令人愉悦的补充。

累积效应（Cumulative Effect）

为过去、现在和合理的、可预见的未来行动增加计划行动时会增加计划行动的影响，由此增加的影响产生的对环境的效果。

期望的（Desired）

选择不受约束的情况下，民众想要得到的。

期望的未来状态（Desired Future Condition）

通过国家森林的管理获得未来期望的属性组合。对于风景管理来说，期望的未来状态由包括期望的旅行路线、期望的利用区域、期望的景观特征和期望的风景状态在内相互关联的组分构成。

期望的景观特征（Desired Landscape Character）

得以保持或者渐渐产生的景观外观形态，确认景观是一个动态的与持续变化中的动植物群落。景观设计属性与机会的组合，以及生物的机会与约束。

偏离（Deviation）

背离现有的景观特征或者景观特征目标。偏离现有景观特征可以是积极的、消极的或者没有影响的。

距离地带（Distance Zones）

按照距离观看者的指定距离表示的景观区域。作为一个参照框架，在该框架中讨论景观属性或者景观中人类活动的风景影响。

与众不同的（Distinctive）

指非凡的或者特殊的景观。这些景观引人注目，从普通景观中脱颖而出。

干扰（Disturbance）

由自然或者人为引发的不连续事件，导致现有生态系统的状态发生改变。

主导要素(Dominance Elements)

在风景管理中,主导要素即形态、线条、颜色和质地。它们是构成景观特征的属性。

占优势的人为改变(Dominant Human Alterations)

在风景管理中,占优势的人为改变压倒了景观自然特征,并且非常显而易见。

动态(Dynamic)

活动或变化,以持续的活动或变化为标志。在景观中,植物(组成的)荧幕是动态的,受自然力或人为改变的支配。

生态途径(Ecological Approach)

确保考虑到所有生命有机体(包括人类)及其环境之间关系的自然资源规划与管理活动。

生态分类(Ecological Classification)

关于归类与描述的多因素方法,在不同分辨率水平上,有相似的自然环境(例如气候、地貌过程、地质、土壤和水文功能)、生物群落(例如植物、动物、微生物和潜在的自然群落)和人类维度(如社会、经济、文化和基础设施)等特征组合的陆地与水域。

生态原则(Ecological Principles)

有助于合理的生态系统管理的生物学依据,通过它确保生态系统的可持续性。

生态过程(Ecological Process)

与生命有机体(包括人类)及其环境发生联系的活动或者事件,如干扰、演替发展、营养循环、碳吸收、生产力和衰退等。

生态单元(Ecological Unit)

基于植被、土壤、地质和地貌的评价区域。

生态区(Ecoregion)

连续的地理区域,大气候十分一致,允许就地发育具有相近性质的相似生态系统。生态区包含多个、具有不同生态系统空间格局的景观。

生态系统功能(Ecosystem Function)

是这样一种过程,通过它构成生态系统的生命与非生命要素发生变化与相互作用,包括生物地球化学过程与演替。

生态系统管理(Ecosystem Management)

融合社会、自然、经济和生物的需求与价值以确保有生产力的和健康的生态系统的生态学途径的应用。

生态系统结构（Ecosystem Structure）

生态系统的生物与非生物要素的空间配置。

边缘（Edge）

物体或区域开始或结束的线条。边缘用于定义边界、界限或分界线。

加强（Enhancement）

带有迅速提高正面的风景属性（只有存在少数的风景属性）目的的短期的管理措施。

明显的（Evident）

引人注目的、显然的、显而易见的或显著的。

现有风景完整性（Existing Scenic Integrity）

（又称现有视觉状态，*Existing visual condition*）景观的当前状态，考虑了先前的人为改变。

期望的（Expected）

民众期望在国家森林中遇到什么。

期望的景象（Expected Image）

个人期望在国家森林中看到的内心的情景。

特性（Feature）

景观的一个视觉上与众不同或显著的部分、质量或特征。

前景（Foreground）

通常指距离观看者 1/2 英里的细致的景观。也可参考直接前景。

形态（Form）

景观或者物体的结构、质量或形状。景观形态通常根据地形、岩石形态、植被格局或者水体形态的边缘或轮廓线定义，或者根据这些属性产生的封闭空间来定义。

参照框架（Frame of Reference）

一个范围或框架，通过与它对照可以判断与测量不同的部分。

协调性（Harmony）

将景观的某些部分组合起来形成一个令人满意或者有序的整体。形态、线条、颜色和质地的一致性、适合程度或适当性的状态。

分层法（Hierarchical Approach）

用以说明时空差异的分析方法。

等级体系（Hierarchy）

由更小子集组成的有序集合。

高风景完整性水平(High Scenic Integrity Level)

一个风景完整性水平，表示人类活动在视觉上不明显。在高风景完整性区域，活动也许只能重复那些在现有景观特征中找到的形态、线条、颜色和质地等属性。

历史上的生态系统(Historical Ecosystem)

在某一指定的过去时间的生态系统。

历史上的变动(Historical Variation)

在特定的代表"自然"状态的时期内，生态系统要素空间的、结构的、组成的和时间的特征范围。

人类的维度(Human Dimension)

组成完整的生态系统管理承认人是生态系统的一部分，人们过去的追求，当前和未来的期望、需求和价值(包括感知、信仰、态度和行为)已经并将继续影响生态系统，生态系统管理必须将自然、情感、思想、精神、文化和人类与社会的经济福祉等考虑在内。

人类影响(Human Impact or Influence)

由于人类活动引起的生态系统组成、结构或功能的干扰或者改变。

直接前景(Immediate Foreground)

距离观看者几百英尺范围内具有详细特性的景观。一般距离观看者300英尺。这一距离地带通常用于项目水平的规划，而不是大范围的规划。

原状性(Intactness)

未触及或未改变的，尤其特征未遭到任何损伤或削弱。

地形(Landform)

形成地球表面的属性或特性，例如平原、山脉或峡谷。

景观(Landscape)

由于地质、地形、土壤、气候、生物区系和区域内的人类活动的影响而重复出现相互作用的生态系统，由这些生态系统组成的区域即景观。景观的规模、形状和格局通常由相互作用的生态系统决定。

景观特征(Landscape Character)

景观特别的属性、质量和特点，由此产生景观的一个景象，并使景观变得可以识别的或独特的。

景观特征目标(Landscape Character Goal)

设计的管理规定，用于维持或修改现有的景观特征以达到期望的未来状态。参考期望的景观特征。

景观脆弱性(Landscape Fragility)

参考视觉吸收力。

景观环境(Landscape Setting)

景观所处的背景与环境；景观背景。

景观单元(Landscape Unit)

小的土地区域，在微观尺度上，具有相似的现有景观特征属性——地形、岩石形态、水体形态和植物群落格局。对调查与分析风景有用的地理区域。

景观可见度(Landscape Visibility)

对观看者而言景观的可进入性，关系到一个人观看与感知景观的能力。

线条(Line)

两个平面交集；延长的一个点；一个形状的轮廓。在景观中，山脊线、天际线、排列、植被变化或个体的树木与枝条等都可以理解为线条。

低(Low)

指人类活动在视觉上必须保持从属于现有景观特征属性的风景完整性水平。这些活动可以重复形态、线条、颜色或质地等常见的景观特征，但是在大小的质量、数量、强度、方向、格局等方面的变化必须在视觉上从属于这些景观特征。

管理活动(Management Activity)

施加于景观上的、以自然资源管理为目的的人类活动。

中景(Middleground)

景观中位于前景和背景之间的地带。这个区域位于离观看者的距离在1/2英里到4英里之间。

神秘(Mystery)

激发惊奇、好奇和惊讶的景观特征。

自然干扰(Natural Disturbance)

周期性的影响或自然事件，如火灾、极端干旱、病虫害侵袭或大风。

自然生态系统(Natural Ecosystem)

受到最低限度的人类影响的生态系统，在某种意义上说，它是多样的、有弹性的和可持续的。

自然景观特征(Natural Landscape Character)

起源于自然干扰的景观特征，比如野火、冰河作用、从先锋植物到顶级物种的演替，或者间接的人类活动，比如在防火时不经意间引起的植物演替。

自然形态的景观特征(Natural-Appearing Landscape Character)

人类的活动产生的景观特征，但是表现得像是自然的，比如天然森林向农田、牧场和树篱的历史转变，通过造林或者自然更新再次转变为森林。

NEPA

指 1969 年的"国家环境政策法"(the National Environmental Policy Act of 1969)。NEPA 为美学资源管理建立了法律的要件。

NFMA

指 1976 年的"国家森林管理法"(the National Forest Management Act of 1976)。NFMA 为风景管理(法案中称之为"视觉资源管理")建立了法律要件。

观看者的位置(Observer Position)

参观者在景观中的所处的特定地理位置。也称观看者平台。

田园景观特征(Pastoral Landscape Character)

人类活动产生的景观特征，包含积极的文化元素，比如天然森林向农田、牧场和树篱的历史转变，外加一些残存的天然森林。

格局(Pattern)

组成部分、要素或细节的安排，暗示一个设计或者一些有序的分布。

感知(Perception)

人类对景观的印象。在以前的体验与期望的景象背景下，感知解释与评价"所看到的"景观。

积极的文化元素(Positive Cultural Element)

人为改变，是风景的积极特征，大多数有它们的历史背景或者怀旧的内涵。实例包括蜿蜒的栅栏、石墙、谷仓、果园、树篱和小木屋。可能有积极文化元素的节点、飞地或相似的事物。

积极的文化景观(Positive Cultural Landscape)

有人类改变的积极文化元素的景观，通过增加多样性、统一性、生动性、原状性、连贯性、神秘感、均衡性、独特性、和谐性或者格局，补充和改善某一特定的景观。

首选的(Preferred)

民众从一系列可用的选项中选出的。

潜在的植被(Potential Vegetation)

在现有立地条件(例如栖息地类型)下，完成全部演替序列的植被。

变化范围(Range of Variability)

同时考虑时间与空间因素时，生态系统组成、结构和功能三者可能的状态谱。

游憩游客(Recreation Visitor)

为了恢复身体与精神而暂时处于一个区域的人。在国家森林中，通常游客明显是有意识的或在潜意识中对区域的风景质量感兴趣。

参照状态(Reference Conditions)

具有生态系统组成、结构和功能及其可变性等特征的状态。

重建(Rehabilitation)

短期的管理目标，用于将具有现有视觉影响与偏离的景观，恢复到期望的、原先在自然景观中发现的风景质量水平。

RPA

指1974年的"森林与牧场可再生资源规划法"(*the Forest and Rangeland Renewable Resources Planning Act of* 1974)。RPA为风景管理建立了法律的必要条件。

岩石形态(Rockform)

构成地壳的重要矿物质成分。其中一个属性或特性构成了地表的一部分，例如山脉、悬崖、山峰、绝壁、峡谷、谷壁或者基岩。

农村/农业景观特征(Rural/Agricultural Landscape Character)

由大量人类活动产生的景观特征，不再呈现自然的特征，例如天然景观转变为大范围耕作的农田、葡萄园、牧场或集约化生产家畜的区域。

尺度(Scale)

观察与测量生态过程、结构和时空变化时所在的分辨率水平。

风景(Scenery)

某一地方的总体外观形态，某一景观总体外观形态，或者某一景观的特性。

风景管理(Scenery Management)

安排、规划和设计与一个地方与户外环境的广阔区域的外观形态有关的景观属性。

风景的(Scenic)

属于或者与景观风景相关的；与自然风景或自然形态的风景相关的；构成或提供令人愉悦的自然景观属性或者积极文化要素的景色。

风景吸引力(Scenic Attractiveness)

建立在人类对地形、岩石形态、水体形态和植被格局等内在美的感知基础上,景观的风景重要性。反映不同的视觉感知属性,包括多样性、统一性、生动性、原状性、连贯性、神秘性、独特性、和谐性、均衡性和格局等属性。它的等级划分如下:

A级—与众不同。

B级—典型或一般。

C级—无特色。

风景等级(Scenic Class)

描述特定景观或该景观的一部分的重要性或价值的分类系统。

风景完整性(Scenic Integrity)

自然的状况,或,相反地,由人类活动或改变产生的干扰的状况。完整性是反映偏离国家森林现有景观特征的程度。

风景质量(Scenic Quality)

景观的本质属性,通常指人们看到这些景观时,对个人以及因此对社会产生精神上与生理上的益处。

风景资源(Scenic Resource)

景观的属性、特征和特性,人们对它们做出各种反应,并且从中得到不同程度的益处。

看(Seeing)

反射光对人视力官能的刺激。看是一个生理过程。

可见区域(Seen Area)

有地形遮挡情况下观察到的全部景观区域。可见区域可分为直接前景、前景、中景和背景。对大众而言,一些景观难得一见。

罕见(Seldom-Seen)

景观中民众难得一见的区域。

形状(shape)

图形的轮廓、空间形态或者外形。形状(shape)与形态(form)相似,但是形状通常被认为是二维的。

空间(Space)

一维、二维,或三维或体积的有限延伸。景观的广阔区域,如"户外房间"的地板、墙和天花板。

空间尺度(Spatial Scale)

空间感知或考虑的分辨率水平。

特殊分类区(Special Classified Area)

那些区域——如荒野、历史的、生物的、风景的或者地质的场所——如此重要，以至于作为政策或法律的一部分给出明确的管理指令。

特殊地方(Special Places)

户外环境中的特殊场所与广阔区域，具有被民众确认为唯一的、不同的、与众不同的和非凡的吸引力与特性。特殊地方的范围从诸如一根特别的倒木的小块区域，到诸如一个景观单元的大区域。

次要的(Subordinate)

次于或者大小、重要性、亮度等排在其他景观特性之下的景观特性。在视觉影响或重要性上排在第二位的特性。

持续性(Sustainability)

随着时间推移，生态系统保持生态过程、功能、生物多样性和生产力的能力。

质地(Texture)

物体表面的变化引起明和暗的视觉的相互作用。景观"颗粒"或"绒毛"，或微小形状的重复格局。视觉上的质地可以从平滑到粗糙。

主题(Theme)

在景观特征背景中，总的焦点或者变化的主旋律。期望的景观特征的详细描述。主题的范围可以从自然景观到城市景观。

转变(Transition)

尤指不是突然的情况下，从一个状态、阶段、地方或对象过渡到另一个状态、阶段、地方或对象。

典型或一般景观(Typical or Common Landscape)

指在一个大的景观范围内普遍存在的、通常的或分布广泛的景观。它也指具有普通的和常规的风景吸引力的景观。

不可接受的改变(Unacceptable Alteration)

是一个风景完整性水平(不是目标)。在这一水平，造成植被与景观改变呃人为活动是过度的，并完全支配了自然或自然形态的景观特征。不可接受的改变是"对任何景观都不要做的事情"，无论距离远近，从那里都能观察到经营活动。

唯一的(Unique)

无双的、非常罕见或者极不寻常的景观。

统一性(Unity)

景观具有整体的质量或者状态，或者和谐的状态。

城市的（Urban）

广泛的人类活动产生的景观特征，不再呈现自然的特征，例如天然景观转变为广泛改变的景观（比方说城镇、城市或大都市区域）。

多样性（Variety）

景观中不同事物、形状或质量的混合物、差异或演替系列。

多样性等级（Variety Class）

"视觉管理系统"中的术语。参见风景吸引力。

非常高的风景完整性水平（Very High Scenic Integrity Level）

风景完整性水平之一，通常只允许生态学的改变。

非常低的风景完整性水平（Very Low Scenic Integrity Level）

风景完整性水平之一，表示造成植被与地形改变的人类活动可能支配着最初的自然景观特征，但是从背景距离地带观察时应呈现出象自然发生似的。

观看（View）

向某事物望过去或者令它保持在视野范围内，尤其是广阔的景观或者全景。向这个物体或者风景看过去的动作。

观看者平台（Viewer Platform）

观看者在景观中所处的位置。（参见观察者位置）

视域（Viewshed）

从一个单一的观看者位置可看到的全部区域，或者从多个观看者位置可看到的全部区域。视域是从公路、步道、露营地、城镇、城市或其他观看者位置逐渐积累的可见区。示例有廊道视域、特征视域或者盆地视域。

游客（Visitor）

某一区域的暂时居住者。参见游憩游客。

远景（Vista）

狭窄的风景，尤指通过长的通道看到的，如在一排排树之间或下至峡谷看到的。远景常常聚焦于景观中的某一特定的特征。与风景不同，有时候远景是人为创造的，如果是这样的，它将受制于设计。

视觉（Visual）

通过视力在头脑中获得的影像。

视觉吸收力（Visual Absorption Capability）

一个分类系统，常用于表示在不损失风景质量特征的情况下景观接受人类改变的相对能力。

视觉量级(Visual Magnitude)

一个详细的分类系统，常用于表示景观的相对可见度，包括与观察者相关的距离、坡度和坡向以及观看到的次数。

视觉感知(Visual Perception)

视力体验给人留下的印象；基于视力对一个物体或空间的理解。感知解释与评价人们在以前的体验与期望影像背景下看到的。

视觉脆弱性(Visual Vulnerability)

参见视觉吸收力。

水体形态(Waterform)

构成地球表面的一种属性或特性，例如池塘、湖泊、溪流、河流、瀑布、河口或海洋。

集水区(Watershed)

具有明显且成熟的排水网络的陆地上的一个区域，地表水或地面水沿着排水网络在那个点流出；排水流域或排水流域的主要分部。

参考书目

Anderson L M. 1983. Application of Wildland Scenic Assessment Methods to the Urban Landscape. Landscape Planning ,Oct: 219 – 231.

Anderson, Lee Roger, RickBennetts, Geoff Chandler, Steve Galliano, Dennis Holcomb, Bob Neville. 1976. Visual Absorption Capability for Forest Landscapes. KlamathNational Forest. California Region Yreka, CA :25.

Anderson,Lee Roger,Jerry Mosier,Geoffrey Chandler. 1979. Visual Absorption Capability. In: Proceedingsof Our National Landscape. General Technical Report PSW – 35. USDA Forest Service. Berkeley, CA:164 – 171.

Anderson Lee Roger. 1990. Visual Effect Predictions and Public Perceptions of the Visual Management System. Unpublished paper: 2.

Anderson, Lee Roger, JerryMosier,Geoffrey Chandler. 1979. Visual Management Support System. In: Proceedingsof Our National Landscape. General Technical Report PSW – 35. USDA Forest Service. Berkeley, CA:189 – 195.

Anderson Lee Roger. 1984. Visual Resource Analysis. In: Environmental Impact Statement—Proposed Celeron, All American, and Getty Pipeline Projects. Cahfomia State Lands Commission and USDI Bureau of Land Management. Sacramento, CA:608.

Anderson Lee Roger. 1991. Visual Resoinces, Land Use, and Recreation Study. In: Pacific Pipeline Project—Proponent's Environmental Assessment. California State Lands Commission. Sacramento, CA:537.

Anderson Lee Roger. 1987. Visual Resource, Wilderness, and Recreation Analysis. In: Grider Fire Recovery Project. Klamath National Forest. California Region. Yreka, CA: 216.

Anderson Linda, Daniel J Levi, Terry C Daniel, John H Dieterich. 1982. The Esthetic Effects of Prescribed BumiQg: A Case Study. Rocky Mountain Research Note 413:4.

Anderson, Linda M. 1981. Land Use Designations Affect Perception of Scenic Quality in Forest Landscapes. Forest Science. Vol. 27, No. 2. p. 392 – 400.

Anderson Linda M. 1985. Scenic Quality Modeling Proposal—Summary of a Technical Workshop. Atlanta, GA.

Anderson Paul F. 1979. Analysis of Landscape Character for Visual Resource Management. In: Proceedingsof Our National Landscape. General Technical Report PSW – 35. USDA Forest Service. Berkeley, CA:157 – 163.

Bacon Warren R. 1972. Visual Management System Handbook—Draft. Pacific Northwest Region. USDA Forest Service. Portland, OR:70.

Bacon Warren R, Steven J Galliano. 1990. Response to the Milwaukee Task Force Report:3.

Becker Robert, F Dominic Dottavio, Barbara McDonald. 1988. The Use of Interpretation to Gain Visitor Acceptance of Vegetation Management. In: Visual Preferences of Travelers Along the Blue Ridge Parkway. Edited by Francis P. Noe and William E. Hammit. Scientific Monograph Series No 18 USDI National Park Service. US Government Printing Office. Washington, DC:94 – 104.

Bitterroot Social Research Institute. 1994. Social Assessmentofthe Bitterroot Valley, Montana, with Special Emphasis on National Forest Management. Missoula, MT: USDA Forest Service, Northern Region. .

Blahna Dale J, Susan Yonts-Shephard. 1989. Public involvement in resource planning: Toward bridging the gap between policy and implementation. Society and Natural resources 2(3): 209 – 227.

Brown Perry J. 1973. Understanding Scenes. In: Toward a Technique for Quantifying Aesthetic Quahty of Water Resources. Edited by Perry J. Brown. Utah State University: 65 – 75.

Blair William G E, Larry Isaacson, Grant R Jones. 1979. Comprehensive Approach to Visual Resource Management for Highway Agencies. In: Proceedings of Our National Landscape. General Technical Report PSW – 35. USDA Forest Service. Berkeley, CA: 365 – 372.

Brown Perry J. 1973. Book Summary. In: Toward a Technique for Quantifying Aesthetic Quality of Water Resources. Edited by Perry L Brown. Utah State University:87 – 91.

Buhyoff Gregory J, John D Welhnan, Terry Daniel. 1982. Predicting Scenic Quahty for Mountain Pine Beetie and Western Spruce Budworm Damaged Forest Vistas. Forest Science. Vol. 28, No. 4:827 – 831.

Buhyoff Gregory J, John D Welhnan. 1979. Seasonality Bias in Landscape Preference Research. Leisure Sciences. Vol. 2, No. 2:181 – 190.

Buhyoff Gregory J, Michael Riesnman. 1979. Manipulationof Dimensionahty in Landscape Preference Judgments: A Quantitative Vahdation. Leisure Sciences. Vol. 2, 3, and4: 211 – 138.

Buhyoff Gregory J, J D Welhnan H Harvey, R A Fraser. 1978. Landscape Architect's Interpretations of People's Landscape Preferences. Journal of Environmental Management. June:255 – 262.

Case Pamela. 1994 (draft). The " Common Social Unit" Geographic Information System. Fort Collins, CO: USDA Forest Service, Rocky Mountain Region.

Chenoweth Richard. 1989. God, Mother, Apple Pie and Scenic Beauty. Unpublished paper.

Daniel Terry C. 1990. Measuring the Quality of the Natural Environment. American Psychologist. May:633 – 637.

Daniel Terry C, Ervin H Zube. 1979. Assessment of Esthetic Resources. In: Assessing A-menity Resource Values. Edited by Terry C. Daniel, Ervin H. Zube, and B. L. Driver. General Technical Report RM – 68. USDA Forest Service: 2 – 3.

Daniel Terry C, Ron s Boster. 1976. Measuring Landscape Esthetics: The Scenic Beauty Estimation Method. USDA Forest Service. Research Paper RM – 167: 66.

Daniel Terry C, Linda M. Anderson, Herbert W. Schroeder, and Lawrence Wheeler. 1976. Mapping Scenic Beauty of Forests. Manuscript. University of Arizona:22.

Dearden Phillip. 1983. Forest Harvesting and Landscape Assessment Techniques in British Columbia, Canada. Landscape Planning. Oct: 239 – 253.

Diaz Nancy, Dean Apóstol. 1993. Forest Landscape Analysis and Design. USDA Forest Service: 110.

Driver B L, Perry J Brown, George L Peterson. 1992. Benefits of Leisure. State College, PA. : Venture Publishing, Inc:483.

ECOMAP, USDA Forest Service. 1993. National Hierarchical Framework of Ecological U-nits. Washington, D. C.

Eleftheriadis Nikos, lonnis Tsalikidus, Basil Manos. 1990. Coastal Landscape Preference E-valuation: Comparison Among Tourists in Greece. Environmental Management. Vol. 14, No. 4: 475 – 487.

Feimer Nikolaus R. 1981. Improving the Reliability of Visual Impact Assessment Procedures. PSW 80 – 007:24.

Feimer Nikolaus R, R Smardon, K Craik. 1981. Evaluating Effectiveness of Observer Based Visual Resource and Impact Assessment Methods. Landscape Research. Vol. 6, No. 1:12 – 16.

Feimer Nickolaus R, Kenneth H Craik, R Smardon, S J R Sheppard. 1979. Appraising the Reliability of Visual Impact Assessment Methods. In: Proceedings of Our National Land-scape. General Technical Report PSW – 35. USDA Forest Service. Berkeley, CA: 286 – 295.

Forman Richard T T, Michael Godron. 1986. Landscape Ecology. New York: John Wiley and Sons: 620.

Francaviglia Richard V. 1970. The Mormon Landscape. University of Oregon:3.

Gilpin Willaim. 1791. Remarks on Forest Scenery and Other Woodland Views (Relative Chiefly to Picturesque Beauty) Illustrated by the Scenes of New – Forest in Hampshire— In Three Books. London. Printed for R. Blamire, Strand. Reprinted 1973 by Richmond Publishing Co. Ltd. Surrey, England.

Grapel Alan. 1990. Fitting Structures into the Landscape—^A Process. Unpublished paper: 3.

Grden Blaise. 1979. Evaluation and Recommendations Concerning the Visual Resource In-ventory and Evaluation Systems Used Within the Forest Service and the Bureau of Land Management. In: Proceedings of Our National Landscape. General Technical Report

PSW - 35. USDA Forest Service. Berkeley, CA:296 - 304.

Gussow Alan. 1979. Conserving the Magnitude of Usefulness—A Philosophical Perspective. In: Proceedings of Our National Landscape. General Technical Report PSW - 35. US-DA Forest Service. Berkeley, CA: 6 - 11.

Hammitt William E. 1988. Visual Management Preferences of Sightseers. In: Visual Preferences of Travelers Along the Blue Ridge Parkv^ay. Edited by Francis P Noe, William E Hammit. Scientific Monograph Series No. 18. USDI National Park Service. US Government Printing Office. Washington, DC:11 - 36.

Hampe Gary D. 1988. The Influence of Sociocultural Factors upon Scenic Preference. In: Visual Preferences of Travelers Along the Blue Ridge Parkway. Edited by Francis P. Noe and William E. Hammit. Scientific Monograph Series No. 18. USDI National Park Service. US Government Printing Office. Washington, DC:37 - 50.

Hebbelthwaite R L. 1973. Landscape Assessment and Classification Techniques. In: Land Use and Landscape Planning. Edited by Derek Lovejoy, Aylesbury Bucks, Great Britain: Leonard Hill Books:17 - 50.

Heberlein Thomas A. 1976. Some observations on alternative mechanisms for public involvement: The hearing, public opinion poll, the workshop and the quasi - experiment. Natural Resources Journal 16(1): 197 - 212.

Higuchi Tadihiko. 1983. The Visual and Spatial Structure of the Landscape. Translated by Charles Terry. The MIT Press. Cambridge, Mass. , London. (Original Gihodo Press Pub. Ltd. Tokyo. 1975.): 218.

Hiss Tony. 1990. The Experience of Place. New York: Alfi - ed A. Knopf: 233.

Holcomb Dennis B. 1972. Scenery Management Guides. Six Rivers National Forest. California Region. Eureka, CA:71.

Hubbard HenryVincent, Theodora Kimball. 1917. An Introduction to the Study of Landscape Design. New York: The Macmillan Company: 406.

Iverson Wayne D. 1969. The Theories and Principles of Design Which Apply to Environmental Architecture. Unpublished paper. USDA Forest Service Environmental Architecture Workshop. St. Louis:89.

Iverson Wayne D. 1970. Scenic Quality Inventory. Unpublished paper.

Iverson Wayne D. 1980. Managing and Monitoring a Visual Resource Management Program. In: Proceedings of theC ouncil of Education in Landscape Architecture. University of Wisconsin—^Madison:14.

Iverson Wayne D. 1984. Research Needed to Improve Quantification of Scenic Resources in Forest Planning. In: ProceedingslUFRO Symposium on Forest Management Planning and Managerial Economics. Univ. of Tokyo:729 - 740.

Jackie John A. 1987. The Visual Elements of the Landscape. Amherst. The University of Press: 200.

Jackson J B. 1975. The Historic Landscape. In: Landscape Assessment—Values, Perceptions, and Resources. Edited by Ervin H. Zube, Robert O. Brush, and Juhus Gy Fabos. Stroudsburg, PA: Dowden, Hutchinson & Ross:4 – 9.

Jones Grant R. 1980. Esthetics and Visual Resource management for Highways. FHWA Seminar Notes.

Kaplan Rachel. 1975. Some Methods and Strategies in the Prediction of Preference. In: Landscape Assessment—Values, Perceptions, and Resources. Edited by Ervin H. Zube, Robert O. Brush, and Julius Gy Fabos. Stroudsburg, PA: Dowden, Hutchinson & Ross:118 – 129.

Kaplan Rachel, Stephen Kaplan. 1989. The Experience of Nature. Cambridge: Cambridge University Press. 340.

Kaplan Stephen. 1979. Perception and Landscape: Conceptions and Misconceptions. In: Proceedings of Our National Landscape. General Technical Report PSW – 35. USDA Forest Service. Berkeley, CA:241 – 248.

Kellomaki Seppo, Risto Savolainen. 1984. The Scenic Value of the Forest Landscape as Assessed in the Field and Laboratory. Landscape Planning. Nov:97 – 107.

Kellomaki Seppo, Risto Savolainen. 1984. The Scenic Value of the Forest Landscape as Assessed in the Field and Laboratory. In: Multiple – Use Forestry in Scandinavian Countries. Proceedings of the Scandinavian Symposium held in Rovaniemi and Saariselka, Finland. September 13 – 17, 1982. Helsinki:73 – 80.

Kempton Willet, Boster J S, J A Hartley. 1995. Environmental Values in American Culture. Cambridge, MA: MIT Press.

Kopka Sue, Mark Ross. 1984. A Study of the Reliability of the Bureau of Land Management Visual Resource Management Scheme. Landscape Planning Nov:161 – 165.

Laughlin NoraA, Margot W Garcia. 1986. Attitudes of Landscape Architects in the USDA Forest Service Toward the Visual Management System. Landscape Journal. Vol. 1, No. 5:135 – 140.

Laurie Ian C. 1975. Aesthetic Factors in Visual Evaluation. In: Landscape Assessment—Values, Perceptions, and Resources. Edited by Ervin H. Zube, Robert O. Brush, and Julius Gy Fabos. Stroudsburg, PA: Dowden, Hutchinson & Ross:102 – 117.

Lee Robert G. 1976. Assessing Public Concern for Visual Quality—Landscape Sensitivity Research and Administrative Studies. PSW – 19. USDA Forest Service. Berkeley, CA: 76.

Lewis Bernard J. 1994. Problem Analysis: The Social Dimension of Ecosystem Management. St. Paul, MN: USDA Forest Service, North Central Forest Experiment Station.

LittonR, Burton Jr. 1968. Forest Landscape Description and Inventories—A Basis for Land Planning and Design. Research Paper PSW – 49. USDA Forest Service. Berkeley, CA: 64.

Litton R, Burton Jr. 1979. Descriptive Approaches to Landscape Analysis. In: Proceedings of Our National Landscape. General Technical Report PSW – 35. USDA Forest Service.

Berkeley, CA: 77 – 87.

LittonR, Burton Jr. 1982. Visual Assessment of Natural Landscapes. In: Western Geographical Series. Volume 20. Edited by Barry Sadler and Allen Carlson. University of Victoria, B. C: 97 – 114.

Litton R, Burton Jr. 1979. Silviculture and Visual Resources. In: Proceedings, 1977 Society of American Foresters Convention: 97 – 102.

Litton R, Burton Jr. 1984. Visual Vulnerability of Landscape: Control of Visual Quality. USDA Forest Service. Research Paper WO – 39: 35.

Litton R, Burton Jr. 1985. Visual Fluctuations on River Landscape Quahty.

Manuscript for Proceedings of the NationalRiver Recreation Symposium: 12.

Marsh George Perkins. 1864. Man and Nature. Reprint. Edited by David Lowenthal. Cambridge, Mass. : The Belknap Press of Harvard Univ. Press. 1965.

McCarthy Michael. 1979. Complexity and Valued Landscapes. In: Proceedings of Our National Landscape. General Technical Report PSW – 35. USDA Forest Service. Berkeley, CA: 235 – 340.

McGregor Mark D. 1985. Landscape and Visual Management Concerns. In: Integrating Management Strategies for the Mountain Pine Beetle with Multiple – Resource Management of Lodgepole Pine Forests. Edited by Mark D. McGregor and Dennis M. Cole. USDA Forest Service. General Technical Report. Intermountain Forest and Range Experiment Station. Ogden, Utah: 44.

McGuire John R. 1979. Managing the Forest Landscape for Public Expecta – tions. In: Proceedings of Our National Landscape. General Technical Report PSW – 35. USDA Forest Service. Berkeley, CA: 16 – 19.

Nassauer Joan. 1979. Managing the Naturalness in Wildland and Agricultural Landscapes. In: Proceedingsof Our National Landscape. General Technical Report PSW – 35. USDA Forest Service. Berkeley, CA: 447 – 453.

Newby Floyd. 1973. Indicators for Aesthetic Opportunity. In: Toward a Technique for Quantifying Aesthetic Quality of Water Resources. Edited by Perry J. Brown. Utah State University: 76 – 87.

Noe Francis P, William E Hammit. 1988. Introduction. Visual Preferences of Travelers Along the Blue Ridge Parkway. Edited by Francis P. Noe and William E. Hammit. Scientific Monograph Series No. 18. USDI National Park Service. USGovernment Printing Office. Washington, DC: 1 – 10.

Noe Francis P. 1988. Effects of Recreational and Environmental Values on Tourist Scenic Preferences. In: Visual Preferences of Travelers Along the Blue Ridge Parkway. Edited by Francis P. Noe and William E. Hammit. Scientific Monograph Series No. 18. USDI National Park Service. US Government Printing Office. Washington, DC: 1 – 66.

Pahner James F, Ervin H Zube. 1976. Numerical and Perceptual Landscape Classification. In: Studies in Landscape Perception. Edited by Ervin H. Zube. Publication No. R – 76

- 1. Institute for Man and His Environment. Amherst: University of Mass:70 – 142.

Penning – Roswell, Edmund C. 1979. The Social Value of English Landscapes. In: Proceedings of Our National Landscape. General Technical Report PSW – 35. USDA Forest Service. Berkeley, CA: 249 – 255.

Polakowski Kenneth J. 1975. Landscape Assessment on the Upper Great Lakes Basin Resources: A Macro – Geomorphic and Micro – Compositional Analysis. In: Landscape Assessment—^Values, Perceptions, and Resources. Edited by Ervin H. Zube, Roberto. Brush, and Julius Gy Fabos. Stroudsburg, PA: Dowden, Hutchinson & Ross:203 – 219.

Price Uvédale. 1810. From Essays on the Picturesque—As Compared to the Subhme and Beautiful—and. On the Use of Studying Pictures, for the Purpose of Improving the Real Landscape. Volume 1 of 3. London. Printed for J. Mawman, 22, Poultry.

Ross Robert. 1979. The Bureau of Land Management and Visual Resource Management—An Overview. In: Proceedings of Our National Landscape. General Technical Report PSW – 35. USDA Forest Service. Berkeley, CA:666 – 670.

Rudis Victor A, James H Gremann, Edward J Ruddell, Joanne Westfal. 1988. Forest Inventory and Management – Based Visual Preference Models in Southern Pine Stands. Forest Science. Vol. 34, No. 4:846 – 863.

Schomake John H. 1979. Measurementof Preference for Proposed Landscape Modifications. In: Assessing Amenity Resource Values. Edited by Terry C. Daniel, Ervin H. Zube and B. L. Driver. General Technical Report RM – 68. USDA Forest Service: 67 – 70.

Shafer Elwood L, Hamilton, Schmidt. 1969. Natural Landscape Prefer – ences: A Predictive Model. Journal of Leisure Research. Vol. 1, No. 1:1 – 19.

Shafer Elwood L. 1969. Perceptions of Natural Landscapes. Environment and Behavior: 71 – 82.

Shafer ElwoodL, Michael Tooby. 1973. Landscape Preferences: An International Replication. Journal of Leisure Research:60 – 65.

Shafer Elwood L, Roberto Brush. 1977. How to Measure Preferences for Photographs of Natural Landscapes. Landscape Planning 4:237 – 256.

Schauman Sally. 1979. The Countryside Visual Resources. In: Proceedings of Our National Landscape. General Technical Report PSW – 35. USDA Forest Service. Berkeley, CA: 48 – 54.

Simonds John Ormsbee. 1961. Landscape Architecture—The Shaping of Man´s Environment. New York: F. W. DodgeCorp:244.

Smardon Richard C. 1984. St. Lawrence River Scenic Access Study. (Published source not known)

Smardon Richard C. 1981. Final Project Report. Development of Visual Activity Classification and Advance Testing on Visual Impact Assessment Manual Procedures. PSW Co – Op Agreement. PSW 80 – 00005. Berkeley:100.

Smardon Richard C, Timothy R Day, James F Palmer, Tad Redway, Lawrence Reichardt. 1988. Historical Overview and landscape Classification of Vistas and Rural Landscapes Along the Blue Ridge Parkway. In: Visual Prefer – ences of Travelers Along the Blue Ridge Parkway. Edited by Francis P. Noe and William E. Hammit. Scientific Monograph Series No. 18. USDI National Park Service. US Government Printing Office. Washington, DC:105 – 141.

Smardon Richard C, Timothy R Day, James F Pahner, Tad Redway, Lawrence Reichardt. 1988. Simulating and Evaluating Management Practices. In: Visual Preferences of Travelers Along the Blue Ridge Parkway. Edited by Francis P. Noe and William E. Hammit. Scientific Monograph Series No. 18. USDI National Park Service. US Government Printing Office. Washington, DC: 142 – 157.

Smardon Richard C. 1986. Historical Evolution of Visual Resource Manage – ment Within Three Federal Agencies. Journal of Envirormiental Management 22(4);301 – 317.

Stankey George H, Roger N Clark. 1992. Social Aspects ofNew Perspectives in Forestry. Milford, PA. : Grey Tower Press;33.

Stilgoe John R. 1982. Common Landscape of America. New Haven & London: Yale University Press;429.

Stix Jody. 1989. Site Specific Visual Analysis—Building Upon the Forest Service Visual Management System. MLA Thesis. University of Oregon—Eugene;103.

Strunk William Jr, E B White. 1979. The Elements of Style. New York: MacMillan Publishing Co. Inc;92.

Tetlow R J, S R J Sheppard. 1979. Visual Unit Analysis: A Descriptive Approach to Landscape Assessment. In: Proceedings of Our National Land – scape. General Technical Report PSW – 35. USDA Forest Service. Berkeley, CA;117 – 124.

Tuan Yi – Fu. 1974. Topophilia—A Study of Environmental Perception, Attitudes and Values. EnglewoodChffs, NJ: Prentice – Hall, Inc;260.

Tlusty Wayne. 1979. TheUseof Perspective Plot to Assist in Determining the Landscape′s Visual Absorption Capability. In: Proceedings of Our National Landscape. General Technical Report PSW – 35. USDA Forest Service. Berkeley, CA;201 – 208.

Uhich Roger S, Ulf Dimberg, B L Driver. 1992. In: Benefits of Leisure. Edited by B. L. Driver, Perry J. Brown, and George L. Peterson. State College, PA. : Venture Publishing, Inc;73 – 89.

USDA Forest Service. 1971. Quantitative Analysis of the Visual Resource. Northern Region LA Branch. Missoula;40.

USDA Forest Service. 1972. Forest Landscape Management. Volume One. Revision. Landscape Architecture Branch. Division of Recreation and Lands. Northern Region. Missoula;137.

USDA Forest Service. 1980. R – 5 2380 Supplements to FSM 113, 114;7.

USDA Forest Service. 1980. R – 5 2380 Supplements to FSM 143, 147;20.

USDA Forest Service. 1984. R – 6 Supplement 70 to FSM:13.

USDA Forest Service. 1984. Milwaukee Landscape Management Task Force Report:20.

USDA Forest Service. 1988. VMS Revision Consensus. Report on Regional Landscape Architects Meeting at Friday Harbor, WA.

USDI Bureau of Land Management. 1980. Visual Resource Management. Bureau of Land Management. USDL Washington, DC:39.

US Government Printing Office. 1984. Style Manual. 479 p. Word Division Supplement to Style Manual. US GPO. Washington, DC:142.

Utton Albert E, Sewell D, T O Riordan. 1976. Natural Resources for a Democratic Society: Public Participation in Decision – Making. Boulder, CO: Westview Special Studies in Natural Resource Management.

ViningJoanne, Terry C Daniel, Herbert W Schroeder. 1984. Predicting Scenic Values in Forested Residential Landscapes. Journal of Leisure Research. Second Quarter:124 – 135.

Social Domain Slider, Terry CBums, Jennifer L, Lewis Bernard J. 1994. Watershed Evaluation & Analysisfor Viable Ecosystems (WEAVE)., Deschutes N. F. Bend Or USDA Forest Service, Northwest Pacific Region.

Weddle A E. 1973. Applied Analysis and Evaluation Techniques. In: Land Use and Landscape Planning. Edited by Derek Lovejoy. Aylesbury, Bucks, Great Britain: Leonard Hill Books:51 – 83.

Wellman J Douglas, Gregory JBuhyoff, Nick Feimer, Michael Patsfall. Visual Experiences of Sightseers. In: Visual Preferences of Travelers Along the Blue Ridge Parkway. Edited by Francis P. Noe and William E. Hammit. Scien – tific Monograph Series No. 18. USDI National Park Service. US Government Printing Office. Washington, DC. 1988: 67 – 93.

Willhite Robert, William R Sise. 1974. Measurement of Reaction to Forest Practices. Journal of Forestry:5 – 9.

Wohlwill Joachim. 1979. What Belongs Where: Research on Fittingness of Manmade Structures in Natural Settings. In: Assessing Amenity Resource Values. Edited by Terry C. Daniel, Ervin H. Zube and B. L. Driver. General Technical Report RM – 68. USDA Forest Service:48 – 57.

Wohlwill Joachim F. 1976. Environmental Aesthetics: The Environment as a Source of Affect. In: Human Behavior and the Environment—Advances in Theory and Research. Vol. 1. Edited by Irwin Altman and Joachim F. Wolwill. New York: Plenum Press:37 – 86.

Wooden Rebecca C. 1978. Measurement of Public Preference for Proposed Land – scape Modifications. M. S. Thesis. University of Idaho Graduate School:89.

Yeomans W C. 1979. A Proposed Biophysical Approach to Visual Absorption Capability (VAC). In: Proceedings ofOur National Landscape. General Technical Report PSW – 35. USDA Forest Service. Berkeley, CA:172 – 181.

Zube Ervin H, David G Pitt, Thomas W Anderson. 1974. Perception and Measurement of Scenic Resources in the Southern Connecticut River Valley. Institute for Man and His Environment. Amherst: University of Mass:191.

Zube Ervin H, Thomas W Anderson, William P MacConnell. 1976. Pre – dicting Scenic Resource Values. In: Studies in Landscape Perception. Edited by Ervin H Zube. Publication No. R – 76 – 1. Institute for Man and His Environment. Amherst: University of Mass:6 – 69.

Zube Ervin H, Louis V Mills, Jr March. 1976. Cross Cultural Explorations in Landscape Perception. In: Studies in Landscape Perception. Edited by Ervin H. Zube. Publication No. R – 76 – 1. Institute for Man and His Environment. Amherst: University of Mass: 162 – 169.

Zube Ervin H, David G Pitt, Thomas W Anderson. 1975. Perception and Prediction of Scenic Resource Values in the Northeast. In: Landscape Assessment – Values, Perceptions, and Resources. Edited by Ervin H Zube, Robert O Brush, Julius Gy Fabos. Stroudsburg, PA: Dowden, Hutchinson & Ross:151 – 167.

Zube Ervin H. 1976. Perception of Landscape and Land Use. In: Human Behavior and the Environment—Advances in Theory and Research. Vol. 1. Edited by Irwin Altman and Joachim F. Wolwill. New York: Plenum Press:87 – 121.

第二部分 附录 J 推荐的风景管理系统的完善

摘 要

这里呈现的是风景管理系统(SMS)的完善部分,从业者可以把它作为在生态系统管理背景下管理与维持风景质量的替代方法。如果应用该附录,可替代"第二章风景完整性"中对应部分,完善与补充"第一章景观特征"、"第五章风景管理系统的应用"和"术语表"等的部分内容。这里所介绍的手册第二章的替代方法是基于评价风景的两个指标(风景完整性与风景稳定性)的应用。重要的是,用户在选择使用该附录时要把它的所有概念作为一个整体,不要试图从该附录与第 1、2、5 章对应的部分之间"挑选与选择"。

本附录重点如下:

• 阐明生态系统有关风景方面之间的关系,例如地方感、游憩环境、风景美学、景观特征、风景特征和风景管理。

• 推荐两个测度、表达和监测风景的指标:

·风景完整性:其定义和 6 个水平的标准得到了完善,强调视觉干扰美学是风景完整性指标的焦点,同时特意排除了其他生态状态。修订后的定义也包括现有景观中可见的自然干扰美学,如果它们在视觉上与该景观的历史常态极端背离的话。

"低风景完整性"的标准明确定义为被评价的风景与视觉干扰具有"同等优势"的情况(替换了"开始占有优势"这种可能令人困惑的表述)。当风景完整性水平作为土地管理规划(LMP)标准或准则使用时,术语从"风景完整性目标"变为"最小风景完整性"(MSI),目的是强调它们是可接受的最低水平,或者任何超过限度的可能性,而不是目标状态。类似于视觉管理系统(VMS),已重新建立了达到最小风景完整性的时限。由于需要实现其他预期的状态而无法满足时限要求,这种情况下确定一个时间短于长期"最小风景完整性(MSI)"的短期"最小风景完整性(MSI)"或许是恰当的。随着该指标成为工具(表 3 风景完整性管理活动优先级),它可以确定维持风景完整性的活动。

·风景稳定性:这个风景管理系统(SMS)的新指标已被引入,目的是提供为了后代保护重要风景所必需的生态可持续性的信息。一地的风景可持续性主要依赖于这个地方的两个方面：①组成重要的社会方面风景特征的一套风景属性；②这些属性变动的历史范围，由此提供风景属性如何能在生态系统中永存的信息。风景属性分析首先确定组成重要的风景特征的个体风景属性的可持续性。然后通过风景稳定性水平的分配，确定景观全部风景特征的累积可持续性。植被的重要风景属性通常包括山杨类的树林、草地、大树的特征和林冠空隙，它们受到生态系统变化与失调的强烈影响。评价的其他风景属性包括水体、地形和文化特性。当把风景稳定性水平用作景观管理规划（LMP）的标准或准则时，它们被称为"最小风景稳定性（MSS）"，强调可以接受的最低水平，或者任何超过限度的可能性，而不是目标状态。随着该指标成为工具（表 4 风景稳定性管理活动优先级），它可以确定维持风景稳定性的活动。

引　言

　　风景管理系统（SMS）手册应用 10 年后，从业者已经提出了一些方面的建议，使该系统变得清晰与完善，并且由生态学途径延伸到风景管理。附录 J 的目的是处理这些建议背后的需求，使风景管理系统（SMS）手册得到更加有效和全国性一致的应用。风景管理系统（SMS）的根本目标仍然是尽可能取得和保持最高的风景质量，通过美丽景观提供的多种益处使社会变得富有。

　　建议在适当的地方使用该附录，但目前它的使用是非强制性的。附录 J 经过试用期内从业者的应用后，将对它进行必要的检查与修订，最终可能会收录到正式的风景管理系统（SMS）修订版中。鼓励从业者给予反馈，这有助于它的修订完善，反馈信息可以发送至林务局首席景观设计师处。

　　制定的附录 J 是为了满足以下目标：

　　● 通过给出清晰的定义与方法以及使用更清晰易懂的术语，提高风景管理系统（SMS）在国内应用的一致性。例如，景观特征的定义被拓宽到探讨一个地方美学的、社会的和生物物理的范围，通常称之为"地方感"（Sense of Place）。"风景特征"这一术语以更直接和简洁方式仅仅陈述风景本身并排除生态系统的其他属性。风景完整性被重新定义为一个指标，只反映所评价风景的视觉干扰，而不是生态系统原状性或无法测定的二者的混合。

　　● 在生态系统管理背景下为维持被评价风景提供国家方法。确立的第二个风景指标风景稳定性用于确定与测定被评价风景的可持续性。该指标将有助于确保把风景的可持续性作为一个议题整合到项目和森林规划中。"能被测度的都得到测度"。稳定（stability）一词用于避免与<u>生态系统可持续录</u>混淆，并且仅限于表述风景的可持续性。

尽管附录 J 引入了"风景稳定性"这个新的风景指标，整个风景管理系统（SMS）调查和实施过程仍保持与手册相似。除了特定风景管理系统（SMS）要素因子的应用外，下一页是在土地管理规划（LMP）和项目水平规划使用的、含新增的风景完整性与扩展的风景特征调查要素的完整风景管理系统（SMS）过程的说明。

1　风景管理系统过程

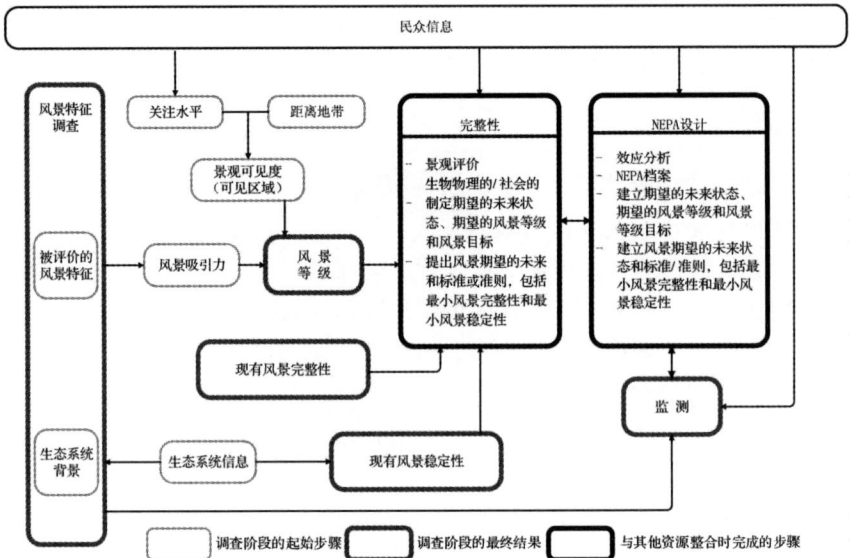

说明：NEPA 指国家环境政策法（the National Environmental Policy Act）。

2　风景管理系统的关键定义与原则

一般是这样理解生态系统的，它是由相互作用与演化的自然、生物和社会/文化等方面组成。被评价的"风景"可理解为人们享受并设法维持的生态系统的视觉表现。与之相比，许多其他与风景有关的术语则是很少有共同的理解，例如景观特征、景观美学、风景特征和风景质量，但是术语的共同理解对风景管理系统（SMS）在全国范围的一致实施同样是非常重要的。列在下面的是关键的风景管理系统（SMS）定义与原则，目的是加强风景管理系统（SMS）的概念基础、厘清建议的完善。已经更改了风景管理系统（SMS）最初的几个定义，使系统更为有效、更加简洁。

景观美学：“通常，研究、科学或哲学探讨美和与美有关的判断；更确切地说，是国家森林系统土地中显著地与视觉、味觉和听觉这些人类的感知相关的这些方面。在风景管理中，美学是描述给予视觉和感知愉悦的景观”（定义见 FSM2380.5，2003 年 5 月）。重要的是需要明确，风景管理系统（SMS）的重点是指一个地方令人愉悦的“景象”，通常指代为“风景”。本附录继续以风景为中心，同时还扩展风景的生态可持续性，从而能对风景问题做出综合分析。也极力建议管理其他重要的、景观的非风景的美学属性（例如重要的听觉、嗅觉、味觉和触觉）。但是加入这些内容会使风景管理系统（SMS）过程变得过于复杂，并减弱充分分析风景的能力。在风景管理系统（SMS）过程之外，应当同步制定与应用考虑景观的其他美学属性的方法学。

景观特征：“一个地方的识别特征，通常称为‘地方感’，它产生于人们对它的自身美学的、社会和生物物理方面的感知”（由原风景管理系统（SMS）定义引申出的新概念）。景观特征包括贡献于一个地方/生态系统识别特征的所有要素：它的美学（可感知的视觉、听觉、味觉、嗅觉和触觉）、社会背景（社区的、文化的、经济的、历史的、游憩的和精神的价值）、生物物理方面（土地、水、植被、大气、气候、野生动物和其他生命形式）。然而，以上列举的许多景观特征要素的保护超出了风景管理系统（SMS）过程的范围，一些要素将直接从风景管理系统（SMS）风景保护结果中获益。

自 20 世纪 70 年代早期以来，美国林务局（USFS）已经把景观特征定义为一个地方的视觉景象、外观形态或风景，用于表述其唯一识别特征的。“景观特征”最简单明了的表述是“风景特征”。附录 J 通过确立风景特征这个术语最简洁、最清楚地表达一个地方的风景识别特征，巩固了风景在风景管理系统（SMS）中的中心地位。

1995 年引入了风景管理系统（SMS），它在生态系统管理背景下更直接地整合了人们对风景的价值观。由于这一更加完整的背景，一些风景管理系统（SMS）从业者应用扩展后的含义到景观特征术语，和包括景观的其他社会评价的美学或生态方面，例如声音与气味、森林健康、游憩或社会环境以及地方感等术语。对“景观”这一术语的这些扩展应用常用于自然资源专业人员，并被美国林务局（USFS）出版物定义，例如1976 年美国林务局（USFS）“荒地规划术语表”和 1995 年美国林务局（USFS）“生态单元国家等级体系框架”。术语“景观”与“景观特征”的多种用法已经令风景管理系统（SMS）原则的清晰交流变得更加困难。原来，基于风景的风景管理系统(SMS)定义中的"景观特征"在本质上与生态系统特征或者甚至景观美学是不同的(因为有美学属性不一定有风景)。附录 J 中应用的景观特征现在已被更广泛定义，并包括了构成一个地方的识别特征的美学、社会和生物物理方面，因而提供风景特征评价的更大的背景。应通过平行的过程而非风景管理系统(SMS)的过程独立地描述景观特征的这些方面。在附录 J 中，作为风景特征调查中的生态系统背景，现在有更为适当的描述。

原风景管理系统(SMS)景观特征描述常把风景属性描述和生态系统背景信息合并起来，由此引起了景观特征定义上的混乱。通常被"描述"的是由重要的风景属性组成的积极风景识别特征，以便包括景观其他差异明显的方面，例如民众信息，美好的声音、气味和接触，游憩环境，地方感，或者其他社会/生物物理的价值、功能与动态。在附录 J 的过程中，作为风景特征调查中的生态系统背景，现在有更为适当的描述。

完整的风景特征调查应包括以下不同要素：

● 风景特征描述：由描述景观内在积极的风景识别特征(物理的外观形态)的文字与图片组成，这些识别特征通过现有有社会价值的、积极的风景属性(例如重要的地形、植被、水体形态、野生动物、文化和历史特性)的独特组成来表达。此外，它识别"理想的"或最优的一套重要的风景属性，包括那些目前未见或者未表现的属性，和它们将来如何能增强风景特征。

记住，只有重要的风景特征属性才是这种描述的一部分，而不包括任何对由风景完整性测度的该风景特征的视觉干扰。类似地，不可持续风景的生态状态也不是重要的风景特征属性，例如耐阴物种的过度入侵，它们由风景稳定性来测度。

此外，有必要确定属性是否重要。重要的属性在景观中是起显著的作用，并且对重要景象来说是不可或缺的。次要属性对景观重要的景象有贡献，但不明显，可有可无。

当对包含多重土地所有权与使用的项目进行风景评价时，确定风景特征主题可能是有帮助的，例如自然进化、自然形态、田园的、农业的、乡村的、城市的等风景特征主题。

● 生态系统背景：

·有关被评价的风景属性的民众信息包括偏好、与管理相关的阈值、可持续性和风景完整性。

·景观的生态系统信息综合，作为重要风景特征的风景属性的生态状态与它们的生态应激因子(自然、生物与社会状态,它们的历史变动范围(HRV)、趋势、预测的与将来的状况等)的概要。作为现有森林的信息和/或数据层可能已经得到,或者可由交叉学科的团队研发。它可用作评价风景稳定性的基准,也将用于制定风景特征目标和确定维持、提高或者恢复重要的风景属性的机会。最后,它有助于在生态系统内获得完全综合的与可持续的期望风景特征。

·有关其他美学价值或游憩的、精神的、社会的、经济的、社区的或社区价值及其附属物的,与地方相关的其他重要景观特征信息。

● 期望的风景特征:"重要的风景特征最完整、最有吸引力和最可持续的表达,是与景观一整套完全整合的期望的未来状态相协调的。"(风景管理系统(SMS)手册第 5 ~ 5 页定义的延伸)。期望的风景特征表示最"理想"和最有吸引力的风景识别特征,它是可能的、并考虑到生态系统的限制和在 LMP 或者项目水平的期望的未来状态中确定的要实现的其他资源目标。

● 风景特征:"自然的、生物的和文化的景象的组合,由此确定一个区域自身积极的风景识别特征"(根据原风景管理系统(SMS)中景观特征的定义修订而成)。风景特征提供了参考框架,据此确定风景吸引力和测度风景完整性与风景稳定性。

● 风景特征目标:"陈述或管理方案,由此确定恢复、维持或者提高积极预期风景特征的风景识别特征的风景管理活动。"

● 风景:一个地方、景观和/或可见特性的总体外观形态(根据风景管理系统(SMS)手册术语表定义,为清晰表达,略有修改与删减)。

● 风景的:属于或者与景观风景相关的;与自然风景、自然形态的风景或其他重要的风景相关的;构成或提供令人愉悦的自然景观属性或者积极文化要素的景色的(根据风景管理系统(SMS)手册术语表定义,为清晰表达,略有修改)。

● 风景质量:一个地方、景观或者特性的外观形态通常对个人以及因此对社会产生精神上与生理上的益处的程度(根据风景管理系统(SMS)手册术语表定义,修订的)。通过风景特征调查信息和风景完整性与风景稳定性这个附录中描述的要这两个主要风景管理系统(SMS)指标的累积状态描述与测度风景质量。

● 风景完整性:一个景观远离可见的干扰的程度,这些干扰会降低重要的自然的或社会的形态(为本附录修订的定义)。风景完整性干扰最为典型的来源是人类活动,但是从量级、持续时间和强度来说,超出景观历史变动范围(HRV)的自然事件也是干扰来源。随着时间的推移,已经被接受作为积极的风景特征属性的直接的人为改变属于例外，例如有历史意义的小木屋、农场和牧场。

　　●风景稳定性：重要的风景特征及其风景属性通过时间与生态学过程得以维持的程度（本附录引入的新定义）。

　　●风景管理：与一个地方和户外环境的广阔区域外观形态相关的景观属性的安排、规划和设计的艺术与科学。风景管理涉及在多重利用生态系统管理背景下对国家森林系统土地使用的管理，以确保服务于社会和后代的全面物质与精神福利的高质量风景，。

　　●地方感（Sense of place）："由人的社会含义与附属创造的一个地方的识别特征，包括重要的风景与游憩环境，文化与精神价值，经济、社会和生物物理特征等。"

3　风景指标

　　用两个指标评价风景，由它们确定与测度风景质量的两个不同方面：（A）风景完整性——一个景观远离可见的干扰的程度，这些干扰会降低重要的自然的或社会的外观形态，包括任何来自人类活动的可见干扰或超出景观历史变动范围（HRV）的极端自然事件；（B）风景稳定性—重要的风景特征及其风景属性在时间和生态学过程中得以维持的程度。为了实现和维持可能的最高风景质量，为森林和项目规划服务的风景评价应包括这两个指标的分析和应用。

3.1　风景完整性

　　风景完整性测度景观中自然或社会方面重要外观形态的数量，以及在测度时刻对比与受损的外观形态（重要的风景特征）的视觉干扰的数量。它提供了关于景观中人类引起的视觉干扰的发生、强度和优势度的信息，例如林木采伐、道路修建、开矿、公共通道、游憩设施、滑雪区域或其他特殊用途。

　　风景完整性也适用于由自然事件引起的极端风景干扰，每当这些事件超出了景观历史变动范围（HRV）。大规模或高强度事件，例如超出历史变动范围（HRV）的成灾的野火、病虫害爆发、或暴风雪，它们被认为是重要的风景特征的负面视觉干扰，而在历史变动范围（HRV）内的被认为是正面的因素。

3.1.1　参考框架

　　参考框架—风景完整性测度这些干扰影响的连续、协调、优势和与测度时观看的重要的风景特征的对比的程度。它指示对重要的风景特征的视觉干扰的发生和量级（在形态、线条、颜色、质地、格局、大小过规模的对比）。它使用从"非常高的完整性"到"不完整"6 个渐变级别的水平。最高风景完整性评级适用于表现自然和未被改变的风景，与重要的风景属性的干扰有一些或者没有反差。风景完整性水平规定了现有（现有风景完整性）自然或社会方面重要外观形态和干扰的最低水平，或是定义未来管理计划中可接受的最低水平（最低风景完整性—MSI）的标准或准则。

3.1.2　风景完整性水平

●非常高的完整性——被评价的风景"呈现出自然的或未被改变的。"如果有的话，也只有微不足道的视觉的干扰。当作为标准或准则使用时，应尽可能在项目结束时达到该水平。

●高完整性——被评价的风景"呈现自然的或未被改变的"，但是出现视觉的干扰；然而，它们不引人注意，因为它们重复了被评价的风景的形态、线条、色彩、质地、格局和规模。当作为标准或准则使用时，应尽可能在项目一结束或者结束后 3 年内达到该水平。

●中等完整性——被评价的风景"呈现出轻微的改变"。明显的干扰不多，相对于被评价的风景，在视觉上居次要位置，因为它们重复了被评价风景的形态、线条、色彩、质地、格局和规模。当作为标准或准则使用时，应尽可能在项目一结束或者结束后 3 年内达到该水平。

●低完整性——被评价的风景"呈现出中度改变。"视觉的干扰与被评价的风景有等同的优势，可能形成适度反差的焦点。干扰可能从所观看的景观之外反映、引入或"借用"被评价的风景属性（例如大小、形状、边缘效应和天然空地的格局；植被类型变化或有社会方面重要的建筑风格）。从所观看的景观之外借用的风景属性与内部的是协调的或者成为后者的附属。当作为标准或准则使用时，应尽可能在项目一结束或者结束后 3 年内达到该水平。

●非常低完整性——被评价的风景"呈现出大量的改变。"干扰支配了所观看的被评价风景；它们可能仅从所观看的景观（归结于它们的大小、形状、边缘效应和格局）内部或之外稍微借用或者反映被评价风景的属性。但是，干扰的形状须由自然地形（主要地形）塑造并与之混合，所以当作为观看的背景（3～4 英里之外）时，它在总体构成中不占优势。这些干扰可能包括非自然形态的空地、道路、地形的改变或建筑物。当用作标准或准则时，该水平在项目一完成就要立即使用。但是，强烈要求不要把它作为管理目标或者标准/准则使用；应主要把它用于调查现有风景的完整性。

●不完整——被评价的风景"呈现极大地改变。"不管从什么距离观看，干扰都占有绝对优势；如果有的话，它们也只是微微借用了被评价风景内部或附近景观的形态、线条、色彩、质地、格局或规模。该水平的风景需要重建。此外，该水平应仅限于现有风景完整性调查，不能作为预期的管理目标或标准/准则。

3.2　风景稳定性

风景稳定性是风景特征重要的属性的生态可持续性。风景稳定性不测度或评价全部生态环境，而是测度或评价生态系统动态如何影响重要的风景及其属性的长期稳定性。最高风景稳定性评级适用于所有被评价的风景及其属性，既包括当前的也包括期望的潜在属性，能够穿越时间和生态过程维持下去。该指标是在理解支撑重要的风景属性的生态过程基础上确立的。

风景特征调查的"生态系统背景"部分将描述生态系统的动态过程、结构和功能如何维持重要的风景特征。重要的风景属性的状态和生态应激源之间平衡对维持动态的生态系统中的被评价的风景是必要的。

在重要的风景特征的可持续性不存在风险的区域，风景稳定性定性、记叙形式的粗略评价可能是必要的。如果重要的风景特征或者它的风景属性存在潜在的风险，建议进行更深入的分析并与其他资源综合起来，从而为决策者提供关于所评价的风景的趋势和可预见的影响方面的充分的信息。

3.2.1　参照框架

参照框架—风景稳定性考虑在风景特征描述中确定的、重要的风景的状态，评价它们的状态是否处于历史变动范围（HRV）当中，该范围代表正常的生态系统功能。例如，与森林植被相关的风景属性（格局、林分结构/密度、物种组成等等）表示生态系统的功能是否正常、重要的风景的植被组分能否持续下去。如果状态在历史变动范围（HRV）之外或者有偏离该范围的趋势，则风景属性可能将要衰退或者丧失。

风景稳定性还考虑了影响风景的已知的应激源，例如火、害虫/疾病、猖獗的有害杂草。当生态系统是"健康的"、功能在历史变动范围（HRV）中变动时，应激源一般位于对风景属性不构成威胁的水平。当应激源超出这些水平时，预期的风景属性的变化将是有害的，使重要的风景特征随风景评级的降低而衰退。

风景稳定性的使用由"非常高的稳定性"到"不稳定"6个渐变的水平，确定被评价的风景特征的具有社会价值的风景属性在生态系统中可能永久存在的水平。最高风景稳定性评级适用于具有弹性的生态系统中的风景，它有望持续到可预见的未来。风景稳定性的指标或准则（最小风景稳定性，MSS)通过给出重要的风景属性在将来维持下去的可能性的评级，从而给规划者以指引。较低的 MSS 水平表示那些恢复生态系统健康和功能植被的管理活动频繁的地区，通过将来重要的风景特征的属性的恢复和(或者)管理也会使风景受益。

确定现有风景的稳定性对被评价的风景的长期管理是至关重要的。该指标使管理者能认识引起重要的风景特征及其属性改善、丧失或减弱的趋势和(或者)状态。管理者由此做出高屋建瓴的决策，就风景属性的重要组分的恢复或维持制定管理策略和实施计划。

3.2.2　风景稳定性评价

理解了生态背景、已知的风景属性状态和生态系统应激源，接下来就可以定期评价风景稳定性。评价是给定已知条件和应激源情况下确定生态风险和重要的风景属性受到的影响的活动。风景稳定性评价可因详细程度而变，从粗略的层次(定性和在均匀格局中)到更深入的层次(定量、定性，以及具有复杂度分布)。下面的叙述中有一个深入分析的实例。

风景稳定性评价评价占优势的与较次要的、稳定的与脆弱的景观的风景属性。由于植被一般是占优势的风景属性，和最脆弱易变、易丧失的景观要素，因此风景稳定性评价主要关注植被。通常只需要粗略的评价诸如水特征和地形等最稳定的风景属性，因为它们只发生微小的变化或不发生变化。评价一个或更多占优势的风景属性应成为每个风景稳定性评价的一部分。如需要可包括次要的风景属性。

<u>特殊景观的风景稳定性评价</u>

评价特殊景观的风景稳定性包括两个步骤：(1)根据重要的风景特征的属性的状态和影响它们的生态系统应激源确定它们的风险；(2)根据单个的风景特征属性受到的共同风险确定风景特征的风景稳定性。

3.2.2.1　风景属性风险的确定

参考风景特征描述和风景特征调查的生态系统背景部分。用该信息和任何可得的表示风景属性状态和应激源的森林地理信息数据层，确定重要的风景特征的主要和次要风景属性，以及它们的生态状态、应激源、历史变动范围(HRV)，等等。

编制共同组成重要的风景特征的<u>单个的风景属性</u>的清单(可能包括当前不存在的属性)。然后用"单个风景属性的风险确定表"(表1，见下页)确定每一个主要的、对于过量或有害变化表现脆弱的风景属性的"风险"水平。需要注意的是，在有些情况下单独一个或者罕见但是重要的风景特征即可定为一个"主要"属性，例如一处瀑布、一块露出地表的岩石。首先在可得的生态系统状态的信息和（或者）森林数据基础上，确定每一个风景属性的状态是强的、中等的或者弱的。然后确定每一个风景属性受到的生态系统压力是微弱、中等或者激烈的。每一个单独的风景属性面临的"风险"列在对应的方框内，等级分别为"无风险"、"低风险"、"中等风险"、"高风险"。一些数据对单一风景属性的可持续性的影响更严重，考虑这些数据是可取的。

表1　单个风景属性风险确定

风景属性风险的确定			
	风景属性受到的生态系统压力		
	微弱	中等	激烈
风景属性状态	强的	无风险	低风险	中等风险
	中等的	低风险	中等风险	高风险
	弱的	中等风险	高风险	高风险

以下2个描述的是关于主要风景属性的、确定单个风景属性风险的实例。

● 风景属性：开阔的、公园性质的、以西黄松为优势树种的针叶混交林的大树外观形态和受高频度/低强度的火的影响的景观—在该温暖、干燥的松树/针叶混交林中，空地、公园性质的、大树外观形态是一个重要的主要风景属性，对于过度的变化或丧失而言它是脆弱的。过去该景观中的灭火活动使不耐火的树种侵入到松树和松树混交林风景中。这种入侵消灭了空地、公园性质的外观形态，令重要的风景特征消失。我们知道，这里的林分密度和树种组成大于历史变动范围（HRV），因此不可持续。

这种"过密的"状态不可避免地使野火的强度更强、过火面积更大，从而更大幅度地改变林冠。已知该地区遭受雷击的火险等级高，火灾恢复间隔较短（10～30年）。火的状态类别表示火灾不仅燃烧小树和林下植被，还可能消灭整片成熟的林分，耐火树种能在过去低强度火灾中存活下来。过大的林区可能留不下林冠覆盖，产生的空地不代表历史变动范围（HRV）的景观模式特征和重要的风景特征。状态和生态系统应激源不断威胁可能丧失数十年的该主要风景属性的生态系统稳定性。

为了确定这个风景属性的风险，状态（过密的森林）被定为"中等"，生态系统应激源（火灾、虫害和病害）被定为"中等"。所以用表1可以确定单个风景属性风险为"中等风险"。

● 风景属性：受高频度/低强度火烧影响的景观内的小片山杨林—在该景观中，易受到有害变化损害或者易丧失的主要风景属性是小片的山杨林，这为混交针叶林提供了色彩与质地的重要的风景变化。很多山杨林分表现出过熟的信号，而且缺乏更新。灭火和以往过度的放牧妨碍了山杨林分的再生。当前"中等"的风景属性状态（涵养更新的缺失）和"中等的"生态系统应激源（灭火和过度放牧）都威胁到对风景属性有作用的山杨的可持续性。山杨的持续丧失将使针叶林更加连续从而降低色彩和质地的变化。因此，单个的风景属性风险（见表1）是"中等风险。"

　　以上也是概括性的粗略描述的例子，当更深入的分析既不可能也不必要时，定性评价即可满足需要。这种粗略的定性式的评价可应用于景观整体或单独的景观分析单元。分析单元可能因森林的跨学科分析和数据的可得性而发生大幅度的变动。粗略的风景稳定性评价可以把景观整体作为一个分析单元进行评价。然而可以用生态土地单元（ELU）多边形或者由其他地理信息数据生成的多边形做更详细的评价，分析和提出整个景观中大量分析单元多边形的风景稳定性评级。如何确定每一个分析单元的风景稳定性水平解释如下。

3.2.2.2　风景稳定性水平的确定

　　按照表2（风景稳定性水平的确定），把景观的风景属性面临的生态系统"风险"转化成单一的风景稳定性评级。单一的风景稳定性水平可由景观整体确定，或者期望且可以得到更多细节时可以确定景观内的每个分析单元（多边形）的水平。

　　以下简化的 Tahoe 湖盆地的实例解释了更为数量化的确定整个景观风景稳定性水平的途径。从 Tahoe 湖盆地景观中的 3 个主要风景属性加上两个次要风景属性的单个风景属性风险（表1）开始介绍。

　　主要的风景属性

　　●适度分割和覆盖着冰川的山地地形环绕着广阔而清澈的高海拔湖泊—粗略估计可知该湖缺少可预见的变化，据此判为低风险。

　　●针叶混交林冠内开阔的、类似公园的大树外观形态—根据与它的历史变动范围（HRV）及其生态系统应激源即火和病虫害的比较深入地评价植被状况，判为中等风险。

　　●散布的山杨小树林—在与它的历史变动范围（HRV）和生态系统应激源尤其是火烧压力和过度放牧的比较深入地评价植被状况基础上评为中等风险。

　　次要风景属性

　　●分散的小片草地—根据针叶树侵入的粗略的生态系统趋势信息与其历史变动范围（HRV）的比较评为高风险。

　　●水滨阶梯和溪流—根据大致的生态系统信息，评为低风险。

用表2(风景稳定性水平的确定)把所有主要属性的"风险"组合形成单一的风景稳定性水平。像这个简化的、属性在整个景观内或多或少均匀分布的Tahoe湖盆地的例子一样,整个景观(单一分析单元)可能是一个水平;或者一个更大景观内的每个分析单元(多边形)都有其自身的风景稳定性水平,取决于是否期望详细的评价。后面的实例中,景观内的风景稳定性水平随每个分析单元的属性组合而发生变化。

表2　风景稳定性水平的确定

主要风景属性的生态系统风险[1]	主要风景属性的稳定性[2]	风景稳定性水平
全部处于低风险[3](包括主要和次要属性)	全部稳定	非常高的稳定性
全部处于低风险	全部稳定	高稳定性
少量处于高风险	大多稳定	中等稳定性
一些处于高风险	大多数稳定	低稳定性
大多数处于高风险	少量稳定	非常低的稳定性
全部处于高风险	全不稳定	不稳定

1:"生态系统风险"确定每一个分析单元多边形部分或全部主要风景属性的<u>最大</u>(最极端)风险等级。例如"少量处于高风险"表示所有主要属性中有10%~40%处于高风险,其余60%~90%处于无风险到中等风险范围内。为便于分析,主要风景属性可能受到的影响范围表达如下:
- "全部"表示占所有主要属性的90%~100%
- "大部分"表示占所有主要属性的60%~90%
- "一些"表示占所有主要属性的40%~60%
- "少量"表示占所有主要属性的10%~40%
- "无"表示占所有主要属性的0~10%

2:表中的"稳定"指具有中等、低或者无风险的风景属性(高风险属性不稳定)。

3:只有该方框同时考虑了<u>主要和次要</u>的风景属性,目的是与非常高的稳定性的定义相一致。

在该简化的Tahoe湖盆地实例中,主要地形属性有低风险。两个植被属性有中等风险。按表2把这些风险合并成一个风景稳定性水平。左侧一列"主要风景属性的生态系统风险"的最上面显示了具有最低风险的一系列风险。选择最能描述分析单元的主要属性的风险水平的方框。大多数情况下,该列的方框中描述的最大风险和每个分析单元的单个风景属性风险集不能完美匹配。最恰当的生态系统风险框描述的风险等于或大于且接近组合起来的景观的单个风景属性风险。

全部处于无风险和全部处于低风险的方框确定该简化的Tahoe湖盆地实例的低于中等和低风险的最大风险。但是,接下来下面的方框为少量处于高风险,无疑含有植被属性的中等风险。因此这个方框更接近于Tahoe湖盆地主要风景属性和整体风景特征共同面临的生态系统风险。

继续介绍表 2,右侧的生态系统风险那一列显示了对应的主要风景属性的稳定性和风景稳定性水平。本例中给出的生态系统风险,少量处于高风险,Tahoe 湖盆地景观的整体风景稳定性水平是中等稳定性。在表 2 下面给出了风景稳定性水平的记叙性描述。

可能有次要风景属性对整体风景特征的美感有非常显著影响和(或者)它们的状态和生态系统应激源与那些主要风景属性差异非常大的例子。如果有的话,考虑整体景观的风景稳定性水平下或上调一个水平。没有必要在 Tahoe 湖盆地实例中 2 个高和低风险的次要风景属性基础上进一步调整风景稳定性水平。

3.2.3　风景稳定性水平

- 非常高的稳定性—所有主要和次要的重要的风景特征的风景属性都存在而且可能持续下去。
- 高稳定性—所有主要的重要的风景特征的风景属性都存在而且可能持续下去。但是可能有风景属性状态和生态系统应激源出现使主要的风景属性的可持续性处于低风险。
- 中等稳定性—大多数主要的重要的风景特征的风景属性都存在而且可能持续下去;有些已经丧失或者严重退化。
- 低稳定性—存在重要的风景特征的一些主要风景属性,而且可能持续下去。已知的风景属性状态和生态系统应激源可能会严重威胁或者已经使其他的属性消失。
- 非常低的稳定性—由于状态和生态系统应激源所致,大多数重要的风景特征的风景属性受到严重威胁或者已经消失,不可能持续下去。少量保留下来的虽然可能受到中等程度的威胁但是可以持续下去。
- 不稳定—所有重要的风景特征的主要风景属性都已不在或者受到它们自身状态和生态系统应激源的严重威胁。除了类似于地形的永久性属性,一切都不可持续。

3.2.4　风景稳定性评价案例研究

以下 Tahoe 湖盆地案例研究用以说明更综合、更数量化和空间复杂性更大的风景稳定性评价。两个主要植被属性(描述见第 13、14 页)即针叶混交林林冠内的大树特征和散布的山杨小树林被组合成一个植被属性进行深入的评价。盆地的其他风景属性只做了粗略的评价。

首先,与第 1 步一致—确定风景属性的风险,评价植被风景属性的状态和应激源。现有的森林地理信息数据来自 Tahoe 湖盆地火险评价,表示植被状态和植被面临的生态应激源(见第 20~22 页图 1 植被状况、图 2 病虫害风险和图 3 火灾压力),用这些数据确定植被风景属性的风险。这 3 个数据层，一个用于描述属性状态，其余两个描述生态系统压力，叠加起来创建风景属性风险多边形，表达整个 Tahoe 湖盆地的植被风景属性承受的各种风险。在本例中，病虫害压力比植被状况和火灾压力更严重。

接下来，与第 2 步一致—确定风景稳定性水平，应用表 2（风景稳定性水平的确定）把植被风景属性风险多边形与低的地形风险组合起来。得到的结果即为"图 4 现有风景稳定性"（见第 23 页）所示的每个多边形的风景稳定性水平，反映了整个 Tahoe 湖盆地分析单元所有主要风景属性的共同风险。

这个现有风景属性的地理信息图层加上风景特征调查和现有风景完整性与风景等级的地理信息图层将使风景管理系统（SMS）调查变得完整。

图 1　植被状况

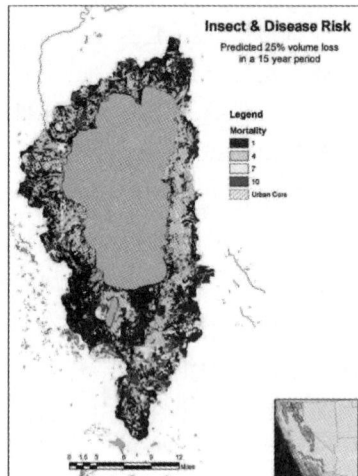

图 2　病虫害压力

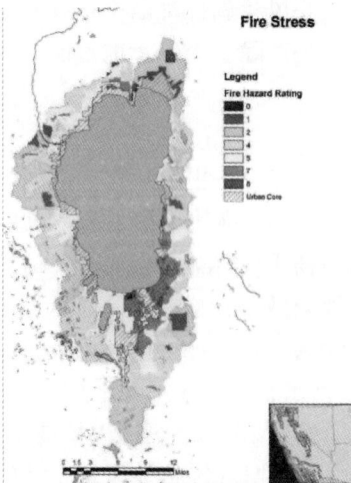

图 3　火灾压力

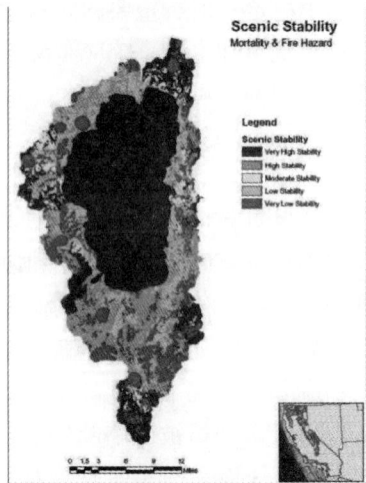

图 4　现有风景稳定性

4 风景管理系统在森林的土地管理规划与项目规划中的应用

　　风景管理系统(SMS)手册第 5 章(风景管理系统应用)的目的是把风景和其他森林与项目规划中的资源整合起来。在撰写这一章时，风景管理系统(SMS)手册专注于"规划条例 1982"在规划中的应用。附录 J 中的这一章节最初的目的是为在风景管理系统(SMS)中应用"规划条例 2005"提供指导；但是，自 2007 年 4 月起"规划条例 2005"已经被北方区的加利福尼亚法院禁止。新的规划条例能否反映"规划条例 2005"的结构和基本思想尚未可知。在此过渡期间，正如"条例解说 2004"中声明的，WO 规定使用了 2000 年的规划条例。

　　为满足风景质量景观规划，以及恢复、维持和提高重要的风景的项目需求，提出和实施森林规划指南。此外，NEPA 授权联邦机构提出管理风景的方法体系以保证全国人民的"令人愉悦的美学和文化环境"的安全。还需要跨学科途径，以及"在规划和决策中综合运用自然与社会科学和环境设计艺术。"附录 J 和许多现有的 USFS 出版物体现了 NEPA 授权实施的方法体系。1973 年的《国家森林景观管理·卷 I》手册为风景分析和环境设计技术提供了坚实的基础，包括主要概念、元素、远测和风景资源的变量。后续的《视觉管理系统》手册为影响国家森林中的风景的重要活动(伐木、火烧、道路、游憩，和公用设施、滑雪区、放牧区的建设，等等)提供了专门的设计方法。为满足风景完整性目标(目前称之为最小风景完整性，记为 MSI)，风景管理系统(SMS)手册提供了补充信息，见第 2 章 2~5 页，满足期望的风景的章节见第 5 章第 5~5 至 5~9 页。

　　风景管理系统(SMS)的概念可用于任何规划尺度(项目、中尺度或森林规划)。使用风景管理系统(SMS)调查和其他资源信息对景观做专业评价，确定现有的、潜在的和期望的风景状态。这些风景状态和其他资源状态一起用于提出进行土地管理规划(LMP)的林区或管理区的期望的状态(Desired Conditions, DC)或目标。也可以通过规划团队、公众和相关部门的广泛合作提出风景专用的期望的风景特征(Scenic Character, SC)、风景特征目标和标准或者准则。应在分析所有风景管理系统(SMS)调查元素基础上提出期望的 SC、SC 目标和标准或者准则，并且与其他期望的生态系统状态和目标相结合。由风景特征目标和标准或者准则确定行动和参数，以实现作为林区期望的状态/目标的一部分的、期望的风景特征。

期望的状态—在森林或者项目规划期间，规划小组为林务局单位或工程提出一个总括，它包含整合所有资源区域（含风景）的期望的状态（规划条例，1982）的描述。然后规划小组提出实现期望的状态/目标的策略。期望的风景特征和风景特征目标的风景特定要素对描述期望的状态形成支撑和帮助，是策略的一部分。林区和管理区的叙述应专注于期望的风景特征。下面是关于期望的风景状态的叙述的一个实例。

"期望的风景特征是生态稳定的，显露出最小的、有干扰事件引起的视觉破损。"

期望的风景特征—由期望的风景特征确定最具美感、令人满意的系列重要和可持续的风景特征属性可能考虑到与特定景观相协调的多重土地利用。通过计划和项目水平的活动取得期望的风景特征，这些活动实现林区的风景特征目标（风景管理策略和法规），关于风景的标准或者准则（包括 MSI 和 MSS）用于增强可能限于期望的状态之内的所有风景属性的吸引力、能见度和可持续性。期望的风景特征举例如下：

"国有森林期望的风景特征包括开阔的、类似于公园的针叶混交林分，优势树种为西黄松，环绕着广阔而清澈的湖泊。"

风景特征目标—在风景管理系统（SMS）手册中，风景特征目标被定义为管理规定，用于维持或修正现有风景特征使之达到预期状态（术语表-3，关于景观特征目标的定义）以及帮助实现土地管理规划（LMP）目标和期望的状态。它们确定恢复、维持或者提高积极的或重要的、期望的 SC 的风景识别特征的风景管理活动。通常，风景特征目标包括全部森林或者项目区内特别是优先级高的景观中时间的、数量化的和（或者）定性的建议。下面是关于益处风景旁道风景特征目标的实例：

"为了实现期望的风景特征，通过增强能见度、林下植被多样性、打通眺望远景的观看点，提高 5,000 英亩最邻近的前景。恢复目前满足低风景完整性或风景不完整的 3,000 英亩土地，以达到长期高风景完整性标准。恢复 12,000 英亩以在 10 年内达到高风景完整性水平。"

就 Tahoe 湖盆地而言，选择性地消除不稳定的针叶混交林过密的下层可能就是目标之一，目的是恢复和维持大树特征以及开阔的、类似于公园的、Jeffrey 松为优势树种的林分。

为了提出风景特征目标，有必要首先确定可能最恰当地实现期望的风景特征的风景管理活动的地点和类型。第 168 页的表 3 和表 4（风景完整性管理活动优先等级，和风景稳定性管理活动优先等级）对确定恰当的管理活动有帮助。它们评价现村风景完整性、现有风景稳定性和风景等级以确定可能的管理活动。以提高风景完整性为目的的管理活动的差异可能非常大，甚至与改善现有风景特征或风景稳定性的活动发生冲突，因此所有的风景管理系统(SMS)调查元素和其他期望的状态需要谨慎地对待。

标准或准则—另外，土地管理规划(LMP)小组提出风景标准或准则。作为项目设计实施的科技规范，标准或准则用于实现土地管理规划(LMP)期望的状态。最小风景完整性(MSI)和最小风景稳定性(MSS)图以及它们的定义为项目和活动设计提供与风景有关的基本标准或准则。其他标准或准则也可能是可取的。下面即为一个实例：

"地上运输走廊应避开设计作为高和非常高的最小风景完整性的区域。"

最小风景完整性(MSI)和最小风景稳定性(MSS)水平的绘图涉及公众偏好与风景质量临界值的平衡：a)用以支撑重要的风景的生态系统的内在稳定性，b)建议的土地利用的类型和强度，以及可能影响到重要的风景的管理活动。这种平衡，最好通过交叉学科的风景特征调查、风景等级地图、现有风景完整性地图、现有风景稳定性地图、民众偏好和其他资源机会与限制的景观评价来实现。

通过降低或减少景观中的视觉干扰获得最小风景完整性。风景管理系统(SMS)手册中风景完整性一章第2～5页包括"重复"或拷贝现有重要的风景或附近重要的风景的设计建议，和"塑造与混合"具有重要的风景特征的主要元素的建议活动。在特殊的案例中，例如发生极端火灾威胁的生态系统，令现有生态系统状态向期望的状态迁移的景观完整性的实质性变化可能是必要的。这些案例，不可能在短期内取得期望的风景完整性，所以建立短期和长期的MSI准则是必要的。例如，遇到高风险、林冠过密需要疏伐来实现可持续的、开阔的、类似公园的广阔区域的情况时，短期的MSI准则低于长期期望的风景完整性是恰当的。参考风景管理系统(SMS)手册第5章关于风景完整性的替代的评价信息(第5～5至5～9页)，应用类似的风景稳定性评价步骤。

最小风景稳定性通过项目水平的活动来完成，这些活动用以提高、维持或者恢复现有风景属性和它们所有组分(重要的风景特征)的长期可持续性，可能还包括目前缺失的重要的风景属性的再引进。实现MSS的活动通常既包括改善风景属性状态的活动，也包括减少那些属性的生态系统应激源的活动，例如降低过高的密度和改变易燃的林冠状态。

监测—使用风景管理系统(SMS)手册第5章关于"景观特征目标的实现与监测"的讨论中描述的相同步骤(见风景管理系统(SMS)手册第5～9至5～11页)，监测期望的风景特征、风景特征目标、风景完整性和风景稳定性。在风景管理系统(SMS)手册中未提及的 GIS 工具和电子图像,目前已经可得,用于辅助和加速监测工作。

4.1 风景管理优先级的制定

以下表格为恢复、维持或提高风景完整性和风景稳定性的活动提供了优化工具。并且,注意到还需要提出以实现风景特征目标为目的、获得期望的风景特征的策略。

表3 风景完整性管理活动优先级

现有风景完整性	非常高的/高风景完整性	中等风景完整性	低/非常低的风景完整性	不完整
风景等级1	维持或提高	建议恢复	恢复	积极恢复
风景等级2	维持或提高	建议恢复	恢复	积极恢复
风景等级3	维持	考虑恢复	建议恢复	积极恢复
风景等级4	维持	考虑恢复	建议恢复	恢复
风景等级5	维持	维持	考虑恢复	恢复
风景等级6	维持	维持	考虑恢复	建议恢复
风景等级7	维持	维持	考虑恢复	建议恢复

红色/红色 = 取得期望的未来状态的活动属于高优先级。

金色/橄榄绿 = 取得期望的未来状态的活动属于中等优先级。

蓝色/绿色 = 取得期望的未来状态的活动属于中等优先级。

维持 = 实施延长目前稳定性或完整性的活动。

提高 = 通过增加重要的属性的能见度和稳定性或者减少风景干扰,实施进一步增强已达到或接近期望的未来状态的风景质量的活动。

恢复 = 实施提高稳定性或完整性的活动,从现有已经消失或者受损的状态向期望的未来状态转变。

表4 风景稳定性管理活动优先级

现有风景稳定性	非常高的/高风景稳定性	中等风景稳定性	低/非常低的风景稳定性	不稳定
风景等级1	维持或提高	建议恢复	恢复	积极恢复
风景等级2	维持或提高	建议恢复	恢复	积极恢复
风景等级3	维持	考虑恢复	建议恢复	积极恢复
风景等级4	维持	考虑恢复	建议恢复	恢复
风景等级5	维持	维持	考虑恢复	恢复
风景等级6	维持	维持	考虑恢复	建议恢复
风景等级7	维持	维持	考虑恢复	建议恢复

4.2 风景稳定性评价案例研究

回到 Tahoe 湖盆地的例子,后面的图用以说明如何应用表4提出关于风景稳定性的风景管理计划目标。图 5 显示的是叠加现有风景稳定性（图 4）后的风景等级 1 与等级 2。图 6 显示的是关于风景稳定性的风景管理计划目标，它由合并表 4 和图 5 的信息而成。红色区域（积极地恢复）表示风景稳定性非常低、风景等级高。这些区域最需要恢复它们的风景稳定性。用表 3 可以绘制类似的用来确定最需要恢复风景完整性的区域的地图。由于对一个指标有益的管理活动可能对另一个指标产生不利影响，因此考虑它们的相互作用是重要的，目的是为了实现这些目标确定恰当的平衡和计划。

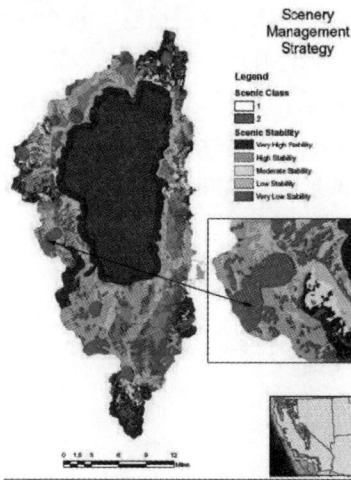

图 5　风景等级与风景稳定性　　　图 6　风景管理活动优先级

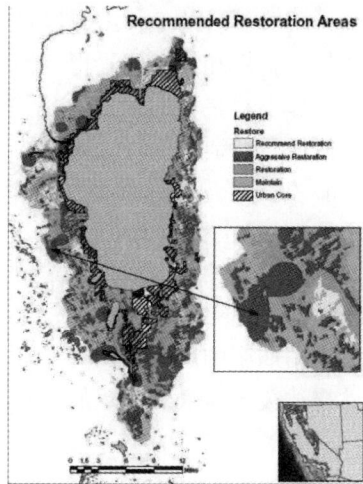

4.3　风景稳定性评价快速指南

4.3.1　风景属性的风险的确定

● 确定每一个分析单元的主要和次要风景属性

● 使用第 13 页的表 1 和以下 a～c 步，确定每一个主要风景属性是否存在风险与风险的等级：

a. 用森林数据评价每一个风景属性的状态是强、一般还是差并绘制成图。

b. 用森林数据评价每一个风景属性受到的态系统压力是微弱的、中等的还是剧烈的并绘制成图。

c. 通过选择正确的属性状态行和生态系统压力列相交叉的方框，用表 1 绘制每一个分析单元中的每一个属性的单个风景属性风险图。

4.3.2　风景稳定性水平的确定

● 使用第 17 页的表 2 把所有主要属性的单个风景属性风险合并成关于每一个分析单元的单一风景稳定性评级。

a. 首先，参考左侧的列（"主要风景属性的生态系统风险"），选择描述生态系统风险等于或者大于和接近所有主要风景属性的单个风景属性风险的方框。

b. 上面选中关于生态系统风险的中间列到右侧的方框把生态系统风险转化为主要风景属性的稳定性。

c. 对应的右侧列中的方框把生态系统风险和主要风景属性的稳定性转化为分析单元的风景稳定性水平。绘制关于风景管理系统(SMS)调查的风景稳定性地图。

4.3.3　规划应用的快速指南

● 用跨学科的工作组和风景管理系统(SMS)调查信息，提出综合最小风景完整性和最小风景稳定性的标准或准则并绘制成图。

● 提出经整合的风景管理策略和风景特征目标(规定)，确定取得期望的风景特征即期望的风景的未来状态的必要行动。

a. 在关于现有风景完整性和现有风景稳定性的 GIS 图层(根据上述第2条创建)上叠加风景等级 GIS 图层

b. 用表3 和表4(见第168 页)创建关于风景完整性和风景稳定性的 GIS 图层或风景管理活动优先级列表

● 用期望的风景特征的要素、风景特征目标、风景完整性和风景稳定性描述关于风景的期望的未来状态。

第三部分　游憩机会谱用户指南

序　言

　　这本手册是为如何将游憩资源输入到土地与管理规划中做指导的。该手册采用游憩机会谱作为基本框架来调查、规划和管理游憩资源，其依据是《森林与牧场可再生资源规划法》(1974 年)，该法案被《国家森林经营法》(1976)修正。

美国农业部林务局

1　概　念

```
                        ┌─────────────────┐
                        │   游憩机会谱      │
                        └─────────────────┘
                                 │
              ┌──────────────────┴──────────────────┐
        ┌──────────┐                          ┌──────────┐
        │   活动    │                          │   环境    │
        └──────────┘                          └──────────┘
              └──────────┐          ┌──────────┘
                    ┌─────────────────┐
                    │     体验         │
                    └─────────────────┘
```

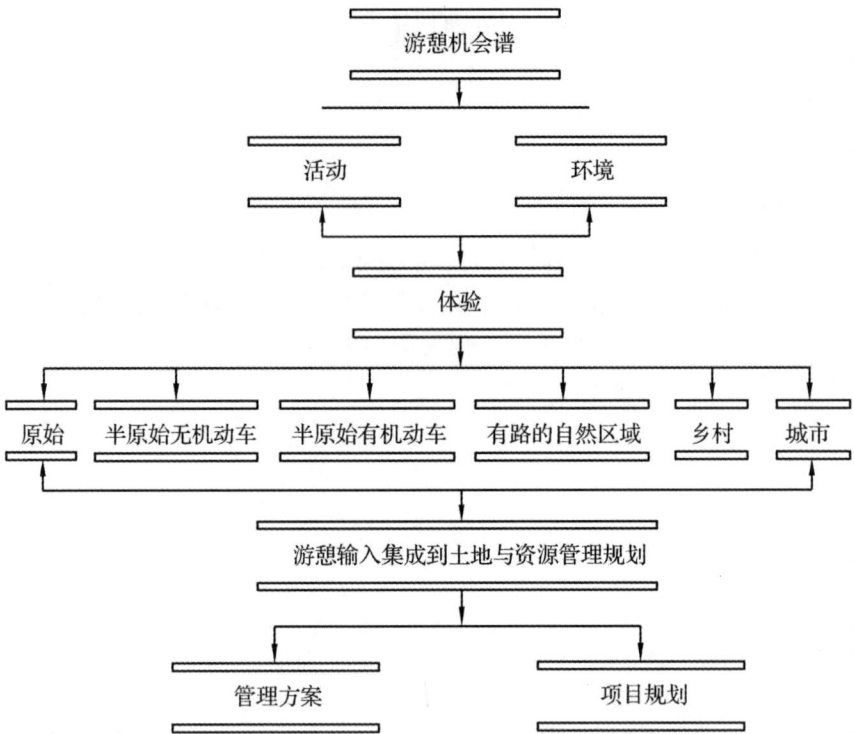

1.1　游　憩

存在多种游憩的定义，每种都强调"游憩"这一复杂现象的一些差异甚小的方面。在《荒野土地的游憩利用》一书中，弗兰克·布鲁克曼（Frank Brockman）将游憩定义为：闲暇时间的愉快且有建设性的利用。在《游憩的创意引领》一书中，霍华德·丹福德（Howard Danford）将游憩定义为：个人自愿参加的任何社会期望的休闲活动，从中可以获得及时并持久的满意。韦伯斯特（Webster）将游憩定义为：精神与身体的恢复。

游憩者在游憩或玩得开心时所获得的创造力、身心恢复和愉悦的感觉可以被视为游憩者"获得令人满意的体验"。游憩者通过在喜欢的环境中参加喜欢的游憩活动来获得那些令人满意的体验。因此，尽管游憩资源管理者管理环境，但是他（她）的目的是给个人和社会提供游憩体验的机会和利益。那些体验通常受许多因素所影响，诸如环境、活动、其他现有资源、管理者的活动、游憩者的价值期望和其他特征。这些因素相互作用决定户外游憩者的需求以及这些需求被管理活动所满足的方式。

"游憩管理所需要的不同类型数据和管理概念要比大多数其他活动要多。虽然游憩必须具有土地或水体的物质基础，但游憩体验这一产品是一种个人或社会现象。

尽管管理是基于资源的，但游憩活动实际上是人们以及他们的知觉、需求和行为的产物。"(来源：科学家委员会 1976 年 2 月 22 日《国家森林经营法》(1976 年)第 6 条部分实施的最终报告)

1.2　游憩机会

"机会"是指有利于目的的环境组合。正如上文所讨论的，游憩者的目的或目标是获得令人满意的体验。这些满意的体验是通过在喜欢的自然环境中参加喜欢的活动来获得的。因此，"游憩机会"是指游憩者在喜欢的环境中参与喜欢的活动来获得那些期望的令人满意的体验的一个真实选择可用性。

1.3　游憩机会谱

虽然游憩者的目标是获得令人满意的体验，但是游憩资源管理者的目标是提供获得那些令人满意体验的机会。游憩资源管理者通过管理自然资源环境以及发生在自然环境中的活动来为游憩体验提供发生的机会。因此无论是管理者还是游憩者，游憩机会都可以用以下三个最重要的组成部分来表达：活动、环境和体验。

为了管理或概念上的方便，活动、环境和可能的体验机会的可能混合或组合被安排成一个谱或连续体。这一连续体被称为游憩机会谱(Recreation Opportunity Spectrum，ROS)，并被划分为六个等级(见图1)。这六个等级或沿着连续体的部分，以及附加等级的名字已经被选中并被约定俗成，这是由于它们在土地与资源管理规划和其他管理应用中的描述性和实用性。

每个等级都是由活动、环境和体验机会的组合体来定义的(表1)。亚类的形成是为了反映当地或区域条件，但前提条件是集合体能够返回到区域或国家概要的六个主要等级。例如，进一步将有路的自然区域划分为以下几个亚类：铺石路、柏油路、泥面路，这些反过来反映了利用量，或基于飞机或船只对原始区域的进一步细分。

游憩机会谱提供了一个定义公众可能期望的户外游憩机会类型的框架，并用来确定给定国家森林可能提供的游憩谱的那一部分。

| 原　始 | 半原始无机动车 | 半原始有机动车 | 有路的自然区域 | 乡　村 | 城　市 |

图1　游憩机会谱

表1　游憩机会谱活动特征描述

原　始	半原始无机动车	半原始有机动车	有路的自然区域	乡　村	城　市
基于陆地(包括飞机)： 观看风景 徒步旅行与步行 骑马 野营(全部) 狩猎(全部) 自然研究(全部) 爬山 基本信息 基于水体： 划独木舟 帆船 其他非机动水上工具 游泳 垂钓(全部) 基于冰雪： 玩雪 踩滑雪或穿雪鞋越野	基于陆地(包括飞机)： 观看风景 汽车(越野用) 摩托车和踏板车 专业路用工具 飞机(机动) 徒步旅行与步行 骑马 野营(全部) 狩猎(全部) 自然研究(全部) 爬　山 基本信息 基于水体： 划船(机动) 独木舟 帆船 其他非机动水上工具 游泳 潜水(轻装或带自持式水下呼吸器) 垂钓(全部) 基于冰雪： 冰雪工具 滑雪/速降 玩　雪 踩滑雪或穿雪鞋越野	基于陆地(包括飞机)： 观看风景 观看活动 观看人类作品 汽车(包括越野用) 摩托车和踏板车 专业路用工具 火车与汽车旅行 飞机(机动) 空中缆车与索道运输 飞机(非机动) 徒步旅行与步行 骑自行车 骑马 野营(全部) 组织 野营(全部) 野餐 度假胜地与商业服务 度假旅馆、寄宿屋 游憩小屋使用 狩猎(全部) 自然研究(全部) 爬　山 采集森林产品 解说服务(全部) 基于水体： 游船与渡船 划船(机动) 独木舟 帆　船 其他水上工具 游泳与嬉水 潜水(轻装或带自持式) 水下呼吸器 滑水与水上运动 基于冰雪： 冰雪工具	基于陆地： 观看风景 观看活动 观看人类作品 汽车(包括越野用) 摩托车和踏板车 专业路用工具 火车与巴士旅行 飞机(机动) 空中缆车与索道运输 飞机(非机动) 徒步旅行与步行 骑自行车 骑马 野营(全部) 组织 野营(全部) 野餐 度假胜地与商业服务 度假旅馆、寄宿屋 基于陆地(包括飞机)： 游憩小屋使用 狩猎(全部) 自然研究(全部) 爬　山 采集森林产品 解说服务(全部) 团队运动 个人运动 游戏与比赛 基于水体： 游船与渡船 划船(机动) 独木舟 帆　船 游泳和戏水 其他水上工具 潜水(轻装或带自持式水下呼吸器)

（续）

原　始	半原始 无机动车	半原始 有机动车	有路的 自然区域	乡　村	城　市
			滑　冰 乘雪橇与滑雪运动 速降滑雪 玩　雪 踩滑雪板或穿雪鞋 越野	滑水与水上运动 垂　钓 **基于冰雪：** 冰雪工具 滑　冰 乘雪橇与滑雪 运　动 速降滑雪 玩　雪 踩滑雪板或穿雪 鞋越野	

　　* 这些活动特性（来自 RIM FSH 2309.11）仅仅作为例证。根据当地的森林情况具有 ROS 等级的活动可能出现一些具体补充或例外。

表 1（续）　游憩机会谱环境特征描述

原　始	半原始 无机动车	半原始 有机动车	有路的 自然区域	乡　村	城　市
相对大规模的自然环境基本上未被改变的区域。使用者之间的相互作用非常低且其他使用者出现的迹象很少。区域管理上，基本没有人类引起的约束与控制的迹象。区域内不允许使用机动车辆。	中等到大规模，以自然或自然形态环境为主的区域。使用者之间的相互作用很低，但经常有其他使用者的迹象。区域管理上，可能存在最低限度的、但是是适合的现场控制与约束。区域内不允许使用机动车。	中等到大规模，以自然或自然形态环境为主的区域。使用者集聚程度低，但经常有其他使用者的迹象。区域管理上，可能存在最低限度的、但是是适合的现场控制与约束。区域内允许使用机动车。	自然形态环境为主的区域，有中等程度的人类视觉与听觉的迹象。这些迹象通常与自然环境相协调。使用者之间的相互作用是从较低到中等程度，但其他使用者的迹象很普遍。资源的改变与利用实践很明显，但同自然环境相协调。为设施的建设标准与设计提供传统的机动车使用。	真正改变自然环境的区域。资源改变与利用实践是为了增加特定游憩活动和保持植被与土壤。人类视觉与听觉非常明显，使用者之间相互作用从中等到高。为大量游客的使用设计了许多设施。经常为了特殊活动提供设施。在非热点区域为中等游客密度。提供密集机动车使用设施和停车场。	真正城市化环境的区域，尽管背景可能有一些自然形态要素。可更新资源改变与利用实践是为了增加特定的游憩活动。植被覆盖通常是外来物种且被修剪。在现场人类的视觉与听觉是主要的。在现场与周边区域有大量的使用者。以方便携带大量人员穿梭不同地点的方式，提供高度密集机动车使用设施和停车场。

表1(续)　游憩机会谱体验特征描述

原　　始	半原始 无机动车	半原始 有机动车	有路的 自然区域	乡　村	城　　市
提供高强度的挑战与风险的环境里，通过樵夫技能与户外技能的应用，有极高的可能性体验到：隔绝人类的视觉与听觉、独立、亲近自然、宁静和自我依赖。	提供挑战与风险的环境里，通过樵夫技能与户外技能的应用，有高的但不是极高的可能性体验到：隔绝人类的视觉与听觉、独立、亲近自然、宁静和自我依赖。	提供挑战与风险的环境里，通过樵夫技能与户外技能的应用，有中等程度的可能性体验到：隔绝人类的视觉与听觉、独立、亲近自然、宁静和自我依赖。与自然环境具有较高程度的互动机会。在该区域中有使用机动装备的机会。	大概有相同的可能性去体验与其他使用者团体的联系、体验隔绝人类的视觉与听觉。与自然环境具有高程度的互动机会。与更原始类型的游憩环境相结合的挑战与风险并不是很重要。实践与测试户外技能可能是重要的。可以有使用机动的和非机动的游憩形式的机会。	由于方便的场所与机会，体验与其他个人与团体联系的可能性是普遍存在的。这些因素通常比物理环境背景更重要。野外挑战、冒险以及测试户外技能的机会通常并没有那么重要，除了在专业活动(如下坡滑雪)中挑战和冒险是重要因素。	由于方便的场所与机会，体验与其他个人与团体联系的可能性是普遍存在的。体验自然环境时，有在自然环境中获得的挑战与风险以及户外技能的使用，相对不重要。竞争、观众运动及被动使用高度受人类影响的公园和空旷空间的机会是普遍的。

1.4　游憩输入集成到土地与资源管理规划

使用游憩机会谱的游憩机会规划被视为土地与资源管理规划的一部分来实施。游憩输入包括这些因素，如供给与需求、对这些问题的替代响应的问题与识别特征，这些问题指规划师必须评价为了制定管理区域方案，这些方案设计用来通过森林的环境与活动管理来保证适当的游憩体验。

游憩机会谱与环境方案的使用作为游憩输入整合到土地与资源管理规划，为以下任务提供了一个框架：

(1)为特定管理区域建立户外游憩管理目标与目的。

(2)由于特征环境将被其他提出的游憩管理活动所改变，需要进行的可用的游憩机会折中分析。

(3)以建立体验与机会环境标准的方式监测产出。

(4)为项目规划提供具体的管理目标与标准。

土地与资源管理规划确保了国家森林系统土地为户外游憩提供了多种适当的机会(FSM 2303.2)。每一处国家森林不需要提供一个完整的系列机会，但是汇集起来的国家森林系统会提供这个多样的机会。在提供机会时，每个国家森林适当的作用应当以土地与资源管理规划过程的

一部分的方式来确定，并在国家森林、区域的和国家的规划中得到
确认。

1.5　管理方案

在土地与资源管理规划过程中，选择作为一个特定区域（管理区）
的目标与目的的过程是通过管理方案的实施来实现的。管理方案是规划
覆盖整个规划时期或部分规划时期的、紧密联系的、完整的、明确的管
理实践措施体系。在一定程度上，规划区域内的大部分面积具有提供游
憩机会与体验的内在能力。因此，每个管理区的管理方案应考虑游憩
使用。

管理方案的引言部分应用简洁的方式陈述该方案的目标与目的；资
源产出所强调的是什么；预期未来的"森林的状态"产生于特定管理措
施的应用。制定管理方案的替代措施体系用来反应与评价不同资源产出
管理指南的重点。

每种管理方案都应包含最低限度的准则与标准，同时也要满足规划
阶段将被管理的有关活动类型、环境和体验机会的指南。

1.6　项目规划

游憩机会谱等级应当在一定规模内符合游憩管理以及土地与资源管
理规划过程所必须中的土地分配。对于特定场所的项目规划，具有特定
场所管理区的游憩机会谱等级说明应当提供全面的指导来管理兼容各种
游憩机会的场所，这些机会是由包含场所的较大区域提供。

2　供　给

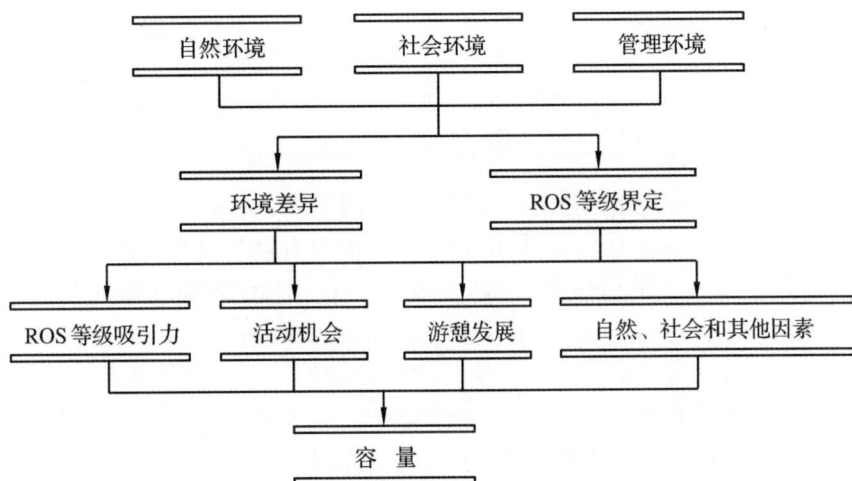

2.1　供给的组成部分

土地与资源管理规划中的游憩输入的组成部分，需要通过一个是当前可以得到的且作为现有状态结果的游憩机会谱等级进行游憩供给机会的调查。同时也需要一些替代管理方案，该方案指由游憩机会谱等级所形成的一个独立项目的潜在供给。该信息提供了应对预期游憩需求的管理方向的基础评价和决定。

2.2　游憩机会谱等级界定

国家森林中的土地和水体区域被游憩机会谱等级详细的分类并制图，从而确定哪些区域目前能够提供哪种类型的游憩机会。这些都是对每个区域的自然、社会和管理环境的组成部分进行分析得到的。这三个组成部分中的每一个环境的特征都会影响游憩者在使用区域获得的体验。

表2给出了适用于每种环境组成部分的地图标准。在进行游憩机会谱调查的过程时，表中会出现相同的序列标准。在2.2.2中会开始介绍环境及其步骤方向的定义。

游憩机会谱等级制图应该在一张能够看到全部规划区域的地图上进行。1英寸=1英里比例尺的地图通常是足以提供这种概要的。如果需要的话，地图信息可以在符合综合数据收集标准的数据处理阶段后期转化成大规模的地图。

表2　游憩机会谱等级界定的标准

环境组成部分	制图准则	参　照	章　节
自然的	偏远程度	表3	2.2.2.1
	区域规模	表4	2.2.2.2
	人类迹象	表5	2.2.2.3
社会的	使用者密度	表6	2.2.3.2
管理的	管理制度与显著性	表7	2.2.4.1

一旦在以环境组成部分为基础进行等级制图，等级的活动机会就被确定（第2.4~2.5节），提供机会的规划区现有容量也被计算出来（第2.6节）。如果要分析相关问题与担忧，或者是其他管理规划需要，那么区域的吸引力和游憩机会谱等级也可以被调查（第2.3节）。

一些替代管理方案可能需要从当前调查的游憩机会等级界定中改变，从而满足管理方案的具体目标与目的。针对响应每个替代管理方案的分类变化需要明确指出，同时需要通过游憩机会谱等级来展现调整后的容量或未来供给。

叠加将被用来记录游憩机会谱调查的界定或分级中需要的突出变

化，以响应各种替代管理方案。

2.2.1　荒野—特定区域—私有土地

　　游憩机会谱的调查将确定一个区域游憩机会的种类或等级，作为其自然、社会和管理环境特性的一种功能。调查帮助确定最终会在土地上发生什么，并一致应用于荒野、特定区域、政治或行政界线和土地所有权。尽管一些特定荒野在很大程度上是由游憩机会原始类型组成的，但是许多特定荒野也包括半原始或有路的自然区域的机会。因此，原始的游憩机会谱分类等级与指定的荒野是不同的。

　　国家森林独立地使用任何指定区域的游憩机会谱标准来进行调查。在进行国家森林边界内的私有土地和多大程度与边界相邻的土地所有制调查时，需要确定这些土地对国家森林土地中可获得的各种游憩机会的的影响。国家森林边界之外的游憩机会谱调查的应用也可能对评估在总规划区域中可以获得的游憩机会的种类和数量具有帮助。

2.2.2　自然环境

　　自然环境是由人类视觉与听觉、区域大小以及由于人类活动所导致的环境改变的数量的缺失或存在所定义的。自然环境记录在由以下三个标准组合的一个叠加上。

2.2.2.1　偏远程度及确认

　　人类视觉与听觉的偏远程度被用来作为机会的一个指标，用来表示当一个人跨越游憩谱区域运动时体验较大或较小的社会的相互作用和由原始区域到城市区域的影响。

　　偏远程度的确认方法如下：

　　(1)在底图上或叠加图上勾绘的所有道路、铁路和步道的图。区分两种水平的道路，"原始道路"和"比原始道路更好的道路"。"原始道路"的范畴包括能通机动车的步道。

　　a. 道路分类。那些难于划分为"原始道路"或"比原始道路更好的道路"范畴的道路适合这个定义，"比原始道路更好的道路"是为了能够使用多于2个轮子的公路类型车辆而修建或维护的。"原始道路"不需要修建或维护，只是为了通车而不是专门为公路车辆修建的。

　　b. 道路和步道的信息来源。可以使用各种来源获取交通系统信息。道路分类和调查表7700-9R就是这样的一个来源。表中四个道路标准中的三个为：分级与排水道路、复合表面和路面，适用于"比原始道路更好的道路"的范畴；第四个道路标准是"原始道路"和包括"路、车辙、痕迹以及无分级与排水"

　　步道表2300-9T(或旧表2300-9T)是一种信息来源。通过符号区分

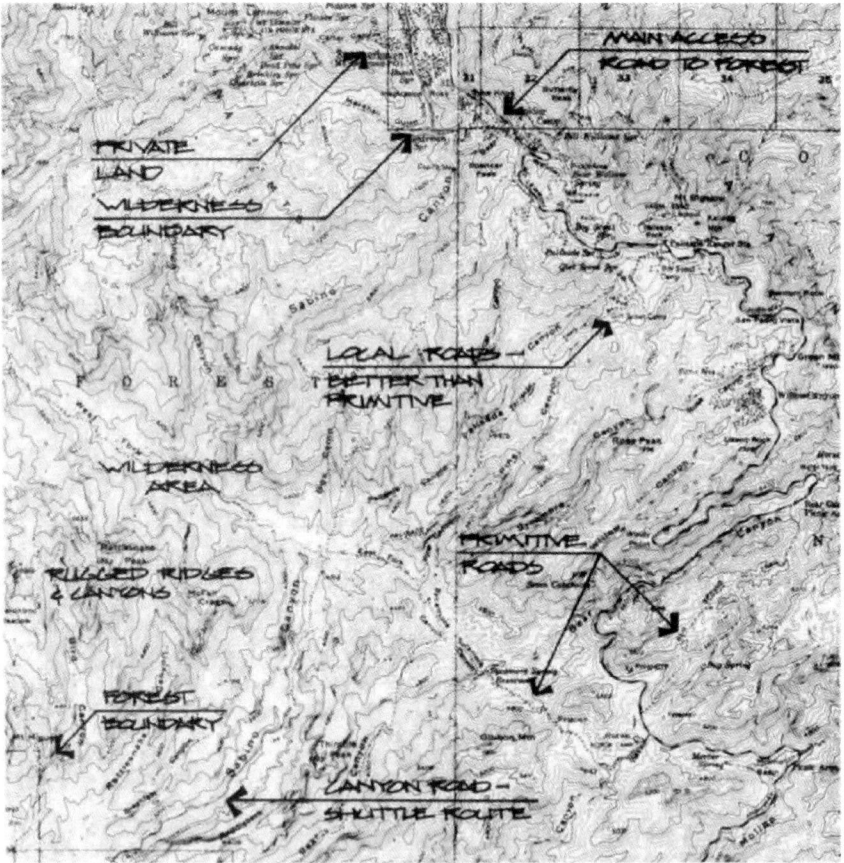

土地基础信息

了机动与非机动步道。对于许多国家森林来说这种信息在越野交通工具
（Off-Road Vehicle，ORV）使用方案中。

　　c. 道路模式。大多数情况下，所有的道路和步道都在图上被勾绘
出来。在密集道路模式（如：大于 4 英里每小区域）中，这就不必要为
了游憩机会谱等级划定而确认每条道路。整个区域将是被影响的道路并
成为相同的游憩机会谱等级。在这些情况下，只有沿着密集道路区域周
边的道路需要去界定游憩机会谱等级的边界。

　　d. 交通容量。尽管"比原始道路更好的道路"的交通容量会很宽，
但是这取决于所依靠的具体道路，容量不需要被记录在基本地图或叠加
地图上。道路的自然存在和视线，即使没有交通量，仍能影响游客的体
验，并且可以通过游憩机会谱来描述。如果交通容量导致声音来自远距
离而不是远视线的道路，声音可能会变成划定适当游憩机会谱等级的决

定性标准。

（2）使用航空和水上机动工具的旅行路线提供了唯一一个考虑它们自身与道路相似方式的通道。这些专业类型的通道也能提供一种能够决定游憩机会谱亚类的需求的基础。

（3）使用表3的距离准则形成了一个偏远程度的叠加。表3仅供参考。游憩机会谱等级之间的界线应该反映地形与植被之间的差异，充分筛选出人类视线与声音相同的程度，即相同的机会谱部分作为普遍的距离准则。具有低树木覆盖、大的水体的相对平坦地形，可能需要更长的距离来遮蔽偏远程度，而较深的峡谷或多树密布的地形可以用更短的距离提供相同的遮蔽。最根本的决定因素是体验机会的类型，它要么是当前存在的，要么是被赋予替代管理方案假设的存在。

a. 步骤1：在制定偏远程度叠加时最简单的是通过绘制那些从半原始机动车道等级中分割出有路的自然区域等级的线。这条线有效地划分了游憩机会谱，这条线的一边是原始等级或半原始等级，另一侧是有路的自然区域、乡村或城市等级。有路的自然区域、乡村和城市等级通过表5的人类迹象的标准来相互区分。因此，没有更进一步的划分出现在偏远程度相关的标准中。

表3　偏远程度标准

原　始	半原始无机动车	半原始有机动车	有路的自然区域	乡　村	城　市
离所有有机动车使用的公路、铁路或步道至少3英里的指定区域。	离所有有机动车使用的公路、铁路或步道至少1/2英里但不超过3英里的指定区域。如果常常靠近机动车使用区域，则可以包括现有的原始道路与步道。	与有机动车使用的原始道路或步道相距1/2英里内，但不靠近比原始道路更好的道路1/2英里的指定区域。	与比原始公路与铁路更好的公路与铁路相距1/2英里内的指定区域。	无距离标准	无距离标准

b. 步骤2：接着通过大约半英里—根据植被和地形—来自有机动车使用的原始道路和的步道来界定半原始有机动车道路等级。游憩机会谱的半原始无机动车和原始等级部分现就是余下的部分。

c. 步骤3：最后通过与所有有机动车使用的道路、铁路或步道相距大约3英里来界定原始等级。在原始等级线和半原始有机动车线之间的所有区域都被列为半原始无机动车等级。

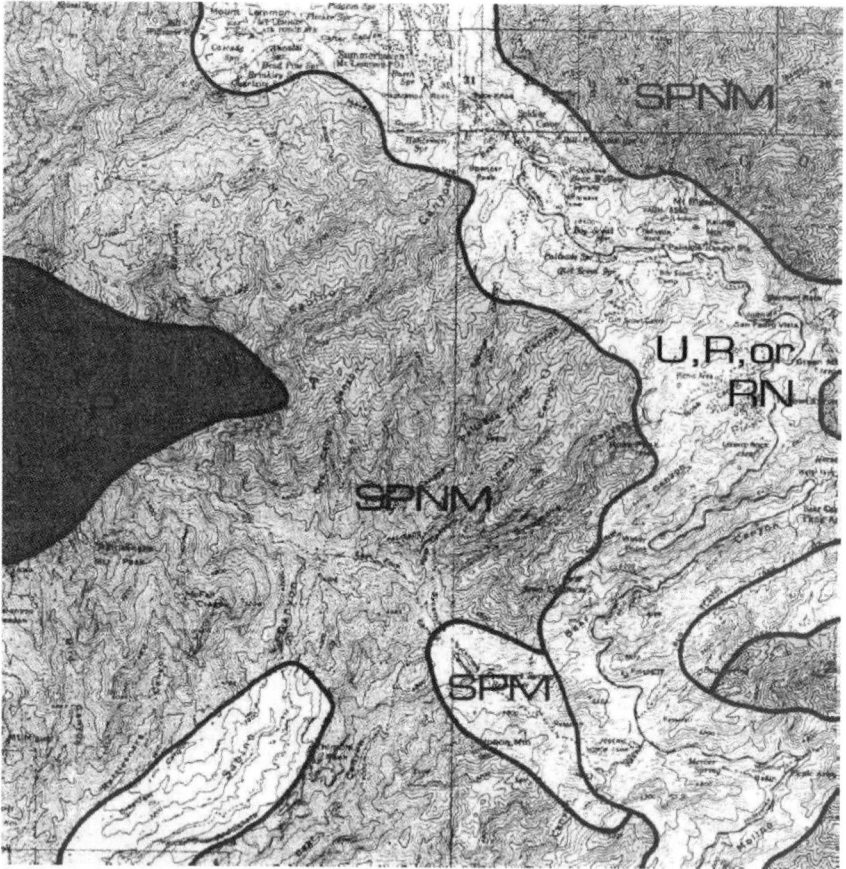

偏远程度

2.2.2.2 区域规模

区域规模被视为一个相对欠发达地区的广阔感相关的自给自足体验机会的指示。偏远程度标准(表3)中的一些环境应用确保了那些游憩机会的出现,而其他独立偏远程度标准中的环境则不能保证。因此,适用于区域规模准则。表4,图形或叠加制定使用了偏远程度标准来确保适当的游憩机会是可用的。

表4 规模标准

原　　始	半原始 无机动车	半原始 有机动车	有路的 自然区域	乡　　村	城　　市
5,000 英亩 *	2,500 英亩 * *	2,500 英亩	无区域规模 准则	无区域规模 准则	无区域规模 准则

* 如果紧邻半原始无机动车等级可以再小些。

* * 如果紧邻原始等级可以再小些。

（1）区域调整。偏远程度叠加确认的区域的比原始或半原始等级要简单的多——或由于其他原因而变得独特的实体——需要单独思考。

区域与地形调整

如果该区域被充分的添加，或通过缓冲，那么下一个连续的等级仍然可能提供多种机会，如果这一区域足够大，那么该机会就很可能会出现。该决定是否要作为条件适用或作为由于其他与周围区域相关的特殊原因并提供一个给定规模的机会等级（如，一个小岛），这取决于该区域的本地知识及规划师的部分功能。

2.2.2.3　人类迹象

人类迹象被视为人类影响或修正在自然环境中获得不同程度重新创造的机会的指标。

表5中给出的人类迹象标准的应用决定了人类改进对风景的影响对调查叠加中的每个等级的指定是否合适。如果人类迹象比指定的游憩机

会谱等级更占优势，那么调整叠加区的边界等级从而使这些指定更加准确的反应情况。如果边界等级明显地改变，那就需要重新评价等级的规模大小(表4)来确保规模大小仍然充足。

表 5

原　始	半原始无机动车	半原始有机动车	有路的自然区域	乡　村	城　市
该环境本质上是一种未改变的天然环境。如果观看者漫步地通过该区域时可能不会注意到人类迹象。	自然环境可能有能注意到的细微改变，观看者漫步通过该区域时则不会发现这一变化。	自然环境可能有适度的占主导地位的改变，但不会引起区域内在步道与原始道路的机动车观看者的注意。	自然环境可能会有改变，在该区域内的观看者会由轻易发现到强烈主导这些变化。不过，那些来自敏感旅行线路和使用区域的变化可能仍然不会被轻易察觉到。	自然环境被文化方面改变以致对对敏感旅行线路观看者来说都变成主导的。可能包括田园、农业、集约经营荒地资源景观或多用途廊道。行人或漫步观看者会持续关注文化方面改变的景观。	环境强烈地被建筑物主导。自然或自然系统要素可能起重要的作用，但明显是次要的。行人或漫步观看者会持续关注人工圈占的空间。
步道迹象是可以接受的，但不应超过预期使用的标准。	原始道路，使用机动车的步道和原始道路的迹象少或者是没有。	原始道路，使用机动车的步道和原始道路的迹象较为明显。	设计的道路和/或公路的迹象明显。	设计的道路和/或公路的迹象明显。	设计的道路和/或公路和街道的迹象明显。
建筑物极为罕见。	建筑物罕见且是独立的。	建筑物罕见且是独立的。	建筑物一般都是分散的，对敏感旅行线路的观看者来说是明显次要或不宜察觉的。建筑物可以包括电源线，微波装置等。	建筑物是显而易见的，并可以拆分为包括电源线和微波装置，当地的滑雪场以及小的度假胜地和游憩场所的小而占主导作用的种群。	建筑物和其复合体占主导地位，并可能包括主要的度假胜地和游艇码头，国家和地区的滑雪区，城镇，工业区，公寓或第二故乡的发展。

　　每个游憩机会谱等级的人类迹象标准都是主要基于视觉影响和游憩体验的修正影响，虽然只与修改的自然存在有区别。该标准考虑到不同风景的视觉吸收能力的变化。

　　(1)人类迹象的标准和视觉管理系统。虽然在某些方面人类迹象标准似乎可以和视觉质量目标画上等号，或一定范围的目标，游憩机会谱等级在游憩机会谱中人类迹象标准的功能和视觉管理系统及两个不推荐的系统中的视觉质量目标并不是一样的，例如中间或靠后的视觉管理系统区域经常在原始和半原始游憩机会谱等级中出现。保留或部分保留的视觉质量目标给出一个与指定游憩机会谱等级完全不同含义的管理方向。

　　因此通过在人类迹象标准中的环境描述来定义游憩机会谱等级。表5，并没有通过使用视觉质量目标。为了强调这一点，人类迹象标准比视觉质量目标具有更强的措辞性。

　　具有视觉管理系统中一个完整的现有视觉状态调查的国家森林可以用这些信息去辅助人类迹象标准的使用。然而，现存人类活动的地点和大小的现存视觉条件数据（缺乏决定性的视觉条件类型）的解说在决定游憩机会谱等级时具有帮助作用。

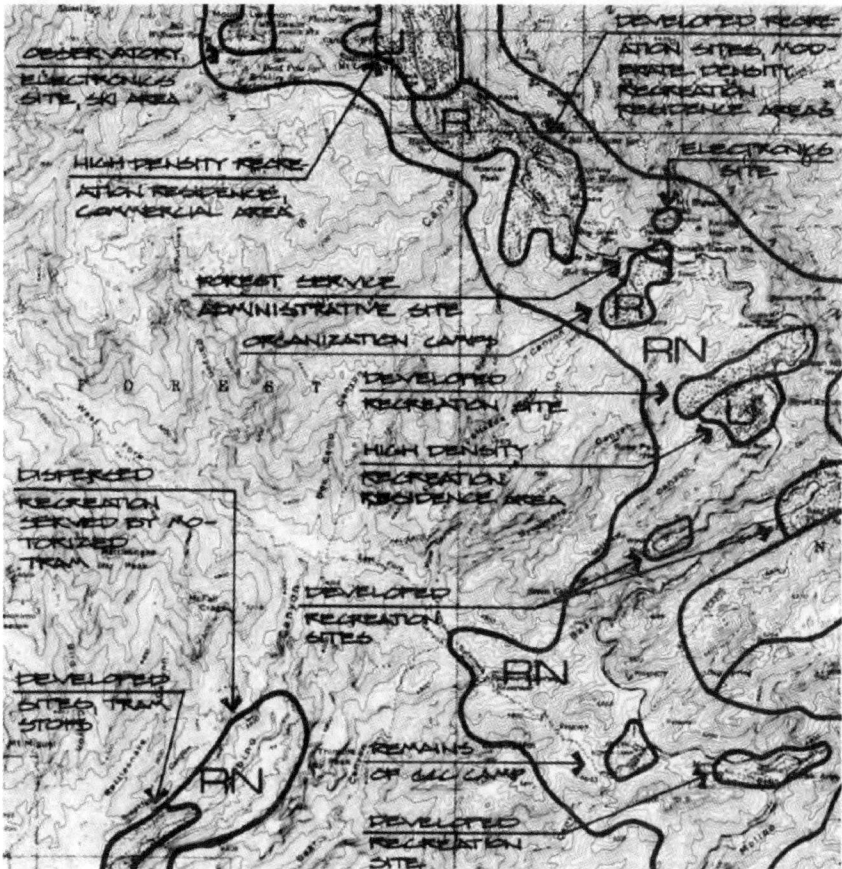

人类迹象

2.2.2.4　自然环境地图

　　完成偏远程度、区域规模和人类迹象（2.2.2.1～2.2.2.3部分）的结果是形成自然环境地图（或叠加）

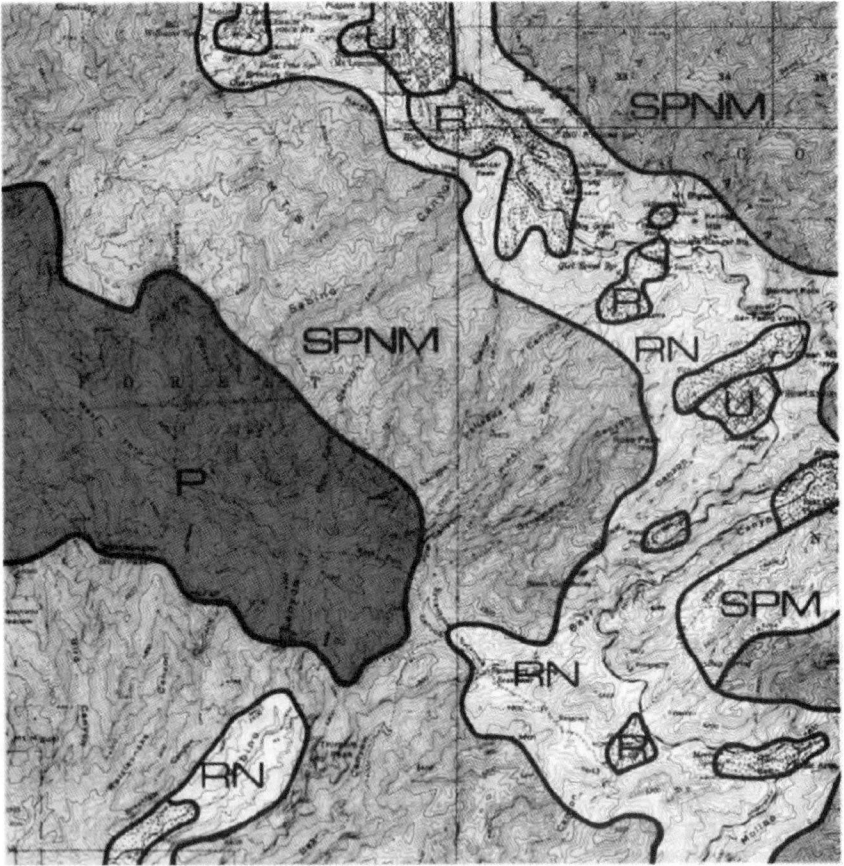

自然环境

2.2.3　社会环境

社会环境反映了个人与团体之间接触的数量和类型。这表明独处、少数选定的个体之间的互动或者是较大团体之间的互动的机会。

2.2.3.1　社会环境叠加

大多数情况下，在自然环境分开的叠加图上，记录社会环境（及管理环境，2.2.4 部分）组成部分是相当容易的。然而，没有复杂社会或管理环境的国家森林可能更偏向于用相同的自然信息叠加图上而不是准备另一个叠加图上来记录它们的信息。不管使用哪种方法，清晰地标记社会与管理信息以便将来识别。

2.2.3.2　社会环境地图

应用表 6 中的"用户密度"标准，这些标准被视为用户互动的一种测度。

表6 社会环境标准

原始	半原始无机动车	半原始有机动车	有路的自然区域	乡村	城市
通常一天在步道上碰到的团队数不超过6个，在营地可见的团队数少于3个。	通常一天在步道上碰到的团队数为6~15个，在营地可见的团队数不超过6个。	低到中等的接触频度。	在道路上的接触频度是"中等到高"，在步道上和道路外区域的接触频度是低到中等。	在开发场所、道路与步道以及水面上的接触频度是"中等到高"，在开发场所外的接触频度为中等。	在场所或附近区域有大量的使用者。

集中使用社会环境标准的区域也许不会造成相同的游憩机会谱等级作为区域的自然环境标准。当这发生在"环境冲突"中时，环境冲突在2.2.5部分中讨论。

2.2.4 管理环境

管理环境反映了限制管理机构或私人土地拥有者行为的数量和种类，这些数量和种类影响了游憩机会。

2.2.4.1 管理环境地图

应用表7中管理的系统化和引人注目的标准。如果不使用一个独立的社会环境，那就将这些信息与社会环境或自然环境叠加。为未来识别标注这些信息。

表7 管理环境标准

原始	半原始无机动车	半原始有机动车	有路的自然区域	乡村	城市
现场管制强度低，主要是场外控制*	具有现场监管和控制*，但是不明显。	具有现场监管和控制*，但是不明显。	现场监管和控制是很明显的，但是能与自然环境相协调。	监管和控制*是明显的和数量众多的，而且大多数与人造环境相协调。	监管和控制*是明显且大量的。

注*：控制可以是物理的(例如栅栏)或制度的(例如许可证)。

自然、社会和管理环境叠加地图共同记录规划区的游憩机会，在管理控制之下的条件影响着有游憩体验。这一信息被用于开发管理现状的分析中。

2.2.5 环境差异

当同一块土地的自然、社会和(或)管理环境不一样时，"环境差异"就出现了。例如，由于使用的数量，原始等级的自然环境中的一个

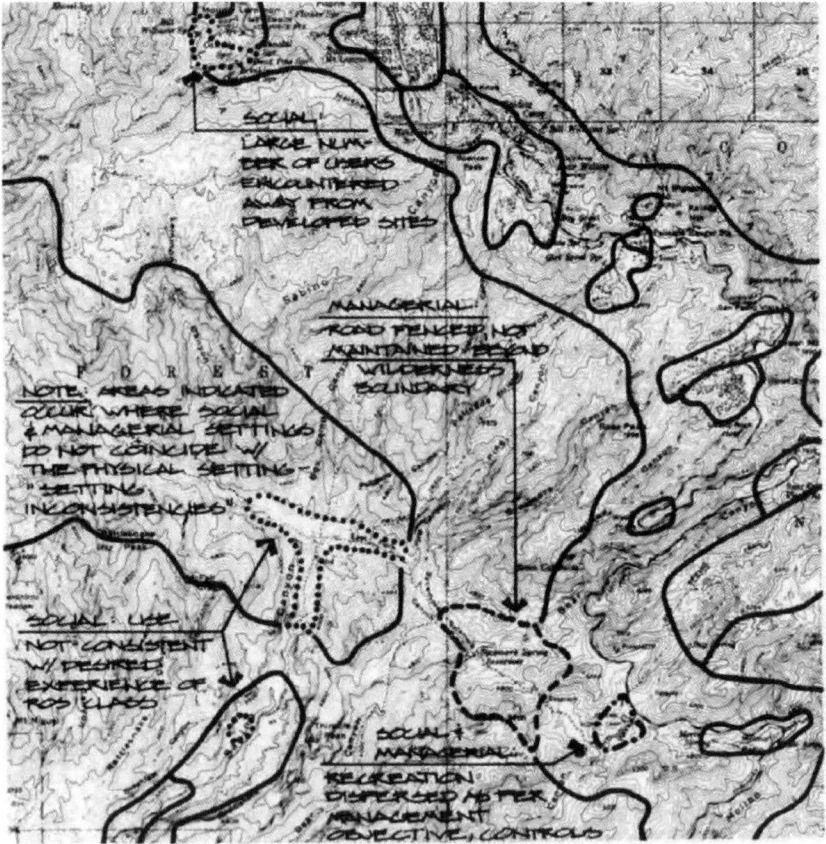

社会与管理环境

大量使用的远足步道可能会记为一个半原始或有路的自然区域等级的社会环境。

为了解决目前替代情况下的环境差异，映射游憩机会谱等级最能反映当前的管理方向。如果这一考虑仍留下一个明确现有等级的困扰，那么使用以下方法。

（1）倾向于自然环境。自然环境经常代表游憩机会谱等级长久（或不容易改变）的组成部分。社会和管理组成部分会在短时间内改变。

（2）如果强调自然环境产出不切实际导致自然、社会和管理环境组成部分之间的平均差异。

（3）如果平均是必要的，那就考虑沿着机会谱由原始向城市转变，比由城市向原始转变简单。自然发展或其他人类修正一旦出现就没那么简单能把它们删除或消掉。因此，为了未来保留更多的选项，在均分环境组分时应给予谱的朝向原始的那一端额外的重视。

无论环境差异是否能被接受，替代都反映了未来的管理方法，这一方法是由被考虑的每个具体管理方案所决定的。环境差异是发展管理方案替代的根据，这一替代改变了现有自然、社会或管理环境组成部分从而使它们保持一直，或者是有目的管理一个具有环境差异的区域，从而获得一些具体的管理目标。例如，如果路径被放置在一个区域中集中使用，那么路径的社会环境会被更加期待朝向于谱的城市的那一端而不是自然环境。另一方面，如果路径使用过高以至于它失去了去追求游憩体验，然后环境差异将不会被期望产生。

2.2.6　季节制图

对于具有与夏季和冬季游憩机会相关的主题、关注和机会的国家森林，可能有必要完成每个季节的游憩机会谱地图。活动、环境和体验机会可能会因季节的不同发生明显地改变，这是由旅行限制、可及性和人类标准的证据的外观等的变化导致的。

2.3　游憩机会谱等级吸引力

每个游憩机会普等级的吸引力信息：

A. 提供关系到其游憩机会等级的、景观的一个总体评价。

B. 进一步通过识别那些对游憩者具有特定吸引力的区域来描述每个等级。

是否对每个等级提供吸引叠加取决于国家森林规划正在解决的主题、关注和机会。如果在吸引力这一步收集信息是重要的，那么就应当建立一个吸引力叠加。如果吸引力信息不是主题、关注或者机会，那么叠加是可有可无的(尽管吸引力信息在规划过程中的资源收集阶段是有价值的—有助于做出"最佳购买"决策)。

如果决定创建一个吸引力叠加，接下来要通过以下步骤进行创建：

(1)多样性定级。就像国家森林风景管理第2卷第1章中定义的那样，使用多样性等级定级来决定自然环境叠加地图中勾绘的每个游憩机会谱等级的吸引力评级。前提是具有最多变化或最大多样性的风景(地形地貌、植被格局、水体形态、岩石构造)对游憩使用和享受也具有巨大的吸引力。

(2)突出特性。确定所有风景的突出或独特的特性，诸如瀑布、沙滩等等，对于发展国家森林规划的吸引力是非常重要的。

(3)特定区域。确定任何尤其是能够为特别的或独特的活动或体验提供机会的公认的或指定的区域，诸如风景或历史地区。

2.4　活动机会

在特定环境中的游憩活动给游憩者提供了获得渴望的体验的机会。

现有游憩机会

应分辨出令体验变为可能的活动机会。这些信息也许会被记录在一个独立的叠加上。

2.4.1　活动识别

使用适当的 FSH2309.11 中的边缘定义和编码来识别现有的活动机会，潜在的活动机会的数据应当作为国家森林规划中问题、关注和机会的结果来收集。也识别不常见的、未列入 RIM 代号（RIM 代号：美国林务局手册修订部分对应的代号），但是与主题、关注和机会相关的游憩活动。

游憩机会谱等级中常见的活动机会应该在出现在这些等级中。那些特殊或可能供不应求的活动机会应该特别注意它们的种类、数量和位置。

（1）现有活动。在当前管理指示下，确定与调查每一勾绘在自然环境叠加层上的游憩机会谱等级的现有活动。

(2)潜在活动。涉及活动机会需要通过分析那些游憩机会当前状况调查所提供的不一致、不适当或不充分提供的管理状况问题和关注来确定。

替代管理方法应旨在确保应对一系列游憩活动机会需要包含的活动需求项目的游憩目标和目标方向。替代管理方法为当前游憩机会调查提供了定向基本变化，这将反过来持久、适当并充足的提供识别的潜在的活动。

这些可能在每个替代管理方案的叠加中被确定。

2.4.2 活动标准

所有活动被认为都必须满足以下标准：

(1)资源必须能够维持使用的影响。

(2)被林务局政策定义且被代号为 FSM2303 的林务局手册确立地位的活动是恰当的。

2.5 游憩发展

2.5.1 发展现状

用活动的类型和每次人数(people-at-one-time，PAOT)容量或其他叠加来表示，活动在规划区或与规划区相邻的区域内开展，那里存在林务局、其他公共机构和私有的游憩开发活动。当活动能够影响替代规划时要考虑国家森林边界外围的发展。

2.5.2 潜在发展

在恰当的替代管理方案叠加层上绘制潜在的发展区域，需要满足管理方案中游憩目标和目的的规定。如果对选址而言是当前有效的，则使用前期收集到的信息(如 NFRS、综合规划、a 类代码样地调查、环境评估等)。指出一个估计的 PAOT。

2.6 容 量

游憩容量是通过游憩机会谱等级进行的一种测度，指在资源容量约束内的国家森林中建立的标准中获得给定种类游憩体验的最大游客量。容量表示最大的游憩机会供应能力。

2.6.1 影响容量的主要因素

影响游憩机会谱等级容量的主要因素。

(1)土地类型：

　a. 地形；

　b. 侵蚀性；

　c. 排水；

    d. 生产力；

    e. 地质灾害；

    f. 抗压力。

（2）植被：

    a. 高度；

    b. 密度；

    c. 相应于利用的弹性；

    d. 再生性。

（3）社会：

    a. 接触到的其他人数量；

    b. 接触的类型（行为）；

    c. 活动类型；

    d. 设计容量。

（4）其他：

    a. 进入；

    b. 季节的长度；

    c. 使用的模式；

    d. 占用长度；

    e. 具体活动场所的吸引力。

    容量是一种功能，即这些自然和社会因素的特定组合如何作用于森林的交互作用，这种交互作用可吸收或屏蔽人类活动的视线与声音，和忍耐物质消耗。风景开放（少植被遮蔽和平坦地形）或是土壤或植被脆弱的地区的容量一般较低。而那些具有较多遮蔽和能忍耐物质消耗的景观的容量一般较高。

    根据游憩机会谱等级，通常机会谱中的原始等级越多，提供与该等级有联系的机会种类需要的面积越大。

2.6.2 "实际最大"与"理论最大"容量

    "实际最大"和"理论最大"这两种方式都能用来评价或解释容量这一概念。第一种解释是：容量是一种最大潜在供给的测度，最好表达为数字，这个数字是按游憩机会谱等级的、每英亩自然和（或）社会容量的上限。"最大 PAOT"乘以一个游憩季节或一年的天数就是"理论最大容量"。

    第二种观点是：尽管"理论最大容量"可能会提供一个理论上限，但是很少代表现实的或"实际最大"，因为可用与不可用的土地、周末与平常的使用、占有率和喜好等的影响。这种观点认为"实际最大容量"是有效的上限，因为它考虑了那些总是存在并且显著影响游憩参与模式的因素。

"最大理论容量"描述这样一种容量，即给定的国家森林或游憩机会谱等级，在最旺季的周末、工作日、雨天或者晴天始终全部达到最大人数，尽管不存在超出这个范围游憩机会或使用，但是对提供绝对上限值是有用的。这些数值不直接用于土地与资源管理规划分析，因为它极少出现，但是如果有的话，它们常常代表理论上限与实际的折中。

"实际最大"解释这种容量，确实提供了那些可以在大多数土地与资源管理规划分析中的数值，并在 2.6.3.1 ~ 3.3 中被描述。

2.6.3　容量的测定

国家森林或者地区可以使用两种方法中的一种来测定国家森林的"实际最大容量"。第一种方法是，在游憩机会谱等级内并与其一致的开发场所和保留区域得到 PAOT 容量。然后，把这些数字转化成游憩游客天数（recreation visitor days，RVD）的，目的是比较需求的 RVD 单元的供给与当前的和替代的管理方案指南。

第二种方法是，通过考虑国家森林中发生的特定活动的混合体，直接导出以 RVD 为单位的容量。这需要对游憩机会谱等级的每个活动使用容量标准，例如每小时每个步道每英里的徒步者数量，并对单个的活动容量求合来获得该区域中总最大总容量。

不管使用哪种方法，按游憩机会谱等级标示英亩数，从而计算出每英亩容量的系数。

当指南对当前的游憩机会谱的界定或等级分类的变化有所预备时，当前调查情况以及每个替代管理方案都需要完成容量测定。

2.6.3.1　PAOT 方法

通过游憩机会谱等级的每个等级总结所有开发场所的 PAOT 容量，以及保留区域的最大 PAOT 容量。

表 8 给出了从大量国家森林环境中形成的容量系数范围，但是那些未为"实际最大容量"调整的容量系数在 2.6.2 节中讨论。

表 8　容量系数范围（PAOT/英亩）

	原　始	半原始无机动车	半原始有机动车	有路的自然区域	乡　村	城　市
高	0.025	0.083	0.083	2.500	7.500	不适用
低	0.002	0.008	0.008	0.083	0.830	不适用

为了调整"实际最大",基于理想和非理想面积比、占有率或其他应用于特定森林环境的性状,缩小表8中数值。将吸引力(按变动等级计算)和百分率结合起来作为确定理想英亩的标准,这已经在许多区域中取得了成功。此外,例如"限制因素"的概念、系统容量的获取或转运已经成功地用于导出可行的容量值。

由于那些因素或因素的组合体(2.6.1节)的重要性随着实际的国家森林地形和景观的功能而变化,国家森林规划者必须微调或阐明基于局地的容量估计值的合理性。策划者被鼓励去检查周围的国家森林、其他公共机构和(或)区域办事处,然后采取可能已经被开发来解决这一点的具体程序和注意事项的优势。

一旦按游憩机会谱等级用 PAOT 评估机会的最大潜在供给,那么应将 PAOT 转换成游客游憩天数(RVD)。

2.6.3.2 PAOT 与 RVD 之间的转换

(1)按照以下公式 PAOT 可以转换成 RVD,RVD 也可以转换成PAOT:

$$PAOT = \frac{RVD}{MS \times PU \times \dfrac{LOS}{12}}$$

$$RVD = \frac{PAOT \times MS \times PU \times LOS}{12}$$

其中,MS = 经营的使用的季节,单位:天。PU = 使用模式,或位点和(或)区域的平均周末使用与平均工作日使用之间的关系。LOS = 区域或地点所被占用的平均时长(如果不知道,那就根据当地知识或经验),单位:小时。12 = 常数,即 12 小时 = RVD。

需要两个计算,一个是计算夜间 PAOT,另一个是日间 PAOT。两个计算结果相加即为当地区域或站点的总值。

(2)获得使用模式的基本原理。人们在工作日利用游憩区域时,不会像周末一样充分使用这些场所。如果从利用率来看,工作日与节假日之比可能是 1:1。本地的利用模式是基于社会经济的考虑而来的,比如5 天工作日、5 天学校日、假日模式、到达方式种类(如州际公路系统)、与大都市区域的连接度等其他类似因素。

表9可作为指导,通过应用不同的利用模式来减少站点与区域的理论容量,从而得到"实用容量"。

表9　使用模式的校正系数

模　式	系　数
工作日：周末	1.00
1:1	0.80
1:1.5	0.65
1:2	0.50
1:3	0.45
1:4	0.43
1:5	0.40
1:6	0.38
1:7	0.37
1:8	0.36
1:9	0.35

在许多地方，将使用模式合理应用到当地国家森林游憩机会上的方法可能是被知晓的。如果不是这样，那可能有必要对调查研究或其他信息进行审核。如果没有这样的信息，使用模式需要根据本地经验估算。

2.6.3.3　RVD方法

在RVD方法中，首先需要建立每个游憩机会谱等级容量的RVD与等级环境的自然特征之间的关系。例如，表10显示的是西南区建立的取值信息。

表10　按ROS等级和生态区的西南区使用密度（RVD/英亩/每季100天）

生态区	原　始	半原始无机动车	半原始有机动车	有路的自然区域	乡　村	城　市
苔　原	45	1.05	2.4	6	农村和城市的系数是由设计容量决定的。	
针叶林	1.05	2.4	6	15		
针叶林地	0.75	1.72	4.2	10.5		
常绿林地	0.75	1.72	4.2	10.5		
落叶林	0.75	1.72	4.2	10.5		
草　地	0.45	1.05	2.4	6		
沙生灌木	0.45	1.05	2.4	6		
熔岩流和石膏	0.45	1.05	2.4	6		
河　岸	1.05	2.4	6	15		
范　围	0.45~1.05	1.05~2.40	2.4~6.0	6.0~15.0		

表10的区域取值是通过可利用的当地情况校正的，下面是一些举例：

（1）一个区域的游憩机会谱级别是有路的自然区域，植被覆盖类型是矮松和杜松。在表 10 中的相关系数是 10.5。

（2）容量区域信息表明，由于坡度与植被条件不够合适，该地只有 50% 的地区适合主要的游憩活动。校正系数是 0.5。

（3）一个区域在一整年内都可被利用，但是由于其区域吸引方式只有小型或大型狩猎活动，导致在狩猎期中，该地区实际被使用的时间只有 60 天。校正系数是 60 天/100 天（占整个狩猎季）= 60/100 = 0.6。

（4）在使用期间对占有模式的观察表明，平均而言，周末的游客人数是工作日的 4 倍。在表 9 中查得校正系数是 0.45。

这个有路的自然区域的校正系数是 $10.5 \times 0.5 \times 0.6 \times 0.45 = 1.42$。

不管用哪种方法，都必须对目前的调查情况和每种替代管理方案中的规定进行单独的分析，这就要求改用目前的描述或 ROS 等级分级。

2.6.4　容量数值的使用

由每个替代管理方案的 PAOT 或者 RVD 方法，得到按游憩机会谱等级的每英亩容量系数，用该系数进行土地与资源管理规划分析，以记录被分配或折中的游憩机会的类型和数量。

第四部分　视觉管理系统

序　言

　　第 1 卷：1973 年 4 月《国家森林景观管理》第 1 卷作为培训文件在国家森林系统分发。第 1 卷作为基本文本用来阐述我们景观管理项目的概念、要素和原则。该项目致力于确定景观的视觉特征，并且预先分析资源管理行为的视觉效果。第 1 卷由林务局系统的景观设计师、土地管理专家以及科学家经过相当长的一段时间完成的。可以从华盛顿特区的文献主管处得到该材料（第 434 号农业手册）。

　　第 2 卷：《国家森林景观管理》第 2 卷中会包含很多章节，每一章节涉及的是将第 1 卷中的每一原则应用到资源管理领域中所关注的某一具体功能或区域。每一章节的编撰工作，是具体由某一区域林务局牵头，通过其野外实践与示范，结合采用其他区域、研究科学家、行业和大学的贡献。这些章节完成后将分别出版，以推动这些有用信息的传播与宣传。

　　当所有区域林务局出版和研究所有章节，评价从其他机构及感兴趣读者那里得到评论后，我们将修订并整合成一个单独的文件，即第 2 卷。

　　我们希望您这个章节对您有益。欢迎评论与建议。

约翰 R. 麦克奎尔

主管

1974 年 4 月发布

引　言

美国人民关注他们的视觉环境质量。正因为这种关注，已有必要确定"视觉景观（visual landscape）"为一种基础资源，"将被视为土地的一个必要部分，并能和土地的其他基础资源一样受到平等对待"（林务局手册（FSM）第2380号）。与此同时，公众对同一土地生产更多的产品和服务的需求也日益增加。因而，对将视觉资源进行调查和为其管理出台可以测定的标准就显得很有必要了。

视觉管理系统为能完成此项工作提供了框架。

该章节的目的即提供这样的系统：

（1）为国家森林林地的风景质量与美学关注的确认与分级建立标准。

（2）为视觉资源的改变建立质量目标。

（3）提供所有涉及土地管理规则，自由探索可行的替代方案以达到适宜的视觉质量目标。

（4）将视觉资源整合到已建立并提出规划与实施的土地利用和多重利用方法中。

（5）识别多种自然景观类型视觉强度的明显变化，以及接受改变的内在能力。

1　前　提

研究为该系统提供了许多前提。其他前提源自华盛顿特区（20402）文献主管处第434号农业手册《国家森林景观管理》第1卷中描述的视觉资源管理的基本概念、要素、原则以及变量。在此展示这些前提的目的是让读者领悟该系统是如何以及为什么要这样组织的。

（1）期望的景象。"大多到国家森林游憩的人们都有个期望看到的景象。像这样的景象或心理画面的产生源于可以得到的信息，这些信息与某一特定区域和与这个区域或类似区域的个人经历有关。所产生的景象代表了与该区域中特性有关的知识、期望、浪漫和感情。显然，几幅图像可以同时存在于一个人的脑海中，对而一定特定的地理区域，常常须有一个可辨识的景象"。

尽管关于人们对于森林区域的景象的研究，从一个地理区域到另外一个地理区域，其产生的结果是不同的，但是通常一个因素是恒定不变的。那就是，在每一个区域，人们都期望看到一幅自然形态的特征景象。

（2）美学关注的变化与观看者的类型至关重要。假定在国家森林使用者中，美学的关注是变化的。最为关注美学的民众则是那些对风景质量有强烈兴趣的人，比如游憩区域的居民和游客。

（3）观看持续时间至关重要。当观看时间不再是不经意的瞬间一瞥时，经营活动的视觉影响随观看持续时间延长而增加。比如从观景点、游客中心、道路切线的末端等。

（4）观察人数至关重要。随着实际或潜在观看人数的增加，经营活动的视觉影响也变得更加重要。

（5）一览无余。因为从空中或高的观景点可以看到所有的国家森林林地，所以需要决定最低的视觉质量目标。

（6）多样的景观特征很重要。所有景观都有一个明确的特征，而那些具有最多变化或多样性的景观，具有最大的潜在的高风景价值。

（7）特征保留是期望的。在形态、线条、颜色和/或质地方面，具有突出多样性的景观必须得以保留及保存。

（8）每一处景观吸收改变而不失其视觉特征的能力至关重要。每一处景观单元都有自身接受改变而不失去其固有视觉特征的能力。这可以表达为：植被和地形的遮蔽能力，植被覆盖、露出地面的岩石和水的多样性，以及在受到干扰后的植被恢复生长的能力。

（9）经营活动的视觉影响与特征至关重要。随着景观改变量的增加，经营活动的视觉影响也随之增加。随着经营活动中的视觉要素从自然景观中的相同要素偏离出来，经营活动中视觉影响一般也随之增加。

（10）观看者关注的焦点至关重要。要素的主导和安排能集中观看者的注意力，引导他们对特定区域的更为细致的观看。主峰、水体形态、露出地面的岩石、草地、边界、视图、轴向模式以及聚合模式，都是观看者关注的典型区域。随着观看者在这片管理区域关注度的增加，经营活动的视觉影响也随之增加。

（11）特征的改变可能是期望的。极少或者没有多样性的景观，可能会因改变而得到增强。

（12）观看距离至关重要。细节的可见度和清晰度往往是观看距离的作用结果。经营活动的视觉影响通常会随着观看距离的减少而增加。

（13）观看角度至关重要。随着观看者的视线与进行经营活动的山坡视角的由平缓到垂直增加时，经营活动的视觉影响也随之增加。

（14）经营是必要的。景观并非一成不变，那些有高美学价值的区域或许需要一些经营活动来维持其有价值的特征。

（15）附加前提。间接影响该系统的其他变量是活动、光照、气候

条件以及一年中的季节等变化，如第 1 卷中所述。

2　重要术语

为有效运用视觉管理系统，掌握如下应用知识很有必要：

特征类型与特征亚类；

特征景观；

距离地带；

主导要素；

经营活动。

2.1　特征类型

特征类型是指地形、岩石构造、水体形态、植被格局等具有共同的明显视觉特征的一块土地区域。它的设立是以 Nevin M. Fenneman 的著作的地形学部分（physiographic sections）中的定义为基础的。

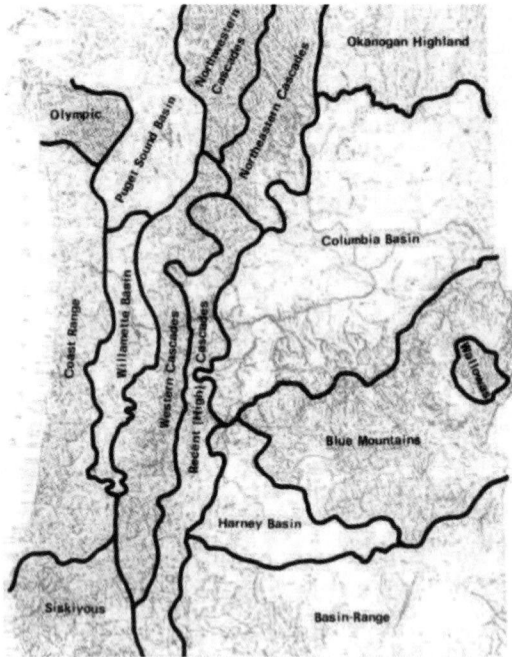

太平洋西北部地区视觉特征类型

该示意图表明太平洋西北地区所有的 16 种主要视觉特征类型。

特征类型可作为一个参考框架，来对某给定区域的物理特性进行分类，以判定其风景质量等级。（参见多样性等级部分）。

2.2　特征亚类

某些情况下，主要特征类型的特性多样性范围过宽或过多，

(1)峡谷区

(2)高山区

(3)山麓区

(4)起伏高原区

以致难以提供一个逻辑性参考框架以对物理特征进行分类。在这种情况下，每个主要特征类型可能还需要进一步划分为特征亚类。

亚类是主要特征类型的细分，彼此在视觉特征上存在显著差异。

这些特征亚类也是以 Fenneman 的书中所定义的地形学部分（physiographic sections）为基础的。

亚类应属于主要特征类型内具有显著大小与视觉差异的区域。这些照片与地图描述了 Western Cascades 的亚类分类。尽管地形亚类包含七个部分，但是只有四个部分具有明显的视觉差异，在此作为特征亚类。具体如下：峡谷区、高山区、山麓区、起伏高原区。

特征亚类也可以用来确定主要特征类型中那些具有显著或突出的共同特征的部分，也可以在国家层面用来为这些特征类型的风景质量评定服务。大峡谷（哥伦比亚城）是西卡斯卡底（Western Cascades）的亚类之一，也是 4 个亚类之一。

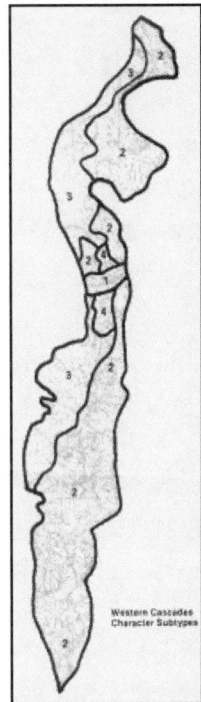

西卡斯卡底特征亚类

2.3 特征景观

特征景观是可以看见的天然形成的景观。它在视觉上展现出可以看见的基本植被格局、地形、岩石构造以及水体形态。它通常组成一个特征亚类的一小部分，主要是依赖于能够看见多少。

（1）该特征的地形属于一般的陡峭起伏。最强烈要素表现为植被格局所界定的空地（形态）。在这种强烈对比的景观中，没有视觉上附属的自然特征，因而清除其他的植被是很容易完成的。

（2）此处中间地带的地形较为平坦。优质的植被质地成为最强要素，使得该弱势景观在视觉方面占优势。在该风景中，引入的植被空地，在形状上占优，毫无疑问地成为该自然景观中的主导因素。

2.4 距离地带

距离地带是观看到的某一特定景观的细分，是用于描述被调查或评价的某一特征景观的一个部分。三个距离地带如下：

（1）前景。该地带的界限是基于细节能够被感知的距离。通常，在前景区域，树木的单个树枝形成质地。它通常被限定的距离地带是，距离观看者 1/4 至 1/2 英里的范围内。但是，具体问题具体分析，也受距离区划的影响。

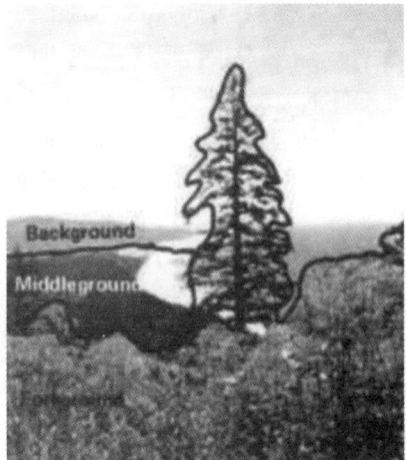

（2）中景。该地带是由前景区域往外延伸，距离观看者 3 至 5 英里。一般而言，质地是以均匀的林木植被区域中大片树林为特征的。单个的树木形态一般只在相当开放或稀疏的地方才可辨别清楚。

（3）背景。该地带是自中景区向外无限延伸。在均匀的林木植被区域中，质地一般很脆弱或根本不存在。在相当开放或稀疏的树木地方，质地可以被看做是树木的集群或格局。

2.5　主导要素

主导要素是最简单的视觉识别部分，它们组成了具有典型性的景观。观看者注重景观的形状、线条、颜色和质地。在一系列广泛的景观中，每一种主导要素的潜在视觉优势是变化的。在太平洋西北区域，这些要素之间的大致关系如下：

形态	最强
线条	↓
颜色	
质地	最弱

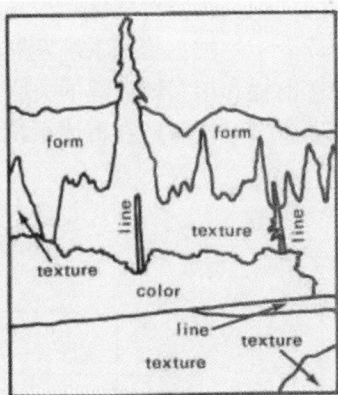

该轮廓图表明照片中各个特性的最强的主导要素。

在某年或某天特定时间点，一个平常是很弱势的要素（该景观中的颜色部分）可以偶尔具有暂时的优势，其而成为主导该风景的点。

2.6　经营活动

经营活动是人类强加于某一特征景观上的任一活动，是通过形态、线条、颜色及质地来表现的。

这些森林采伐单元在阴影边缘和道路中形态及线条表现明显。形态和线条表现显眼，是缘于土壤颜色及质地与周边植被的对比强烈。

3　系统过程

在前文中，我们对视觉管理系统的前提条件和术语进行了说明，目的是让读者了解视觉管理系统发展的根基。本文中的流程图有利于读者了解诸多前提和该系统流程的关联，该流程图还能帮助读者在阅读本手册的不同章节时，了解在整体系统中的位置。

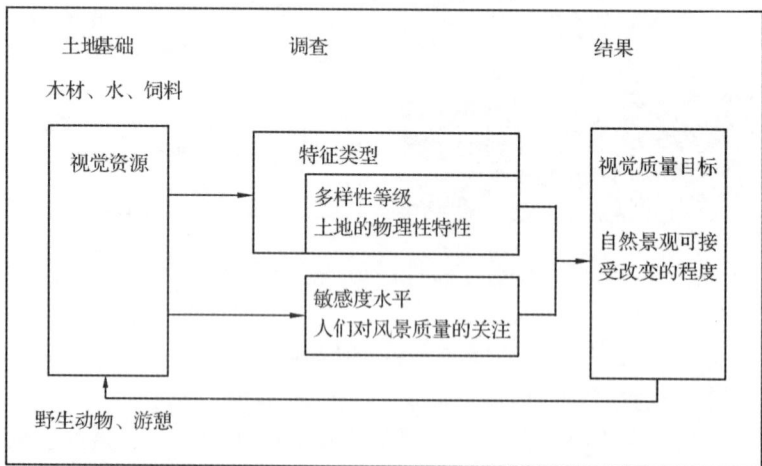

4　范　　围

视觉管理系统应用于所有国家森林林地的经营活动，包括但不仅限于，林木采伐、道路建设、防火带、利用廊道、冬季运动场所和基础设施。该系统为多重利用规划与决策过程提供输入支持。

规划步骤							
	1	2	3	4	5		6
数据收集	土壤 水 视觉的 方案撰写标准 经济状况	分析	评价	说明	综合	最终结果	土地使用规划 环境陈述 基础规划 功能规划 位置 设计 布局 管理

视觉质量目标只设视觉目标。当然，对土壤、水、空气、野生动物以及防火措施等的管理目标，通常都需强化视觉目标，或在某些情况下，其比视觉目标更为严格或忽略视觉目标。

这些目标之间偶尔会产生冲突，需要对其进行折中决策。该系统不包括规划因素，如政治与经济，可是其对土地管理相当重要。尽管这些因素并不包括在该系统中，但是这些因素可能或将来会临时改变结果。

视觉管理系统设计用来在任何水平的土地规划过程中起作用。为帮助这些规划，可能会对视觉资源在多样强度下进行评价。

例如，某一集中土地利用规划，覆盖了一处典型的排水系统，该规划需要收集不同类型的数据，并在一个很详细的尺度下，对这些收集的数据进行说明。相比之下，一个土地利用规划，会覆盖一处或者两处国家森林，则需要类型最全面、准确的数据，且这些数据需与最容易区分的土地和资源变动有关。

尽管密度低、尺度大的调查应适当使用，国家森林景观管理中心的长远目标是，在一个更为详细、细致的层面调查并解释国家森林大部分土地上的视觉资源。（详细且大范围调查水平的定义见附录）

其他的视觉资源目标，如多样性的维持或增加、景观平台或筛选视图（screening view）的开放，应源于详细的、协调的研究，如《森林景观描述及调查》。类似的研究将可以在视觉质量目标下提供其他的管理目标。

综上所述，本章节所提及的视觉质量目标包含了土地风景质量的极端多样性，视觉敏感度以及多种森林景观承受变化的能力。

5　多样性等级

多样性等级是通过将景观划分为不同的多样性程度来获得的。多样性等级，可以从风景质量的观点确定哪些景观是最重要的景观，哪些景观是价值不太高的景观。

分类的前提是所有的景观都存在一定的价值，但是那些拥有最多变化或多样性的景观，是有成为高景观价值的最大潜力。

自然景观的风景质量可以用三种级别来划分：

A 级——与众不同；

B 级——普通；

C 级——最小限度。

A 级——与众不同　　　　B 级——普通　　　　C 级——最小限度

A 级：指的是地形、植被格局、水体形态和岩石构造等的特性具有不寻常的或出众的视觉质量的区域。在特征类型方面它们是不常见的。

B 级：指的是形态、线条、颜色和质地或它们的组合等方面的特性有变化的区域，但是其在所有特征类型中趋于普通，而且视觉质量也不突出。

C 级：指的是形态、线条、颜色或质地等方面的特性变化小的区域。C 级包括除去 A 级和 B 级的所有区域。

5.1　过　程

必须制定出一个参考框架，按照这个框架判定一个区域的物理特性为与众不同、普通或最小限度，即 A 级、B 级或 C 级。框架源于特征类型(2.1 节)或者特征亚类(2.2 节)。特性，如地形、水体形态、岩石构造和植被格局等，是可以以单一或混合的形式与那些在特征类型中容易发现的特征类型相比较。通过这种比较，一个区域的整体风景质量水平和接下来的多样性评级才可以确定。

首先，应该进行的是一个区域 B 级的特征的评定，因为 B 级可以作为一个标准，可以通过它判定 A 级和 C 级。

例外的是一些特征亚类，其特征在特征类型上很常见，但是这些特征在质量上非常突出，或因其风景重要性而闻名全国。尽管这些特征类型是很常见，但应基于评定为 A 级。

A 级的区域是比上述定义的 B 级标准的区域的特性更加与众不同或更加特别。A 级的特征通常以形态、线条、颜色和质地的多样性来得以展示，与那些较易发现的特征类型相比，其地形、岩石、水和植被在视觉质量上更特别或更突出。

C 级的特点是在形态、线条、颜色和质地的多样性少。水体形态，因为其对对人们有很大的吸引力，一般不会属于此级别景观。例外取决于特征类型，如面积较小的死水池、间歇的溪流等。如果特征类型占有的土地极其小，那么，它的特征则是属于 C 级。

5.2　多样性等级地图准备

前面章节已经确定多样性的分级和简要概述了确定的步骤。分级必须立刻在图上绘制出来，为发展视觉质量目标提供数据基础。

（1）识别特征类型和开展特征类型及该区域特征亚类的文字描述。这张倾斜拍摄的照片说明了在西卡斯卡底特征类型内的陡峭山坡亚类。该亚类的文字描述将包含地质学和植被群落的、视觉方面的探讨。

（2）准备一个包含特征类型或亚类的景观特性表（或清单）和描述每个特性不同多样性等级：A 级、B 级、C 级。

	A 级—与众不同	B 级—普通	C 级—最小限度
地　形	60%以上的坡面是被切割的、不平整的、尖峰毕露并有大的主导性特性。	30%~60%的坡面有适度地切割或起伏。	0~30%的坡面有较小的多样性。没有切割的地形，没有主导性的特性。

（续）

	A 级—与众不同	B 级—普通	C 级—最小限度
岩石形态	在地形上有突出的特性，就大小、形状和位置而言有不寻常或特殊的雪崩道、岩石堆坡面和露出地表的岩石。	岩石形态特性明显但是不突出。有普通的且不突出的雪崩道、岩石堆坡面和露出地表的岩层。	岩石形态特性细微甚至不存在。没有雪崩道、岩石堆坡面和露出地表的岩石。
植　被	高程度的植被格局，树木高大，树龄长，树种特别或有显著的多样性。	有散布格局的连续植被覆盖。树龄成熟但并不是显著的老树林。树种多样性很普通。	有很少或无格局的连续植被覆盖。没有林下层、树冠层、地被层。
水体形状，湖泊	大于或等于 50 英亩。小于 50 英亩时，应有下列一项或者多项： （1）不寻常或者突出的湖岸线构造。 （2）反射重要的物体（倒影）。 （3）小岛。 （4）A 级岸边植被或岩石形态。	5 到 50 英亩。一些湖岸是不规则的。只有一些较小的倒影。B 级岸边植被。	小于 5 英亩。没有规则或者倒影。
水体形状，溪流	流域有多处或者有不寻常的水流特征的变化，有瀑布、湍流、水池、曲流且水流量大。	流域只有普通的曲流和水流特征。	间歇性河流或常年性小溪，水流变化小或者没有变化，没有瀑布、湍流或曲流。

这张表反映了陡峭的山坡亚类多样性在照片上的分解。这种表要与特征类型的书面描述进行比较，以确定哪些特征是与众不同、普通的或最小限度（A 类、B 类或 C 类）。这张表只适用于特征亚类，因为其他特征类型或者亚类的描述可能会因土地特征的变化而变化。

（3）多样性特征判定。这张倾斜拍摄的照片以胡德山国家森林（Mt. Hood National Forest）为样本区域，来说明用上述表格进行大范围的多样性等级分解。下面的照片既展示了在该研究区中粗放的多样性等级分解的示例（较大尺度），也展示了精细分解的示例（小尺度）。

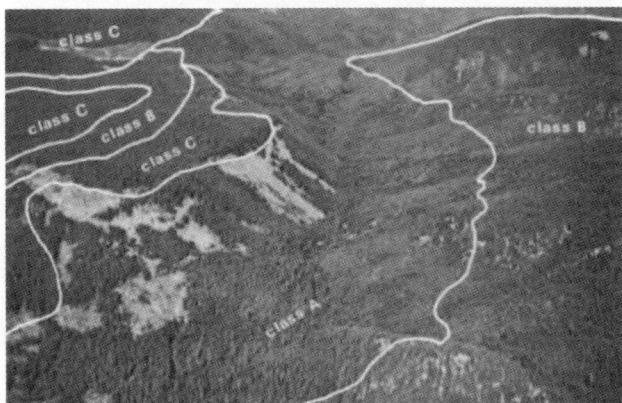

A 级：与众不同

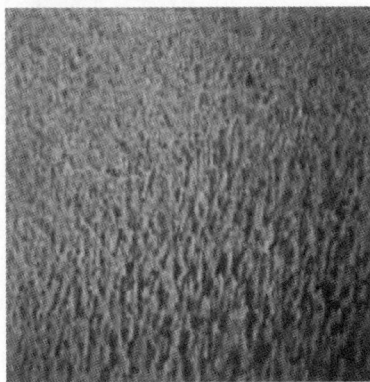

B 级：普通   **C 级：最小限度**

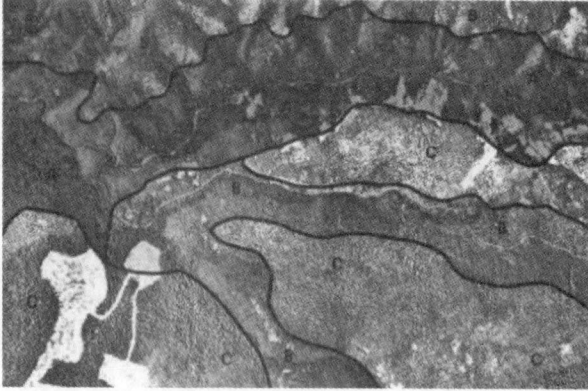

垂直拍摄的照片，特别是配合立体影响，是判断第 3 步宽的多样性等级的确定的极好工具。

（4）准备一个比例尺相同的详细的基础地图，因为多重利用规划单元经常用到这种图。

（5）准备叠加，如下图所示，用以说明多样性等级的确定。

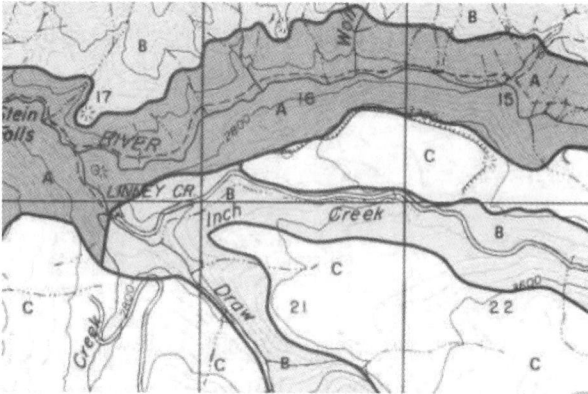

基础地图上的信息将用于视觉管理系统过程的各个方面，这些信息应包括但不限于：

地形数据（最为有用）；

土地所属权的边界；

现有和提议的（10 年内）旅游路线，包括非林务局道路，但从这些道路可以看到林务局的土地。（包括但不限于道路、步道、低空商业航空线路、客运铁路线路，等等）。这些信息可从林务局、地方、州和国家道路研究及运输规划中获得；

现有的和提议的（10 年内）使用区域和水体，包括那些不属于林务局的土地，但从这些土地可以看到林务局土地（包括但不限于地方、州和国家公园、游憩场所、纪念碑等。这些信息可从林务局、地方、州和国家游憩研究及规划中获得）。

6　敏感度水平

敏感度水平是人们对国家森林风景质量的关注程度的测度。

对于观看到的土地区域而言，其敏感度水平是由如下类型的人所决定的：正在森林中已开发的道路和步道上步行的人；正在使用露营区或游客中心等区域的人；正在湖泊、河流和其他水体旁游憩的人。此外，国家森林林地至少会被航空器使用者看到，因此一些游客敏感度水平需要建立在整个土地的基础上。

3 个敏感度水平被使用，每一个都识别使用者关注视觉环境的不同水平。

水平 1——最高敏感度；

水平 2——平均敏感度；

水平 3——最低敏感度。

游客对他的视觉环境敏感度水平的量化是极其困难的。进一步研究人的环境感知社会方面的问题必不可少。许多科学家们正深入的研究这种概念以及其在此过程中的变化方面的研究成果已经出版了很多。

6.1　过　程

两个步骤涉及建立敏感度水平。如果正在研究中的路线或区域穿越森林的边界的情况下，这两个步骤都必须要在国家森林之间相互协调。

	主要重要性	次要重要性
旅游路线	国家级重要性 高使用量 使用时间长 进入林地的道路	地方级重要性 低使用量 使用时间较短 项目道路
使用区域	国家级重要性 高使用量 使用时间长 面积大	地方级重要性 低使用量 使用时间较短 面积小
水体	国家级重要性 垂钓使用量高 划船使用量高 游泳使用量高	地方级重要性 垂钓使用量低 划船使用量低 游泳使用量低

步骤一：考虑区域内所有的旅行路线、使用区域和水体，确定其主

要或者次要重要性。下表提供了一个常用的方法，来确定为每一个设施的所属类别。决定因素如国家或地方的重要性，是不可能适用于所有区域和路线，需要增加其他项目，来形成一个完整的评价体系。

步骤二：明确使用者对森林风景质量关心程度的高低。人们对美学价值的主要关注，通常表现为愉快的驾驶、在风景步道上徒步、在主要使用区域露营、在湖泊和河流旁进行其他形式游憩活动等。而人们对美学价值的次要关注，通常表现为日常生活中开车通勤、运输林产品、利用木材和其他对森林的商业性使用。

识别使用者和他们主要或次要关注的美学价值，就可以表明每一个具体的旅行路线、使用区域和水体的长期的功能。再合并信息，建立整体的林地敏感度水平。

6.1.1　水平1

敏感度水平1包含了所有主要的旅游线路、使用区域和水体的可见区域，至少有四分之一的森林游客重视风景质量。例如从以下区域、地点看到的全部区：

（1）徒步者和骑马者所使用的主要道路和主要步道，及国家公园、国家游憩区、荒野或指定荒野区域内的主要使用场所。

（2）所有国家级重要性的公共交通系统包括铁路系统。

（3）主要区域供钓鱼、游泳、游船或供其他在水体上或水体边（包括河流、湖泊和海洋等）的动态或静态的游憩活动。

（4）主要游憩区（包括瞭望点、露营地、野餐地、沙滩、游客中心、步道营地等）。

（5）主要度假和冬季运动区。

（6）主要地质区。

（7）主要植物区。

（8）主要古迹。

（9）主要观察野生动物的地点。

（10）主要夏季私家游憩区。

（11）高敏感度的社区。例如一个社区，其大部分人口与林地经营活动的开展无直接关系。

敏感度水平1的地方也包括来自次要的旅游路线、使用区域和水体的所有可见区域，至少有四分之三的森林游客重视风景质量。例如从以下区域、地点看到的区域：

（1）通往国家公园、国家游憩区、荒野或指定荒野区域次要道路、步道和使用区及上述区域内部包括次要游憩区

(2)只要符合下列情形的，无论其为主要或次要道路，都归属于敏感度水平1：

a. 所有被归类为"风景公路"的道路。

b. 通往重要区域的所有道路和步道，这些重要区域包括国家公园、荒野、主要游憩区、古迹或遗址、植物基地等。

6.1.2 水平2

敏感度水平2包括来自主要的旅游路线、使用区域和水体的所有可见区域，不到四分之一的森林游客重视风景质量。例如从以下区域看到的全部区域：

(1)所有没有列入水平1的区域的联邦、州和主要的县或森林系统。

(2)已知的低空飞行路线(包括非商业的休闲飞行)。

(3)大部分人口与林地的经营经营活动直接相关的社区。

(4)其他未列入水平1的主要使用区。

敏感度水平2的地方也包括来自次要的旅游路线、使用区域和水体的所有可见区域，至少有四分之一而不超过四分之三的森林游客重视风景质量。例如从以下区域看到的所有区域：

(1)次要的县和森林系统。

(2)次要步道系统。

(3)所有通往次要区域的道路。

(4)次要游憩区(包括瞭望点、露营地、野餐地等)。

(5)提供次要的垂钓、游泳和游船使用，以及其他次要的水体上或其周边的动态或静态的游憩活动使用的区域。

(6)次要地质区。

(7)次要植物区。

(8)次要度假区。

(9)次要夏季私家游憩区。

(10)次要古迹。

(11)次要的野生动物观察区。

(12)不包括偶尔使用的旅游路线和使用区。

6.1.3 水平3

敏感度水平3包括来自次要的旅游路线、使用区域和水体的所有可见区域，不到四分之一的森林游客重视风景质量(敏感度水平3不包括任何从主要路线和区域看到的区域)。例如从以下区域看到的区域：

(1)不包括在水平1和水平2范围的所有县级和森林道路系统(不

管其是永久的还是临时的)。

(2)主要供防火和管理使用的次要森林步道系统。

(3)没有影响或影响力微弱的游憩场所(例如供打猎者偶尔使用且没有设施的营地)。

(4)没有或者很少供垂钓使用的河流。

(5)偶尔使用的次要道路或使用区。

(6)从任何旅游线路、使用区域或水体均看不到的所有国家森林林地。

所有敏感度水平汇总表:

使用类别	敏感度水平 1	敏感度水平 2	敏感度水平 3
主要旅游路线、使用区域和水体	至少四分之一的使用者重视风景质量	不到四分之一的使用者重视风景质量	
次要旅游路线、使用区域和水体	至少四分之三的使用者重视风景质量	至少四分之一而不超过四分之三的使用者重视风景质量	不到四分之一的使用者重视风景质量

使用者比例(四分之一和四分之三)的确定是通过讨论得出,本表所提供的只是一种指南而已。它们说明游客的类型和他们关注的国家森林的美学价值之间的关系。四分之一到四分之三的使用者这种量化可能需要根据当地实际情况而调整。

6.2　敏感度水平地图准备

前文已经确定了敏感度水平而且讨论了每一个例子。现在必须把敏感度水平绘制成图,目的是为视觉质量目标的提出提供基础数据。推荐下面的过程:

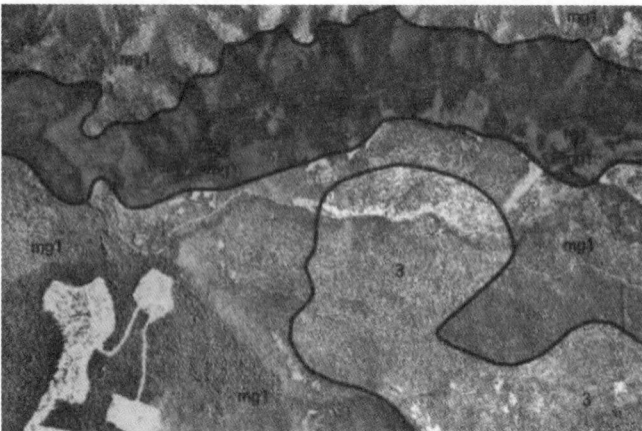

(1)利用相同的基础地图用以确定不同的水平。

(2)确定满足前述水平 1、水平 2 或水平 3 的决定因素的所有的旅行路线、具体使用区域、水体。

(3)准备叠加所有可以看到的水平 1 旅游路线、使用区域和水体。垂直拍摄的照片为确定可见区域提供了一个实现工具。所有制图需要现场核实。一些确定可见区域的计算机程序是可用的(见附录)。

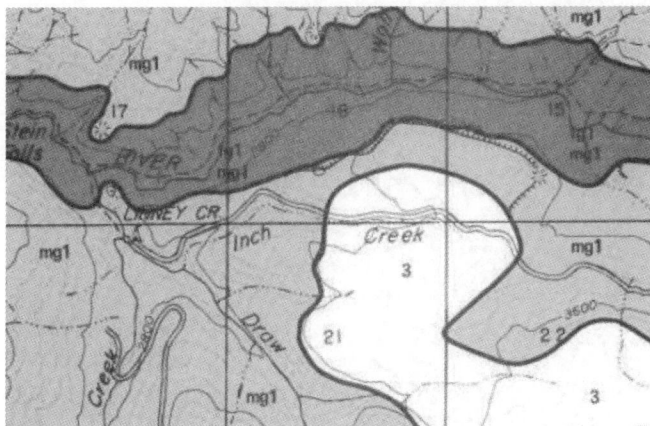

(4)将第 3 步中建立的可见区域划分为前景、中景、背景 3 个距离地带。用适当的符号和敏感度水平数值标记所有的距离地带:

fg 1—前景敏感度水平 1;

mg 1—中景敏感度水平 1;

bg 1—后景敏感度水平 1。

距离地带的定义和讨论见 2.4 节。

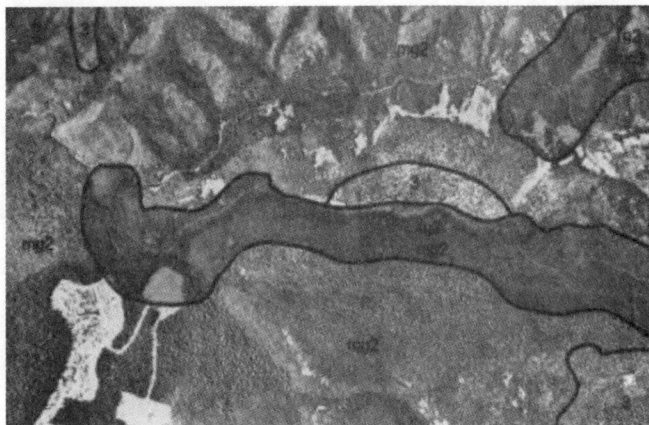

(5)准备叠加所有可见的水平 2 旅游路线、使用区域和水体,如上面第 3 步的描述。

(6)确定可见的水平 2 旅行路线、使用区域和水体的前景、中景和背景距离带,如上述第 4 步所描述的。用适当的符号和敏感度水平数值标记所有的距离带。

可见区应主要基于敏感度水平1和水平2地形筛选，后面植物的筛选可以通过计划管理或自然的原因而改变。

在地面进行分析需要在最佳的光照和天气的条件下来验证已经设立的距离地带（见原文第一卷52、53、56、57页）。

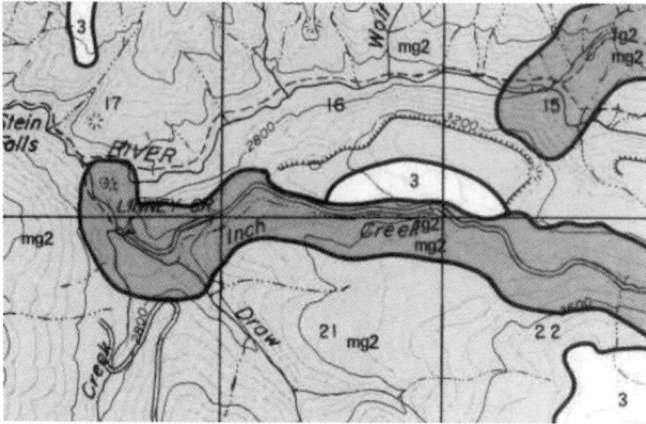

（7）确定水平3区域，所有不符合水平1和水平2的标准的土地。在前面已经列出水平3的决定因素，从而指出水平2和水平3之间的不同。在所有这样的区域标记数值3。一般不必在水平3区域区分距离地带。

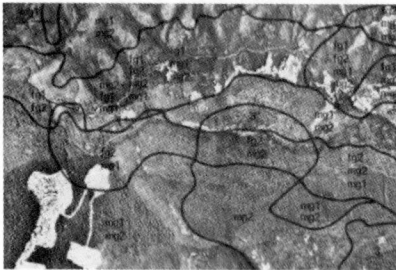

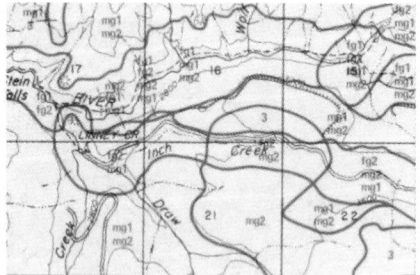

（8）当将步骤3到步骤7的结果叠加到一起，结果可能有些冲突，一些区域会有不止一个距离地带或者有不同的敏感度水平。无论什么情况下，更有约束性的敏感度水平将被使用在最后的叠加上。

用下表可以很容易地确定最有约束性的敏感度水平。如果一个区域既被确定为mg2又被确定为fg2，可通过比较（在左边纵列的mg2，与第一行的fg2相比较），确定fg2是那个区域的恰当的（或最有约束性的）敏感度水平。

	fg1	mg1	bg1	fg2	mg2	bg2
bg2	fg1	mg1	bg1	fg2	mg2	bg2
mg2	fg1	mg1	bg1	fg2	mg2	
fg2	fg1	mg1	bg1	fg2		
bg1	fg1	mg1	bg1			
mg1	fg1	mg1				
fg1	fg1					

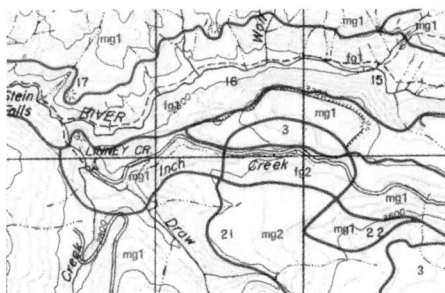

（9）在解决了敏感度水平和距离带的矛盾之后，最后调整视觉区域的边界。最终叠加图会显示视觉区域以距离地带为依据，敏感度水平数值标注在其旁边。

7　质量目标

在视觉管理系统中的这一点上，所有的土地都应该按照公众关注的风景质量（灵敏度水平）以及自然特性多样性（多样性等级）得到确认。可度量的标准或视觉管理目标的提出成为首要任务。而视觉质量目标的设计就是以完成该任务为目的。它们表现为5条，可定义为视觉资源管理目标。目标如下：

P（Preservation）　　保护
R（Retention）　　保留
PR（Partial Retention）　部分保留
M（Modification）　　改进
MM（Maximum Modification）　最大限度改进

这些目标与多样性等级和敏感度水平中阐述的各种价值相适应。除了保护目标外，其他每一种目标基于美学价值的重要性，来描述可接受的变化的不同级别。根据视觉景观与周围自然景观的对比，来衡量其改变的程度。

另外，两个额外的短期管理目标也是需要的。第一个是用于改进含有视觉影响的景观，而影响不符合对特定区域设定的质量目标。第二个是指具有更大自然形态多样性的潜力的景观。短期管理目标如下：

Reh（Rehabilitation）　　重建
E（Enhancement）　　加强

一旦实现了短期目标，其后五个质量目标的其中一个就可以得以应用。

以下是对五个质量目标和两个短期管理目标的描述与图解。

7.1　保　护

这个视觉质量目标只允许生态学变化。除了游憩设施这种非常低的视觉影响外，其他经营活动都是禁止的。

这个目标应用于荒野区域、原始区域、其他特殊分类区、等待分类的区域和一些没有缘由的特殊分类的独特管理单元。

荒　野

白杨沼泽植物区

惠勒克里克研究自然区

7.2　保　留

这个视觉管理目标仅允许视觉上不明显的经营活动。

在保留目标下，活动仅可重复具特征景观内常发现的形状、形态、颜色和质地。而且其大小、数量、开发强度、方向、格局等质量的变化均不可明显。

视觉影响持续时间

直接降低形态、线条、颜色和纹理对比度以满足保留无论是在经营期间或立刻完成。它可以这样做可以在空旷的地方播种植物和削减或填充斜坡、手工培育树苗、粉刷建筑物等。

在停车区上面植被空地的滑雪道和升降机对于临时的森林游客来说视觉上并不明显（左图）。这空地重复了来自周围植被格局的形态、线条和质地以实现保留的质量目标。

在这个大树移除范围中（右图），尽管位于沿着山脊从上到下每 200 英尺一条，但大部分的线状采伐移除原木并不明显。为实现这一质量目标，索道用空地保持在最小 10 ~ 12 英尺的宽度，而不是标准的 25 ~ 30 英尺。

形态的形成来自大的成熟林木的移除，重复了在特征景观中常见的自然空地，重复的如此完美以至于它们变得不明显了。下右图"之后"的形态与旁边（"之前"）的自然状况呈现特别大的反差。然而，在拍摄区域之外是大面积的自然空地。为了符合"保留"这一目标的要求，在现有物理条件下也包括了支线和防滑路，但并不明显。

之前

之后

A

B

C

D

　　空中缆车穿越中部地形（A），从上到下没有引入任何明显的形态、线条、颜色或质地。

　　详细的照片（B）说明了一些原因。上面通常保留而不是清除树木，以保持自然的颜色和质地。任何空地的宽度是绝对的最小宽度。缆车的侧面很低，对应于相邻的树的高度。精心选择缆车厢和支架的颜色，使它们与相邻植被的背景颜色融合在一起。

　　在这张照片中的皆伐（C），其中只可以看到树干边缘的一些痕迹，对森林游客来说不明显。它不引入任何明显的形态、线条、颜色或质

地。照片(D)显示从空中看这些采伐
单元的情形。

这张照片靠下部分中的择伐显示
的目标是保留。从观察点和在这些照
明条件下，它不需引入任何明显的形
态、线条、颜色或质地。

7.3 部分保留

当根据部分保留这一目标进行管
理时，经营活动应在视觉上服从特征
景观。

活动可以重复特征景观内常见的
形状、线条、颜色或质地，但在它们的规模、数量、强度、方向、格局
等的质量变化，保持视觉上服从特征景观。

活动也可能引入很少或根本不在特征景观中出现的形态、线条、颜
色和质地，但它们应该保持服从于特征景观的视觉强度。

视觉影响持续时间

降低形态、线条、颜色和纹理为了适应部分保留，一旦项目完成，
应尽可能就立刻实现或在第一年内实现。

(1)照片右部的更新局部的采伐仍然服从于特征景观。这是由于形
状有些超出了预期的尺度，重复了对于周边区域而言常见的自然存在的
形态、线条、颜色和质地。

（2）这两个山谷交界处不规则形状的皆伐是明显的，但仍然服从特征景观（左图）。注意矩形单元到右边的对比。颜色和质地的对比因单元内组织大量集中而减少。这个山谷的形状很自然地被发现。

（3）在这张照片中（右图），小路是明显的，但是服从具有典型性的景观的。它的实现，是通过给铺面材料添加颜色重复深灰色岩石构造。这条小路符合自然岩石构造使得该地点破坏达到最小。

（4）在这个地点建造冬季运动场产生的形态是明显的，但保持视觉服从有特色的景观而实现部分保留这一质量目标。形态和线条像正在观看的风景中的自然空地一样在相同的尺度上得到了重复。另外通过借用颜色和质地这种技术，种植草地覆盖，以使活

动无法辨别，从而实现保留这一更高的视觉质量目标。

（5）这种微波设备重复着周围地貌和植被的形和颜色，以保持视觉上服从有特色的景观。

（6）这个用砖石铺成的停车场很明显，但是仍然保持着视觉服从周边区域以实现部分保留这一目标。停车场的颜色重复着现有岩石的色泽。线条结合岩石非常的自然，顺着农作物的轮廓，以创造砖石路的边界。

(7)在皆伐后的山脊上，引入这个形态，是为了保持视觉服从于有特色的景观。暴露的土地颜色，重复着周边农舍、植被的颜色，以达到服从的目的。另外，整个植被格局、质地和颜色的变化，也可以将对（经营）活动的注意力移走。

(8)这两张照片中的道路很明显，但是仍然服从于有特色的景观。细节照片表明原因。使用"低合金高强度钢"材料的隔仓式挡土墙，重复自然环境的颜色，也容许植被靠近路的边界。

（9）这是一条明显的鱼类通过水坝的通道，但是仍然保持视觉上服从于自然河流，以达到部分保留这一目标。相同的混凝土墙，如果建成像溪流中那样的岩石构造，将有助于取得更高的视觉质量目标。池塘的大小和高度发生阶梯式变化可能会取得保留这一质量目标。

7.4　改　进

在改进视觉质量目标下，经营活动可能在视觉上支配着初始特征景观。然而，植被的生长和土地的改变，必须要完全地借助已经自然建立起来的形态、线条、颜色或者质地，在这样的尺度下，其视觉特征就是在周边区域和特征类型中自然出现的事物。另外，这些活动部分，如建筑、道路、沼泽低地、根团等，必须保持视觉上服从于所提议的构图。

活动主要介绍建筑、标识、道路等设施，应完全地借用自然建立的形态、线条、颜色或者质地，在这种程度上其视觉特征与周围自然环境是和谐一致的。

视觉影响持续时间

降低形态、线条、颜色和纹理应在一年内完成或者至少符合现有的区域准则。

（1）道路占据前景的主导地位，但是充分借用了地貌的形态、线条、颜色和质地，它位于出现视觉和谐的地方。质量目标是通过道路排列适合地形实现的。陡的道路边坡绕到背面，作为现有地形的一部分而出现。植物的清理线条起伏，包括在左边邻近道路边缘的一些地方的植被。在中景内看这条道路是符合保留或部分保留目标的。

（2）这个标示在特征景观中占主导地位（左图），完全地借用自然建立的形态、线条和颜色，在这种程度上，其视觉特征与周围自然环境是和谐一致的。

（3）这个电线除了照明塔之外，其超出了改进这一质量目标的标准（右图）。空地的设计借助了特征景观中的植被格局的形态、线条和质地。如果照明塔借用周边区域的颜色，经营活动将达到一个更高的质量目标。

（4）这两张照片展示了在前景中占主导地位的植被的变化。这些要素，如（运伐倒木的）滑道、砍伐痕迹、采伐剩余物等，应附属于空地。右边的图片说明，种植一年生草本覆盖物，再加上一个获得自然形态的边缘效应，是如何使一块自然空地外观形态变完整，尽管其仍然占主导地位。

（5）这张照片中的皆伐在特征景观中占优势地位，但表现为一种自然发生的情况。它的实现，主要是因为在皆伐迹地上留下了一丛丛的树木。

（6）在这张照片中护林站在特征景观中占主导地位，但重复着大量的生长着树木的地方的线条、颜色和质地。该建筑很好地坐落于林木当中，而且容易符合改进的视觉质量目标。

（7）这个游客中心在特征景观中占据着主导地位，但充分复现了来自崎岖的海岸线的形态和颜色以呈现视觉和谐。

（8）这里皆伐在特征景观中占主导地位，但颜色例外，它像是一个自然景象。风景质量目标的实现，主要是因为此种规模的自然外貌具有天然的空地，以及由分散的树丛与起伏的形状引起的非常松散、不规则的边缘效应。道路是明显的，但保持服从于自然形态外观。

（9）皆伐在特征景观中占主导地位，但是像是自然景象一样，主要因为形态和颜色。皆伐的地方已经播种了草，以达到直接地降低视觉影

响的目的。

　　(10)在质地连续的特征景观中，更新采伐作为自然形态的组分占据主导地位(A)。形态很好地借用了在周围的景观中是很难见到的自然空地。通过较小的、作为边缘的一部分的自然空地的使用，以及边界内散生树木的保留，来获得自然形态的边缘(B)。颜色和质地像是自然的，是因为零散的草地覆盖。

7.5　最大限度改进

　　植被的经营活动与地形的改变可以主导具特征景观。然而，当作为背景被观赏时，视觉特征必须是周围区域或特征类型中的那些自然景象。当作为前景或者中景被观赏时，它们可能不会完全地借用自然建立的形态、线条、颜色或质地。改变也可能在尺度之外或包含了细节，当在前景或中景内观看时与自然景象并不一致。

　　引进这些活动(如建筑、道路、沼泽低地、树根)的附加部分，必须在视觉上服从所提议的在背景中看到的组分。

视觉影响持续时间

　　对比度的降低应在五年内完成。

　　形态的形状与格局(左图)基本上是特征类型中的那些自然景象。唯一的例外则涉及较大的单元，其超越了周边区域的范围。

中景皆伐是水平主体方向上，自然景观的一部分当中的纵向重点（中图）。然而，当被视为形态的背景形状与格局时，它像是一个自然景象。背景中的皆伐（右图）像是自然景象一样，主要是借用了相邻地形的形态或形状。单元的尺度大于该区域内的自然空地。

这些皆伐（左图）主导着特征景观，但是完全地借助形态的形状与格局，它们就像是在背景中看到的自然景象。

在山脊顶端皆伐外貌的形状与格局（右图）是占主导地位的，但是像是这个背景风景中的自然景象。

这些皆伐形态（左图）占主导地位，但是完全地借助外貌的形状与格局，足以让它像是背景风景中的自然景象一样。

皆伐组合达到了这个目标，因为可以从背景距离地带判定在数量、大小、形状与形态格局方面的自然形态多样性。

在背景中，道路也往往是视觉上服从于形态的格局。皆伐模式超过最大限度改进的标准，因为以前景观单元呈现为绿色。

7.6　不可接受的改进

本部分阐述过度改进的示例，或者无论在离可以被观察到经营活动多远的距离，都不能对任何景观做的动作。

一个或更多的这些特征表示不可接受的改进：

（1）活动的大小过度或与特征景观中的地形尺度及植被格局关联差。

（2）经营活动范围整体过度

（3）活动或设施在形态、线条、颜色或质地对比上过度。所有经营活动的主导要素在视觉上与这些特征景观无关。

视觉影响持续时间

不可接受的改进包括这些视觉影响的持续时间达 10 年以上。

（1）在这个交叉点，陡的道路边坡在形态上表现显眼，视觉上与通过此平坦交叉点不相关（左图）。

（2）这种输电线路下的空地，产生一条表现明显的线条，在视觉上与特征景观无关（右图）。一处形态表现明显的景观穿越河流的右侧位置，产生的影响相对较小。由于线路通道一直存在，视觉影响将持续10 年以上。

（3）大多数的皆伐在视觉上与自然景象形态的形状与格局是不相关的。

（4）活动的大小和范围过大。活动与特征景观中的地形或植被空地的形态与规模不相关。

（5）这条道路的视觉影响未能说明注意力既对视觉资源有影响也对土壤和水资源的经营不当有影响的机制。

（6）任何遗留过量砍伐痕迹、采伐剩余物和根团的活动都是不可接受的，不管看到的是区域的哪个敏感度水平。在这些区域类型中的砍伐痕迹应最少满足最大限度改进防火管理标准，表示中等的传播速率和对控制的中度弹性。

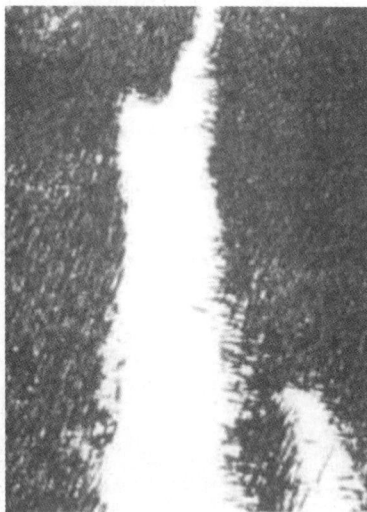

（7）这个冬季运动场地显示出强烈的轮廓，其在视觉上与周边的自然景象不相关。

（8）这条道路的放线与它经过的地形无关，在为特征景观的形态、线条和颜色引入了强烈对比。几何上完美的、陡的公路边坡没有借用该区域的圆形地表构造或裸露岩石。陡峭的边坡和贫瘠的土壤通常不允许生长任何类型的植被，从而减少目前已经创造出的非常明显的颜色对比。

（9）照片中鱼梯（鱼通过水坝用的通道）可以满足渔业目标，结构上也非常好，但是它对于大多数小河流而言造成了难以接受的过大的视觉影响，如果想减小这种视觉影响，需要通过借用自然的河滨特征中形态、线条、颜色和质地。

7.7 重建

景观重建是一个短期的替代的管理方案，用于将含有不良视觉影响的景观恢复到期望的视觉质量。或许重建不能总是立刻达到规定的视觉质量目标，但是可以暂时提供更多视觉上令人满意的景观。可以通过改变、隐藏或者消除碍眼的要素来达到重建的目的。这些重建包括：

（1）植被的取舍以消除碍眼的边缘、形状、图案、颜色等。

（2）改变地面，使之与自然斜坡更好地融合。

（3）改变、隐藏或消除含有碍眼的形状、颜色或反射光的结构。

（4）随挖随填的斜坡的植被恢复。

（5）改变、隐藏或者消除砍伐痕迹、成团的树根或者建筑垃圾。

（6）鉴定景观需要重建一般应该在质量目标应用时完成。进一步的指导见本章"质量目标图示化"部分。

之 前　　　　　　　　之 后

代表"之前"的图片展现了一些块状皆伐迹地，它不符合任何视觉质量目标。这个主导特性通常在保留或者部分保留的管理之下。

代表"之后"的图片展现了重塑后的皆迹伐迹地，以便将视线引回到主导特性。尽管重建不符合保留或者部分保留的目标，但当发生（更新）生长时，重建是一个更可接受的做法。

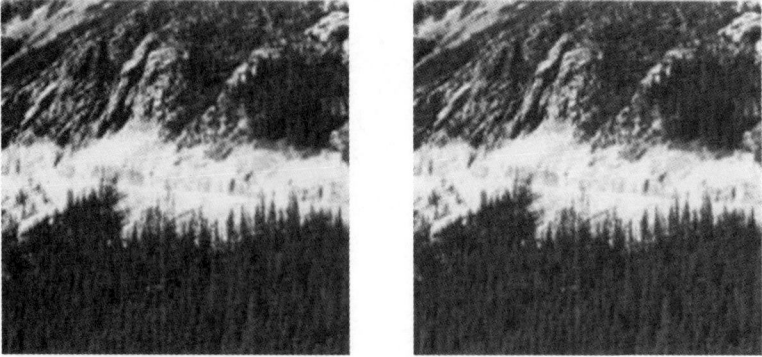

在减少道路损坏视觉影响中，颜色常常是最关键的要素之一。细节图说明了用乳状沥青有效地降低颜色对比。

从难以接受的改进到部分保留的目标，可通过给高反光的铝塔涂抹酸性涂料来实现视觉影响的减少。

7.8　加　强

加强是一个短期的替代的管理方案，目的是给现有稀少的多样性增加积极的视觉多样性。加强的实现可以通过增加、减少或者改变植被、水体、岩石、土壤形态或结构去创造额外的形态、边缘、颜色、质地、格局或空间的多样性。例如：

（1）给植物群落增加物种从而赋予一个区域独特的形态、颜色和质地。

（2）通过控制植被产生远景或者筛选出不受欢迎的风景。

（3）增加结构以加强自然景观。

（3）景观的鉴定需要加强，一般用景观管理通道规划进行鉴定，如Litton（1968）的"太平洋西南区森林 49"中的概述。

增加植物种类引入春天的颜色

增加植物种类强调秋天的颜色

防火林带的营建创造了令人满意的风景

7.9　质量目标的地图准备

前面章节已经确定了视觉质量目标和短期管理目标，又提供了各自的例子。这些目标需要通过结合多样性等级和敏感度水平进行制图。

（1）使用先前准备好的多样性等级和敏感度水平叠加形成一张合并的叠加图。

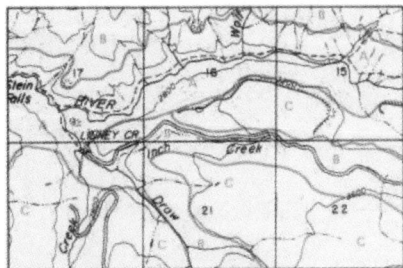

多样性等级图层

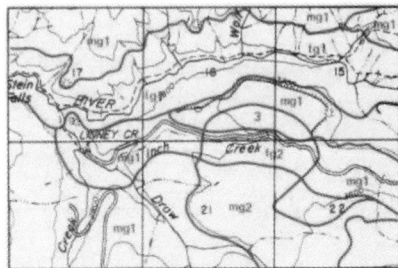

敏感度水平图层

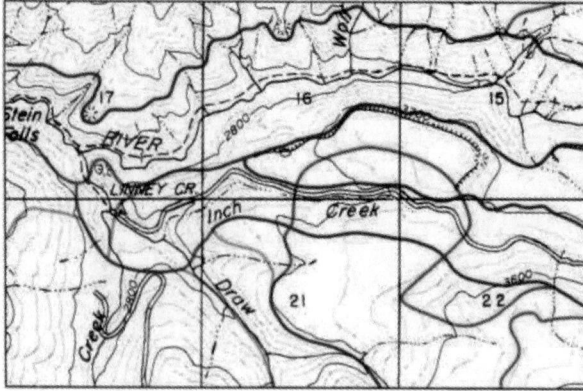

合并叠加

（2）在合并叠加后显示适当的视觉质量目标。这些目标的确定是通过对照多样性等级（A，B，或 C）和敏感度水平（前景 1，中景 2，等）得到的。利用分圆标志和颜色代码，一个适当的目标（和确定的信息）可以显示在地图上的每个区域。

		敏感度水平						
		fg1	mg1	bg1	fg2	mg2	bg2	3
多样性 等级	A 级	R	R	R	PR	PR	PR	PR
	B 级	R	PR	PR	PR	M	M	M
								MM
	C 级	PR	PR	M	M	M	MM	MM

如果 3B 区域相邻的视觉质量目标是保留或部分保留，选择视觉质量目标为改进。如果相邻的视觉质量目标是改进或者最大限度改进，视觉质量目标为最大限度改进。

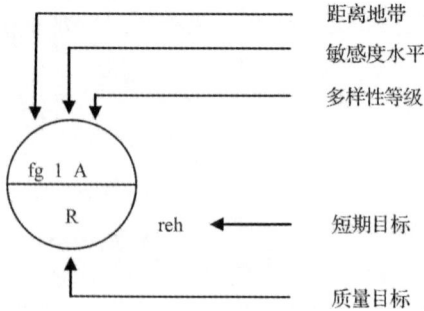

目标图

符号	目标	颜色代号
R	保留	
PR	部分保留	
M	改进	
MM	最大程度改进	

保护没有在这张图上出现，但是也需要表示出来

P	保护	

分配保护目标给所有现存和计划(10 年内)特殊分类区。

注意这些区域中质量目标旁其他需要重建或加强的符号，e 代表加强，reh 代表重建。

当一个特定区域经营活动不符合约定的质量目标时需要标记重建。加强标记来自特定区域详细的景观管理计划。

视觉管理系统因此产生了视觉质量图。这就意味着如果在大尺度、项目决策及详细分级完成时，国家森林景观管理目标被推荐考虑用于土地规划

8 术语表

视觉影响区(Area of Visual Influence)：景观的一个部分，是落入人们视觉区域范围内的部分。

背景(Background)：景观、图片等远距离的部分；尤其是处在某事物后面的和提供一致性或对比性的环境；周边区域或表面。区域范围在离观看者 3 – 5 英里至无限远。

基础地图(Base Map)：通过图来记录给定区域现有与将有的自然与管理特征的档案。

特征(Charateristic)：构成品质的事物；描述特性的事物；与众不

同的特点、特性或质量；特质。

特征景观（Characteristic Landscape）：在观看的一个或多个风景中，自然形成的景观。

特征类型（Character Type）：陆地上大的自然地理区域，具有共同的地形、岩石构造、水体形态和植被格局。

特征亚类（Character Subtype）：一个主要的特征类型的细分，一个特征亚类在视觉特征上明显的不同于其他特征亚类。

共同主导（Co‑dominance）：在一个风景中具有相对同等视觉重要性的两个主导特性。

颜色（Color）：光（如红，棕，粉红色，等）的一种现象或可以区分相同物体的视觉感知。一种颜色，与黑色、白色或者灰色形成对比。

普通的（Common）：指在一个特征类型中普遍的、平常的或者广泛分布的景观多样性。它也指普通的或者无特色的视觉多样性。

构图（Composition）：艺术工作中把各组成部分放在一起和组织起来；或者这样组织在一起的产品。

对比（Contrast）：a. 相邻部分的差异，如在颜色、色调或情感上。b. 在时间或者空间上两个不同认知的紧密并列，形成强烈的吸引力引起注意。

距离地带（Distance Zones）：按照距离观看者的指定距离表示的景观区域。作为一个参照框架，在该框架中讨论景观特征或者人类活动。

与众不同的（Distinctive）：指从特征类型中的普通特性中脱颖而出的、不常见的和/或杰出的景观多样性。

多样的（Diverse）：指景观特征中具有的多样性。

主导（Dominance）：在力度排序中占优势地位。

主导要素（Dominance Elements）：形态、线条、颜色和质地。它们是视觉上可以被识别的部分，这些部分组成了特征景观。

占主导性的（Dominant）：统治的；管理的；主要的；发挥重要影响力的。

动态（Dynamic）：活动或者变化。

边缘（Edge）：一个物体或者区域的开始或结束的线条；充当边界。

加强（Enhancement）：带有迅速提高正面的风景属性（只有存在少数的风景属性）目的的一个短期的替代方案

美学[Esthetics（Aesthetics）]：a. 通常指论述美与关于美的判断的研究、科学或者哲学。b. 提供视觉愉悦。c. 感知性或敏感性的理论。

明显的（Evident）：对临时森林游客而言显而易见的事物。

期望的景象（Expected Image）：个人期望看到的内心的情景。

特性（Feature）：某物视觉上与众不同或者显著的部分、质量或特征。

前景（Foreground）：离观看者 0 到 1/4 – 1/2 英里发现的细节景观。

形态（Form）：某物的相对于其组成材料而言的形状或结构

参考框架（Frame of Reference）：一个范围或者框架，通过与它对照可以根据相互之间的关系测度不同部分。例如特征类型。

线条（Line）：a. 两个平面的交集。延长的一个点；形态的轮廓。b. 任何不同东西排列成或被考虑排列成一排或一个顺序。两个平面交集；延长的一个点；一个形状的轮廓。在景观中，山脊线、天际线、排列、植被变化或个体的树木与枝条等都可以理解为线条。

经营活动（Management Activity）：施加影响于景观的人类活动，目的是采伐、移动、运输或者补充自然资源。

最大限度的改进（Maximum Modification）：一个视觉质量目标，意味着人类活动可以主导着特征景观，但是将其视为背景时应显得像自然发生似的。

中景（Middleground）：在一个图片或者景观中，位于前景和背景之间的空间。这个区域位于离观看者的距离在 1/4 ~ 1/2 英里至 3 ~ 5 英里之间。

最小限度的（Minimal）：指在景观中很少或者没有视觉变化。与特征类型中的一般特性相比，为无变化的或在平均水平以下。

改进（Modification）：一个视觉质量目标，意味着人类活动可以主导着特征景观，但是必须同时利用自然形成的形态、线条、颜色和质地。当在前景或者中景观看时应显得像自然发生似的。

单调（Monotony）：完全重复；令人生厌的千篇一律。

部分保留（Partial Retention）：一个视觉质量目标，通常意味着人类活动可以是明显的，但是必须保持以从属于特征景观。

格局（Pattern）：组成部分、要素或细节的安排，暗示一个设计或者一些有序的分布。

感知（Perception）：a. 人们基于过去和/或预见的经验对物体或者空间的印象。b. 对所有状态与适用因素产生的自我意识；理解。

保护（Preservation）：一个视觉质量目标，只提供生态的改变。

重建（Rehabilitation）：一个短期的管理替代方案，用于将现有自然景观的视觉影响恢复到期望的视觉质量。

保留（Retention）：一个视觉质量目标，通常意味着对于临时游客而言人类活动是不明显的。

尺度（Scale）：通常是指一个物体和它的环境或周围环境之间的大小关系。

可见区域（Seen Area）：可被观看到的全部区域。或许可以依据前景、中景和背景来测度。

敏感度水平（Sensitivity Level）：观看者对于景观的风景质量感兴趣的特定程度或测度。

形状（Shape）：空间的形态，常常是二维的。

空间（space）：一维、二维，或三维的有限延伸；一个体积。

特殊分类区域（Special Classified Area）：那些区域，例如荒野、历史的、生物的或者地质的场所，如此重要，以至于作为政策或法律的一部分给出明确的管理指令。

次要的（Subordinate）：在大小、亮度等处于另一个的下级或下方；第二位的视觉影响。

质地（Texture）：某物的视觉或者触觉的表面特征。

转变（Transition）：尤指不是突然的情况下，从一个状态、阶段、地方或主题过渡到另一个状态、阶段、地方或主题（subject）。

多样性（Variety）：不同事物、形态或者质量的演替系列的混合物。

多样性等级（Variety Class）：视觉多样性的特定水平或者景观特征的多样性。

观看（View）：向某事物望过去或者令它保持在视野范围内，尤其是广阔的景观或者全景。向这个物体或者风景看过去的动作。

游客（Visitor）：某一区域的暂时居住者。游憩游客—为了恢复身体与精神而暂时处于一个区域的人。通常明显是有意识的或在潜意识中对区域的风景质量感兴趣。

远景（Vista）：狭窄的风景，尤指通过长的、例如在一排排房屋或树木之间的通道看到的。远景常常指向或聚焦于景观中的某一特定的特征。与风景不同，有时候远景是人为创造的，如果是这样的，它将受制于设计。

视觉的（Visual）：通过视觉在头脑中获得的影像。

视觉质量目标（Visual Quality Objective）：基于一个区域自然与社会特征期望获得优秀的水平。指具有特征景观接受改变的程度。

9　附　录

9.1　确定"可见区域"的计算机程序

Bardoll Ivan H. Ill Computerized visibility calculations maximum sighting range program. San Diego: Univ. of Calif: 121 Jul 1967.

Ford Lester R, Jr Isaacson H S, Pethel F C. Computer terrain simulation for line-of-sight calculations. Oper Res J 4: 478 – 482, illus. 1959.

Eisner Gary H, Amidon Elliot L. "Viewit" computing visible areas from proposed Recreation Developments, USDA Forest Service Research Note PSW-246, 1971 and PSW 180, 1968.

9.2　视觉调查水平

多样性等级中物理特性的等级划分，可以在依赖于迫切的、计划中的调查利用的两个不同尺度或者强度上完成。

大的(Broad)—在标准资源(垂直拍摄的)照片范围中看到的特性的等级。通常在大尺度土地利用规划和小范围或者过渡资源规划(如：十年木材经营规划)下进行。

细节(Detail)—在无遮挡条件下，在距离 1/4 英里的地平面上看到的特性的等级。只有在大尺度的评价结束之后进行。通常在详细土地利用规划时进行。

后 记

本文集收集了美国林务局 1995 年颁布的《景观美学：风景管理手册 (*Landscape Aesthetics：A Handbook for Scenery Management*)》、2007 年制定的《附录 J 推荐的风景管理系统 (SMS) 的完善 (*Appendix J Recommended SMS Refinements*)》、1982 年颁布的《游憩机会谱用户指南 (*ROS Users Guide*)》和 1974 年颁布的《视觉管理系统 (*Visual Management System*)》。这些手册或指南都是目前仍然在美国国家森林中执行与应用的手册或指南，是美国森林游憩资源调查与评价中的核心部分与内容，也是我国森林游憩资源或森林旅游资源调查与评价中缺少的部分与内容。

本文集得到国家林业局引进国际先进林业科学技术项目（"948" 项目）《森林游憩资源调查与评价技术的引进 (2013-4-81)》和国际热带木材组织 (ITTO) 项目《中国海南省森林生态旅游资源调查与评价示范 (RED – SPD 075/12 Rev. 1（F）)》的资助。在资料收集、英文翻译与校对以及资料整理过程中得到美国地质调查局 Patuxent 野生动物研究中心弗吉尼亚理工大学野外实验站站长同时兼任弗吉尼亚理工大学自然资源与环境学院森林资源与环境保护系游憩资源管理专业教授的 Jeffrey Marion 博士、中国林业科学研究院资源信息研究所王宏高级工程师/博士、雷渊才研究员/博士等的大力支持与帮助。在此一并致以衷心的感谢！

由于水平有限，加上国情与林情不同，本文集中肯定有不少错误与不妥之处，恳请读者批评指正。

编著者
2015 年 8 月